国浩法律文库

海洋行政法
理论与实务

朱晖 等 著

THEORY AND PRACTICE OF
MARINE ADMINISTRATIVE LAW

法律出版社 | LAW PRESS
—— 北京 ——

图书在版编目(CIP)数据

海洋行政法理论与实务 / 朱晖等著. -- 北京 : 法律出版社, 2023

ISBN 978-7-5197-8177-4

Ⅰ. ①海… Ⅱ. ①朱… Ⅲ. ①海洋法-行政法学-研究 Ⅳ. ①D993.5

中国国家版本馆CIP数据核字(2023)第147575号

海洋行政法理论与实务
HAIYANG XINGZHENGFA LILUN YU SHIWU

朱 晖 等 著

责任编辑 慕雪丹 章 雯
装帧设计 鲍龙卉

出版发行 法律出版社
编辑统筹 法商出版分社
责任校对 赵明霞
责任印制 胡晓雅
经　　销 新华书店

开本 710毫米×1000毫米 1/16
印张 18　**字数** 283千
版本 2023年12月第1版
印次 2023年12月第1次印刷
印刷 天津嘉恒印务有限公司

地址:北京市丰台区莲花池西里7号(100073)
网址:www.lawpress.com.cn
投稿邮箱:info@lawpress.com.cn
举报盗版邮箱:jbwq@lawpress.com.cn
销售电话:010-83938349
客服电话:010-83938350
咨询电话:010-63939796

书号: ISBN 978-7-5197-8177-4
定价: 79.00元

凡购买本社图书,如有印装错误,我社负责退换。电话:010-83938349

“国浩法律文库”总序

作为我国法治工作队伍的重要组成部分，中国律师已经成为协调推进全面建设社会主义现代化国家、全面深化改革、全面依法治国、全面从严治党的战略布局中一支不可替代、举足轻重的重要力量，并且越来越为党和政府以及社会各界所关注和重视。党的十八届三中全会审议通过的《中共中央关于全面深化改革若干重大问题的决定》特别指出，要“完善律师执业权利保障机制和违法违规执业惩戒制度，加强执业道德建设，发挥律师在依法维护公民和法人合法权益方面的重要作用”；党的十八届四中全会审议通过的《中共中央关于全面推进依法治国若干重大问题的决定》更加明确地指出，要“加强律师队伍思想政治建设，把拥护中国共产党领导、拥护社会主义法治作为律师从业的基本要求，增强广大律师走中国特色社会主义法治道路的自觉性和坚定性”。可以说，对律师行业的发展而言，“这是一个最好的时代”！

在律师业的发展过程中，对律师“专业人士”的角色定位已没有异议，而对于专业人士是应以“学者型”为方向还是以“工匠型”为目标之争却始终存在。其实这应是殊途同归的命题。“学者型”要求才高八斗、出口成章、理论扎实、结合实践，因此注重研讨、注重文章；而“工匠型”也要求一丝不苟、中规中矩、一针见血、心得颇多，所以注重琢磨、注重经验。因此，律师队伍中的“学者们”“工匠们”在日理万机的执业实践中，始终没有放弃研究、忘记总结，不时地成文、著作，并使之成为开拓业务、提高水平的重要手段，而鼓励、引导律师著书立说，一直是律师界的良好传统。

国浩律师事务所作为中国最大的法律服务机构之一，一直专注于服务我国投融资及其相关领域的发展与革新，并坚持在应用法律知识服务于经济社会的同时，不断总结经验，撰写理论与实践相结合的专业文章，并编辑成书。“国浩法律文库”系列丛书就是其成果之一。该丛书因其专业、实用、与时俱进等特点，赢得了各界朋友的较高评价、鼓励和支持。

搭建律师思想碰撞之平台、畅通律师信息传播之渠道、建设律师学问总结之道路、营造律师形象展示之舞台、创建律师文化交流之大厦，这正是我们编辑与出版这一文库的出发点与归宿。

我们真诚地希望“国浩法律文库”能让所有的读者朋友愿意读、读得懂、读后有收获。

中华全国律师协会第六、第七届会长
国浩律师事务所原主席
于　宁

中华全国律师协会监事长
国浩律师事务所首席执行合伙人
吕红兵

前言

天下之水，莫大于海。万川归之，不知何时止而不盈。在大量的海洋实践活动中，人类对待海洋的思维方式和世界观不断发生变化，经历了从敬畏海洋，到海权思想的形成，再到和谐共生海洋理念的转变历程。

我国古代很早就设置了专门管理渔业的官员。《周礼》记载有数个掌管捕鱼之事的官职，《国语》记载了专司渔政的渔师。春秋战国时期，齐国实行“官山海”政策，把海洋看作与内地山林一样的重要资源。而东汉时期则开创了保护海洋资源的先河，沿海地方把保护海域资源合理开采纳入管辖范畴。

进入现代社会，随着海洋经济的不断发展，开发和利用海洋资源的活动和方式逐渐丰富，海洋行政管理手段也在不断更新。以法律制度对开发活动进行规范，对海洋生态环境予以保护和修复，对海洋资源进行合理开发，从而实现经济和生态的协调发展已成为共识。特别是《联合国海洋法公约》的出台，为各国海洋管理指明了方向，在国际法层面确立了海洋综合管理和生态发展的理念。基于这种认识，强调海洋生态系统的整体性而非政治管辖范围，制定和实施更为综合的海洋政策和管理规范成为海洋行政管理的核心内容。面对社会转型和行政法学理论发展的最新趋势，海洋行政法学研究亟待拓展新的视野契合新的理念，探讨新的发展方向。

本书共分为八章，采取以案说法、理论与实践相结合的方式，结合国内外相关理论和学说的发展动态，介绍海洋行政法的基本概念、主要特点、基本原理、框架体系、基本规范和最新发展趋势。本书可以作为本科院校海洋行政法相关课程的本科生、研究生用书，也适合作为海洋管理和执法人员提升海洋行政管理技能的学习资料，同时也可以作为相关人员了解国家海洋政策和海洋行政法律法规的参考用书。

本书在编写过程中得到了大连海洋大学、上海海事大学和国浩律师（大连）事务所的大力支持，其中李莹莹主要负责第一章、第四章和第五章的撰写，周连义参与了第六章和第七章的撰写，李梦言参与了全书的资料收集整理和校对。特别感谢国浩发展研究院对本书出版的帮助以及辛苦付出，感谢所有参与本书编写的各位老师、同学和同仁。

目录

Chapter

第一章

海洋观念和海洋管理理念

01

第一节　中外海洋观念

一、海的释义

汉字主要有四大造字法，即象形字、指事字、会意字和形声字。会意字是两个及两个以上的独立汉字，根据各自的含义组成新汉字。[①]“海”即为会意字，由水、人和母组成，即水之母，比喻河流的发源地，即大湖、大地的发源地。《说文解字》有云：“海，天池也。以纳百川者。”“海”字的形体经历了长久的演变过程，包括金文、篆文、隶书、楷书、行书、草书和标准宋体等。

古人认为，天是圆形，地是方形，四周全部被大海所包围。《尔雅·释地》记载“九夷、八狄、七戎、六蛮，谓之四海”，此处的海即指外来的、西洋的或世界各地的。而《礼记·乡饮酒义》的“洗之在阼，其水在洗东，祖天地之左海也”，《孟子·告子下》中“孙叔敖举于海”，《三国志·诸葛亮传》的“将军既帝室之胄，信义著于四海”则都是用海的本义，即河流法源的大湖或大池之意。除了水源之意，古人也已发现覆盖地球表面的水体含有盐这一成分，并开始了简单的利用活动，如《汉书·晁错传》就有“煮海为盐”的提法。庄子说，“天下之水，莫大于海。万川归之，不知何时止而不盈；尾闾泄之，不知何时已而不虚。春秋不变，水旱不知。此其过江河之流，不可为量数”，表明古人对于海的敬畏之心；苏轼在《湖州谢上表》中用“天覆群生，海涵万族”以海对天，可见在古人心中海之广阔、对海的崇敬之心。

古希腊人把海洋看成一条无边无际的河流，是天堂的进口、世界的尽头，这在公元前1000 年间的古希腊多数文学作品里有所体现。在荷马的《奥德赛》里，辛梅里安人（Cimmerian）住在遥远的巨川，生活在迷雾与幽暗之间；而腓尼基人（Phoenician）经常乘船在欧亚非三洲海滨漫游，寻找宝藏，进行交易。也许很早时候的诗人和历史学家对海洋的概念，就是从这个民族

① 韩伟：《会意与会意字研究述论》，载《苏州大学学报（哲学社会科学版）》2012 年第 3 期。

而来。在公元前最少2000年或者更久，腓尼基人的商业活动特别兴盛。根据希腊史学家希罗多德记载，腓尼基商人大概在公元前600年，已经自非洲东岸绕道到西安来到了埃及，穿越了地中海，甚至可能远航到太平洋。

二、海洋的界定

海洋，包括自然意义的海洋和人文意义的海洋。自然意义的海洋包括水平面、海洋水体、岛屿、海洋底土、周边海岸带及其上空组合的地理空间和生态系统；人文意义的海洋，即人类以自然海洋为基点的行为模式、生产生活方式及交往方式。

（一）中西方海神文化

海神一般是指掌管海洋事务的神灵，体现了人类对于超自然力量的崇拜。关于海神的具体内涵和外延学界中一直存在争议，① 本节主要关注的是中西方海神文化，即从较为广义的角度理解海神的概念和文化现象。根据学者研究，中国海神文化大致经历了人面鸟身的早期海神、四海海神、海龙王、观音和妈祖、地方海神和专业海神的发展过程。②

中国早期海神的名称最早见于《山海经》，在《大荒东经》、《海外北经》、《大荒南经》和《海外南经》等文献中均有记载。例如，《大荒东经》云："东海之渚中，有神，人面鸟身，珥两黄蛇，践两黄蛇，名曰禺虢（yúguó）。黄帝生禺虢，禺虢生禺京。禺京处北海，禺虢处东海，是惟海神。"此后，演变为四海海神，海洋代表着四方的极端和天地的边界。唐代虞世南的《北堂书钞》卷一四四引《太公金匮》曰："四海之神，南海之神曰祝融，东海之神曰句芒，北海之神曰玄冥，西海之神曰蓐收"。

以周代的"望祭"为起始，我国古代统治政权开始进行官方的祭海活动，对历代统治者而言，"四海"海神祭拜除了现实的需要，如久旱祈雨、海上航行顺利之外，还有重要的象征意义，即对"四海海神"的祭拜寄托着一种

---

① 例如，王荣国先生认为："所谓海神，是指人类在向海洋发展与开拓、利用的过程中对异己力量的崇拜，也就是对超自然与超社会力量的崇拜。"王荣国：《海洋神灵——中国海神信仰与社会经济》，江西高校出版社2003年版，第28页。曲金良先生则认为："海神是涉海的民众想象出来掌管海事的神灵。"曲金良主编：《海洋文化概论》，青岛海洋大学出版社1999年版，第43页。

② 朱建君：《从海神信仰看中国古代的海洋观念》，载《齐鲁学刊》2007年第3期。

“四海之内，莫非王土，率土之滨，莫非王臣”的政治理想。统治者希冀通过对四海海神的祭祀达到海晏河清、四海太平、天下归心的政治图景。《礼斗威仪》曰：“君乘土而王，则海夷。”宋均注：“海夷不扬波。”① 隋唐时期，由于佛教传入的影响，民间开始流行龙王的信仰。明徐道的《历代神仙通鉴》卷一五载：“东海，沧宁德王敖广，南海，赤安洪圣济王敖润，西海，素清润王敖钦，北海，浣旬泽王敖顺。”由此可见，四海龙王就是掌管东、南、西、北四海的龙神，皆能致雨。汉唐期间，诞生了我国第一位女性的海神，即东海女神南海普陀观世音。北宋初年，出现了另一位女性海神，即妈祖，妈祖被视作渔民的保护神。清人赵翼的《陔余丛考》卷三五载：“相传大海中，当风浪危及时，号呼求救，往往有红灯或神鸟来……偶遇风浪危及，呼妈祖，则神披发而来……”歌曲《海神妈祖》的歌词如下：“风雨中颠覆了远航的船，危难中折断了生命的帆。痛苦中挣扎了惊慌的乱，紧急时刻、让我们撕心呐喊。海神妈祖、天上圣母，请快快出现帮我们引航渡。海神妈祖、天上圣母，请快快出现、救我们脱离苦。”这首歌的歌词很贴切地表达了海神妈祖作为渔民们保护神的形象，得到广泛信仰。宋元以后，东南沿海出现了一些地方海神和专司某一海洋事项的专业海神，而他们绝大多数是由人充任的，如潮神伍子胥、船神鲁班、网神海瑞等。②

西方也存在水神（water deity）的信仰和传说。较常提及的是巴比伦文明中出现的“艾亚”（类似美人鱼形态的海神）、克里特文明时期的不死海神克里特以及古希腊神话和古罗马神话都存在的波塞冬（Poseidon）。除此之外，西方神话中还存在大量的水神，例如阿兹特克神话（Aztec Mythology）中查尔丘特利奎（Chalchiuhtlicue）是江河湖海这类水域的神；阿伊努人神话（Ainu Myth）中 Repun Kamui（也叫 Orca）是海神；亚美尼亚神话（Armenian Mythology）中 Tsovinar 是海和风暴之神；奈芙蒂斯（Nephthys）是埃及神话（Egyptian Myth）中的河神；埃该翁（Aegaeon）是希腊神话（Greek mythology）中的海上风暴之神；阿刻罗俄斯（Achelous）、阿纳波斯（Anapos）、伽勒涅（Galene）和琉科忒亚（Leucothea）等分别是希腊神话中具有不同神力的水神。与中国文化中海神的区别是，西方神话中往往在不同水域

① （宋）李昉等撰：《太平御览》卷六十，中华书局 1960 年版，第 287 页。
② 朱建君：《从海神信仰看中国古代的海洋观念》，载《齐鲁学刊》2007 年第 3 期。

有不同神的存在，抑或同片水域或者海域有可能被不同的神管理，同时，这些神话中的人物性格并非都是纯粹善的形象，往往也有其黑暗的一面。例如，最为中国人熟知的希腊神话中的海神波赛冬（Poseidon）是奥林波斯神族，即海神之王，对海洋和所有的水系拥有管理权。他有强烈的侵略性和极大的野心，时刻想夺取神王宙斯（Zeus）的宝座，但被宙斯发觉，把他放逐到地上界受刑，帮助拉奥墨多王修建特洛伊城。此外他还常与诸神交战，在雅典和特罗森城就有过他和雅典娜（Athena）的比赛。

（二）中国古代农业性海洋文明和西方商业性海洋文明

文明是指整体文化面貌，由具体的文化现象构成。中西方在与海洋的相处过程中形成了自己独特的海洋文明和文化，而后人依据具体文化现象的总结，构建了中西方海洋文化体系。此种文化的形成，又影响了该地区人民在用海和探索海洋等一系列的活动。

中国拥有绵延的海岸线，自古以来，沿海地区形成了几千年的农耕文明，在用海、靠海吃饭的过程中，也积累了丰富的海洋知识，包括海洋地貌、海洋气象、海洋生物和水文情况等，并逐渐形成朦胧的海洋意识。中国古代海洋文化受到了黄河文化的影响，具有浓厚的农业性质，因此有学者将西方海洋文化称为海洋商业文化，将中国古代海洋文化称为海洋农业文化。① 从山顶洞人的海蚶壳饰品到夏商周的祭海活动，再到《管子》的“利在海也”，直至清代对于海上云气、风、长浪和生物习性异常等的综合预报法，我国古代存在多元的海洋文化。中国古代海洋文化覆盖了衣食住行等各个方面，靠海吃海是沿海农业经济的重要组成部分，辽东半岛至广东沿海地带的贝丘遗址就是这方面最好的证明。《管子·八观篇》中记载：“江海虽广，池泽虽博，鱼鳖虽多，罔罟必有止，船网不可一财而成也。非私草木爱鱼鳖也，恶废民于生谷也。”这说明早在春秋时期《管子》已提出维护海洋生态和合理开发海洋生物资源的思想。汉代《神农本草经》中已有对海藻药性和主治疾病的记

① 宋正海、郭廷彬等：《试论中国古代海洋文化及其农业性》，载《自然科学史研究》1991 年第 4 期。

载。[①] 宋朝的《本草衍义》中对于海蛤、乌贼、牡蛎等多种海洋生物的药性和主治疾病等也具有详细记录。海上风暴潮灾等恶劣天气变化也被详细记录下来，作为研究海洋气候的数据和资料，例如陆人骥的《中国历代灾害性海潮史料》。[②] 航海文化一直以来是古希腊海洋文化的重要组成部分，中国古代也具有悠久的航海历史。中国航海起步始于夏商周时期，春秋时期海战、海洋探险、海上运输等都是较为普遍的用海形式。西汉时期的海上丝绸之路曾达到黄支国（现在印度的康吉弗兰）。[③] 宋元时期中国海舶得到了国外商人认可，载重量大、稳定性能也较其他国家船舶更好。[④]

中国古代的海洋文化主要围绕着农业经济进行，例如，建设抵御风暴潮的滨海长城，实质是为了保卫农业区生命财产；海洋水产品的捕捞是陆地农业向海洋的延伸。中国大量的民间航海是近海航行，不脱离陆标，因此发展出了独特的地文导航而非天文导航。中国古代海洋文化的产生和发展较为缓慢，且经常受到重陆轻海思想的影响，具有一定的局限性。尽管具有浓重的农业性，但不可否认的是中国古代已经产生并逐步形成了“海纳百川”“天下共享太平之福”的海洋意识，海洋文化也应运而生。正如学者指出，一般而言，凡是一个文明体、文化区是沿海、环海的，只要那里的社会人群懂得打渔捞虾、煮盐晒盐、行船航运，是为“靠海吃海”，就是有了以海洋为因子、元素的文化，就是“海洋文化”。[⑤]

西方海洋文化具有典型的商业特征，并且有浓重的时代特性，可粗略地划分为古希腊罗马时代、黑暗的中世纪时代和冲出地中海时代。欧洲的海洋文化主要围绕着环地中海区域，古希腊和罗马是这一区域和这一时代的典型代表。这一阶段海洋文化的发展主要伴随着转口贸易流动途径，而海上贸易航路的开辟引发了地区的冲突和民族的战争，硝烟弥漫的同时使海洋文化向被占领区的方向延伸和发展。此阶段的海洋文化具有明显的侵略性和扩张性，成为西方海洋文化的萌芽。在长达千年之久的黑暗的中世纪时代，战争、掠

---

① （魏）吴普等述，（清）孙星衍等辑：《神农本草经》，商务印书馆出版社 1955 年版。第 30 页。

② 陆人骥编：《中国历代灾害性海潮史料》，海洋出版社 1984 年版，第 1 – 134 页。

③ 《汉书 · 地理志》《四部备要 · 前汉书》。

④ 《岭外代答》卷三。

⑤ 曲金良：《西方海洋文明千年兴衰历史考察》，载《人民论坛 · 学术前沿》2012 年第 6 期。

夺、侵略和禁锢等弥漫着欧洲大地，这一时期较为典型的海洋文化现象是北欧海盗，欧洲海洋文明的重心也由南欧转向北欧。此阶段的维京人也是海盗的同义词，维京人的侵略也将充满了掠夺和血腥的海洋文化带到了欧洲沿海和英国等地区。随着航海发现新大陆，具有侵略性本质的西方海洋文明向外输出，为了缓解本土的经济疲软和资源匮乏，西方殖民者冲出了地中海，通过奴隶劳动和掠夺他国财富等方式发展本国经济。殖民主义、帝国主义等掺杂在此阶段的海洋文化中，这种海洋文化给被侵略地人民造成了沉重的代价和痛苦。非洲在400年间人口停滞不增，2亿印第安人死于火枪、皮鞭、矿井和瘟疫以及亚洲和大洋洲的大片区域沦为殖民地，深受剥削和压迫等，都是这一时期、这一海洋文化的典型后果。

中国古代的海洋文化具有明显农业性，但是这种海洋文化的本质是内敛的、和平的和自生性的；而西方海洋文化的商业性带有浓重的侵略性和资本性，是外向的、扩张的。二者之间对比性明显，不同海洋文化背景下孕育的海洋经济发展脉络、管理体系等必然存在巨大差异。

（三）人与海洋关系之中西方对比

中华民族是热爱和平、友爱、勤劳、朴实的民族，这在中华民族与海洋的关系中能够得到充分的展示。中华民族与海洋的关系或者意识可以分为以下四个典型的阶段：一是重陆轻海阶段；二是近代海洋意识觉醒阶段；三是现代海洋观念的确立；四是21世纪建设海上丝绸之路倡议。

第一，重陆轻海阶段。这一阶段的主要特点可以概括为“渔盐之利，舟揖之便”。根据新石器时期留下的贝壳堆，考古学者推测中国沿海原始人群已经依靠海洋便利，以海贝为食，开始了对于海洋最原始的探索和利用。在距今约7000年前，傍水而居的中国先民已经使用渔网、渔钓、渔叉捕鱼。捕鱼工具种类的丰富和复杂程度表现了中国先民的智慧，同时说明，此时沿海人民对于海洋的认识停留在获取食物渠道和维持生存的阶段。根据文献记载，夏、商、周奴隶制时代，捕鱼已经从单纯的个体行为发展成行业，形成了初具规模的海洋渔业。最有力的证据是，春秋末期成书的《管子》曾记载：“渔人之入海，海深万仞，就彼逆流，乘危百里，宿夜不出者，利在水也。”这说明，古代人民已经从利用海洋获取生存食物的个体行为发展成具有商业属性的行业行为。同时，根据对于海洋浮力的观察，渡水工具已经逐渐丰富起来。考古证明，至迟在7000年前的新石器中后期，中国先民便已制造了木舟，并发明使用了风帆和木桨。[①] 先秦时期史官撰写记载从黄帝到春秋时期世系和氏姓的古书《世本》中记载，“古者观落叶因以为舟”。《淮南子》记载，远古人“见窾木浮而知为舟，见飞蓬转而知为车，见鸟迹而知著书，以类取之”。春秋战国时期，冶铁工艺的发展使造船技术日益发达，江苏武进县出土的独木舟就是这一时期造船工艺的典型代表。[②] 明朝人罗颀著的《物原》介绍了我国古代先民的发明创造，其中记载：“隧人氏以匏济水，伏羲氏始乘桴。”《周易》亦存在类似陈述：“刳木为舟，剡木为楫，舟楫之利，以济不通，致远以利天下。”

除了渔业、船舶，还有盐业，其都是中华民族独特的海洋文化，具有悠久的历史。战国时成书的《荀子》记载：“东海则有紫紶、鱼、盐焉，然而中国得而衣食之”。《说文解字》中也记载了远古传说，“宿沙氏初作煮海为盐”，“尧曾命禹治水以盐作贡”。曾仰丰著的《中国盐政史》称：“世界盐业，莫先于中国，中国盐业，发源最古。在昔神农时代，夙沙初作，煮海为盐，世称‘盐宗’，此海盐所由起。”根据历史学家及考古学者的研究，大量直接和间接的证据表明：中华民族对于海洋的利用和海洋的朦胧意识的出现至少已有7000多年。在此期间，中华民族形成了传统的海洋意识，以“内安华夏，外抚四夷，共享太平”为代表，和平、稳定、自给自足、闭关锁国等都是这一时期的主流意识。至明代我国海上力量达到顶峰，郑和下西洋使中国的海洋观念展示给世界各国。

第二，近代海洋意识觉醒阶段。明代中期以后，禁海政策、闭关锁国等思想不断强化，在传统海洋观念的指引下，中国长时间丧失了海洋发展机遇，逐步落后于世界之林。近代海洋意识的觉醒是伴随着他国军队对我国海洋一次次入侵和不平等条约的缔结而来的。从1840年开始，日、英、美、法、俄、德、意、奥等国的军队，从海上入侵我国沿海地区竟达470余次之多，迫使我国签订了50多个不平等条约。[③] 以甲午战争为分界线，战争的失败、

---

① 李德潮：《中华民族海洋观念的形成与发展》，载《海洋开发与管理》1997年第2期。

② 唐嘉弘、张建华：《海上丝绸之路疏证》，载《南方文物》1997年第2期。

③ 王恩涌主编：《中国政治地理》，科学出版社2004年版，第27－30页。

屈辱的条约逐步唤醒了中国人的近代海洋意识。魏源在《海国图志》里提出“师夷长技以制夷”的海防观，“欲守中土，必固海防”、“海防为主”与“塞防为主”之间产生的争议等都发生在这一时间段内。梁启超先生、孙中山先生将海权问题提高到与中国命运息息相关的层面上，梁先生认为“欲伸国力与世界，必一争海权”，孙中山先生甚至认为，“海权操之在我则存，操之在人则亡”。[①] 这些言论共同体现了中国近代海洋意识觉醒的过程，海洋与陆地对于国家的发展都至关重要，海洋国土的维护能力不仅是国家国防能力的重要组成部分，也关乎国家的存亡，19 世纪至 20 世纪的中华民族为此付出了沉重的代价。

第三，现代海洋观念的确立。现代海洋观念的确立是围绕“海洋国土”概念的形成而产生的。《联合国海洋法公约》的诞生，扩张了领土、国土等概念范围，尤其是确定了海洋国土的范围和意义。尽管从概念层面海洋国土较为清晰，但是在实际划界过程中我国和邻国一直存在争议。进入 21 世纪，各国纷纷提出 21 世纪海洋发展战略和蓝图等，中国也在不断强化海洋法律体系，制定包含海洋安全、海洋经济、海洋科技和海洋文化等诸方面的海洋战略，通过与其他各国的合作和实践，丰富海洋战略内涵，形成具有中国特色的海洋文化意识。“寸土不失、寸海不让”“爱我海防、强化海防”等是这一时期海洋观念的代表，郑和下西洋的 7 月 11 日被定为中国“航海日”，同时被作为“世界航海日”，由此足见我国建设海洋文化的决心和努力。

第四，21 世纪建设海上丝绸之路倡议。2013 年 10 月习近平总书记第一次提出建设“21 世纪海上丝绸之路”的合作倡议，开启了中国海洋观念的新篇章。我国从申请加入其他海洋强国形成的合作体和伙伴关系，开始了制定规则和体系的步伐。以海洋经济为依托，以海洋文化、理念输出为方式，逐步建立和加深与经济带涉及区域国家和人民的互动、合作和友谊。习近平主席提出“丝绸之路经济带”可以从“政策沟通、道路联通、贸易畅通、货币流通、民心相通”先做起来，以点带面，从线到片，逐步形成区域大合作。[②] 依据国家发展改革委、外交部、商务部 2015 年联合发布的《推动共建丝绸之

---

① 刘中民、修斌等：《国际海洋政治专题研究》，中国海洋大学出版社 2007 年版，第 3 – 22 页。

② 谭秀杰、周茂荣：《21 世纪“海上丝绸之路”贸易潜力及其影响因素——基于随机前沿引力模型的实证研究》，载《国际贸易问题》2015 年第 2 期。

路经济带和21世纪海上丝绸之路的愿景与行动》，丝绸之路经济带重点畅通中国经中亚、俄罗斯至欧洲（波罗的海）；中国经中亚、西亚至波斯湾、地中海；中国至东南亚、南亚、印度洋。21世纪海上丝绸之路重点方向是从中国沿海港口过南海到印度洋，延伸至欧洲；从中国沿海港口过南海到南太平洋。

通说认为，西方海洋文明发端于地中海。地中海被称为“欧洲的湖泊”，不同民族和种族围绕着地中海交往，形成了以古希腊文明和古罗马文明为代表的西方文明。地中海作为海洋文明的传播媒介，影响了欧洲乃至更广泛的海洋观念。地中海周边、欧洲地区早期一直是小国寡民、战火纷争的区域。在欧洲“古典时期”，地中海中的爱琴海古希腊文明是通过海路引入、掠夺，接受了北非、西亚的文明成果之后发展起来的，其被颠覆之后，文明的重心虽然转移到了罗马半岛，但罗马时期走的依然是古希腊的老路，一直与掠夺、战争、混乱相伴随，范围一直没有超出环地中海的圈子。罗马灭亡之后，欧洲在5世纪至15世纪的“中世纪”时期依然在战争、掠夺与基督教的禁锢并存中生活，地中海海洋经济发展有限，而在北欧斯堪的纳维亚半岛及环北海区域，逐渐进入了以“维京人”（Viking）为主体的“北欧海盗”时代。如果这也算作欧洲的“海洋文明”，那么欧洲“海洋文明”的重心又从南欧转到了北欧。只是“古典时期”南欧的“海洋文明”尚不是纯粹的“海盗文明”，而“中世纪时期”北欧的“海洋文明”则是地地道道的“海盗文明”了。在“中世纪时期”，北欧地区和英吉利海峡区域范围内的海洋经济逐步发展，并具有了海上贸易、港口中转和城市发展的“传统”，其实际上就是在“维京人”的海盗经营的基础上发展起来的。西方社会多个时期的发展是建立在对海洋的利用上的。在西方的“地中海文明”时期，古希腊、罗马是相对最为“发达”的前后两个地区，只不过这种“发达”是海上攻占、掠夺和对奴隶生产力的无偿占有、少数人聚敛财富的结果。其后就是这种“发达”的灰飞烟灭，整个欧洲进入长达千年的“黑暗中世纪”；再其后就是其“冲出地中海”，航海“发现新大陆”并开始四处侵夺的“大西洋文明”时代，这同样是一个充满血腥的奴隶贸易、靠奴隶生产的“大西洋时代”。在欧洲，国家集团之间的大混战发生过多次，从17世纪的德意志30年战争起，到第二次世界大战止，参战国家在五个以上，甚至十多个、几十个的大型国家集团大混战，至少有六七次，而战争就是对贸易通道和贸易市场的竞争掠夺。

18世纪中期英国开始崛起的关键因素，其实就是战争，战争的结果是对贸易通道和贸易市场的控制。最典型的是为了平衡贸易逆差，英国向中国倾销鸦片，中国政府禁烟后，英国人即公然发动了侵略中国的战争，由此带动了西方列强侵略中国的一场浩劫。因此，综观西方海洋观念，其所谓的海洋文化实质是一部战争侵略史，“海洋交通的外向型经济结构一旦生成，必然召唤强大的海军”①。

第二节　海洋管理理念的演进

一、我国海洋管理的历史沿革和变迁

（一）古代海洋管理的起源

管理是使被管理对象有序、符合体系规则的行为，是社会发展到一定阶段的意识行为。它是人类最重要的一种活动，管理的程度从全面控制到略施加影响不等，依具体情况而定。海洋的概念随着人类对客观世界认识的增加而不断改变，从地理区域概念为始，发展出更为丰富的内涵和外延。管理和海洋两个概念的变迁使海洋管理这一活动内涵和外延的变化，由简单向复杂化发展。海洋管理的最基本内涵是统治者对海洋区域的管理和调控行为。统治者通过政策、律法、经济和行政等手段，从不同层面和深度管理海洋、涉海行为和海洋经济等。发展至现代，海洋管理可以细分为海洋权益管理、海洋经济管理等更细的维度，但是在古代或者更早时期，海洋管理基本是将各种行为、被管理对象和目标混杂在一起的综合产物，包括海上交通、海洋贸易、海关发展、海洋盐业、海洋渔业和海洋移民等内容。②

在我国封建农业文明的发展阶段，农村在历史发展上系以小自耕农为主体，土地被分割为无数小块以便于自耕农的运作，以乡间市集为中心的当地社区长久以来都能够自给自足。封建政权认为，一致性可以减低区域间的不

---

① 曲金良：《西方海洋文明千年兴衰历史考察》，载《人民论坛·学术前沿》2012年第6期。

② 李文睿：《当代海洋管理与中国海洋管理史研究》，载《中国社会经济史研究》2007年第4期。

平衡，有利于形成一个稳固的管理形式。[①] 封建统治下管理模式的宗旨是唯一的，即巩固皇权，故封闭、保守是这种管理模式下的应有之义。在这个时期，海洋主要作为天然屏障，将中国与外邻隔绝，并未成为封建统治者的集中管理对象，零星的海洋文化也未走入主流文化之中。为论述的方便，我们主要从四方面分析中国古代对于海洋的管理：海洋渔业、海洋盐业、海上贸易和海上安全。

海洋资源的利用和开发可以从物质层面体现海洋文化的特点，海洋渔业是依托海洋资源发展起来的，理论上属于可再生资源，我国古代海洋渔业的管理经历了自由捕捞阶段到自发控制阶段再到政府管制阶段。原始社会，沿海地区的人民用木石击鱼，捕而食之，是其谋生的重要手段。《诗经》中记载了丰富的捕鱼工具种类，包括罟、笱、梁、潜、罩、最、晟等，这些从侧面表明当时渔业捕捞水平的程度。在自由海洋时期，古代人受到生产力水平和知识的限制，从海洋获得的汲取有限，基本是自由捕捞，且多为江河湖泊淡水鱼类资源的捕捞。但随着渔民们逐步认识到鱼类生长和游动的规律，开始有目的地安排渔场和汛期捕捞行为，我国古代海洋渔业开始由个体逐步发展成行业行为。姜太公时期的齐国，“通商工之业，便鱼盐治理，而人民多归齐，齐成为大国”，由此可见，近海捕鱼有了一定发展。秦代有“渔征”，汉代有“海租”，《福建通志》卷 28 为福建渔业志，记载福建省沿海捕鱼区域、渔业品种、网具、渔船及附录等部分。[②]《周礼》记载，周代专门管理渔政的官称为“渔人”，掌管捕鱼、供鱼、征收渔税以及有关渔业政令等；《管子·禁藏篇》记载“渔人之入海，海深万仞，就彼逆流，乘危百里，宿夜不出者，利在水也”。《春秋左傳·昭公二十年》记载“海之鹽蜃，祈望守之”。由此可见，当时的渔官职权范围很大，凡捕鱼时间、地点、鱼产品贡献以及资源繁殖保护都管，当时的渔官可能同时是行家，他们知道鱼类习性、捕鱼季节，还懂得不能竭泽而渔的道理。其他史书也记有渔业的管理，例如《国语》《礼记》《唐六典》等书中，有“鱼师”等渔政管理官员的记载。很多朝代对于渔业征收赋税，例如元代的 32 种额外课中的第 16 种“曰鱼”。明代对于渔业管理形成了制度，明初政府就在惠安县设立“河泊所以榷沿海渔利”，并在崇

---

① 黄仁宇：《中国大历史》，生活·读书·新知三联书店 2007 年版，第 11－14 页。

② 施鼎钧、刘惠生等编：《古代渔业著作选辑（明、清部分）》，1986 年。

武、獭窟、小岞、黄崎、峰尾等澳设“总甲一人催督课米”，管理渔民生产并征收税银，逐步形成了“船有税，网有课”和“泊有荡米”的沿海州县鱼课体系。[①] 我国古代海洋渔业的管理一直在矛盾中发展，尤其在明清两代，实施海禁的同时为了维持渔民的生计，又不得不选择性执法。海洋渔业管理政策制定的出发点是海洋安全的维护，而非促进行业发展或者提升经济利益。政府通过控制渔船制造、登记审核、下海管控、海上作业管理等措施管理渔业生产设施，从而管理海洋渔业的发展。明清时代实施“连腙互结”“分别船号”“商渔换照”等制度，以管制渔船作业活动。

古籍有云，“宿沙作煮盐”。自古以来，各朝各代都非常重视盐业生产，故海盐的生产、运输、销售、纳税等形成了一系列复杂的制度和体系。商周时期盐为民产民营或商营，即自由经营，没有所谓盐法规定。盐不仅是调味品，人们在制盐和用盐的过程中还逐步发现了其药用价值，例如《周礼·天官·冢宰下》记载“以五味、五谷、五药养其病”，盐便是五味中的一味。两周时期设立了专门管理盐业资源的人员，即“盐人”。有学者认为，正是由于海盐业的发展为春秋时期的齐国称霸诸侯奠定了物质基础。《史记·货殖列传》记载“太公望封于营丘，地潟卤，人民寡，于是太公劝其女功，极技巧，通鱼盐，则人物归之，繦至而辐凑”。而自秦汉至明清则主要实行由国家严格控制的、以垄断为特征的盐业经营体制，盐法也正是根据这样的经营体制制定的。春秋时期齐国政治家管仲提出了盐业国有专卖的建议，即“官山海”理论，这是最早的盐业国营政策，齐国首创盐专卖之举，在中国盐业管理上具有重要历史意义。西汉时期国家对盐业的垄断管理达到了巅峰。在唐代，以刘晏盐法改革为契机，国家垄断过渡到了部分专卖制，即官府锦江场盐收购后再卖给商人。唐代以降，经过五代、宋、元、明等朝代的发展，中国历史上盐业经营体制逐渐确定为专商引岸制，所谓专商引岸制是指有经营特许权的商人将盐运销到指定地点的行盐方法，这种方法沿用至清代甚至民国时期。[②] 古代政府对于海洋盐业的管理一方面主要通过控制生产资料和劳动力的方式进行，例如，官拨草荡、预支工本、配户当差、聚团公煎等措施；另一方面体现在对私盐的管控上，如“私弩者论以法”，“犯私盐者徒二年，杖七

① 李文睿：《试论中国古代海洋管理》，厦门大学 2007 年博士学位论文，第 63 页。
② 李文睿：《试论中国古代海洋管理》，厦门大学 2007 年博士学位论文，第 137 页。

十，止籍其财产之半，有首告者，于所籍之内以其半赏之”等。

我国古代对外贸易主要有两种方式：第一种方式是政府层面，即进贡和回赐，即外国番邦向中央政府进贡，而中央政府回赐。在进贡和回赐的过程中实现了货物的贸易和对外交往，主要是政治交往。第二种方式是民间直接的市舶交易，即中央政府在通商口岸设立市舶司，对进口商品征收赋税，民间通过通商口岸的贸易运输实现对外贸易。这种方式相较于第一种方式，主要是商业需求。古代中央政府通过市舶制度控制进出口船舶和商品贸易，以此实现对海上贸易的管控：北宋通过《市舶法》对进口货物实施禁榷、抽解、和买，对进出港商舶和载货实行严格的检视制度。宋元时期还存在“纲”首制度，即海外贸易商组成的群体，在纲首的指挥下从事海外贩运活动；商人需要通过在官府的登记注册，获得经商许可，即“占籍”。明朝推行官方管理和经营海外贸易政策，以较为严格的“文引”或“公凭”制度开放少量私人海上贸易。例如设在太昌黄渡的市舶提举司，其通过控制海上活动，在盈利的同时，也控制了海上财富的流向；当时还规定“凡泛舟客商，船舶到岸，即将货物尽实报告抽分，若停塌沿港土商牙侩之家，不报者，杖一百。虽供报而不尽者，罪亦如之。货物并人官。停藏之人同罪。告获者，官给赏银二十两”。[①] 古代政府通过限制人员流动、船舶运营和征收赋税等陆地管理方式来管理海洋贸易，限制了海上正常商业发展，并在一定程度上诱发了走私、海寇等行为的出现。

我国古代政府对于海洋管理最主要的出发点是海洋安全和稳定的需要，但是这种意识是逐步形成的，且较西方的领海意识出现得更晚。据记载，具有海洋防卫用途性质的海防图出现于明代，其针对倭寇采取了诸多措施；郑和下西洋也曾绘制《郑和航海图》，这些海图的出现和使用标志着古代统治者对于海上安全的朦胧意识以及对于海疆的逐步认识。中国古代对于海上安全的意识主要是从与海上各方势力的接触和碰撞中积累起来并逐渐提高的，倭寇等不安定因素的出现在某种程度上促进了统治者海防意识的觉醒，至明清两代形成了巡洋会哨制度。对于巡洋会哨制度尽管后代学者褒贬不一，但是作为海上管理的基本制度，它在一定时期内对于海防产生了重要影响和作用，

① 《大明律》卷八《户口五》。

最典型的例子是明朝朱元璋推行的海禁政策。明太祖将“蒡民”籍编为水军，使其衣食于官，旨在严加控制，增强海防。我国古代海洋管理意识在重陆轻海的观念下，一直处于边缘地带，且大多数时期，海上管理制度落后于同时期的西方，直至在坚船利炮的冲击下，中国人民的海洋管理意识才进入了新篇章。

（二）我国现代海洋管理的模式变迁

新中国成立后，我国海洋行政管理体制经历了多次重要变革，大体可以分四个阶段，即新中国成立之初至1964年国家海洋局成立之前，1964年国家海洋局成立之后至1998年，1998年至2013年，2013年至今。

第一阶段是新中国成立之初至1964年。我国海洋事务主要依靠行业部门管理方式，即陆地自然资源管理部门的职能向海洋的延伸。事实上，我国海洋行政管理制度变革是伴随着我国行政机构改革的历史背景进行的，依据《宪法》的规定，国务院是我国最高国家行政机关。国务院前身为中央人民政府政务院，成立于1949年10月1日。1954年9月，中华人民共和国第一届全国人民代表大会第一次会议召开，这次会议决定并成立了“中华人民共和国国务院”。1964年第二届全国人民代表大会常务委员会第124次会议批准在国务院下设立国家海洋局。作为国务院组成机构的国家海洋局，其设立之初由海军代管。至此，我国有了主管海洋工作的行政机构，也标志着我国海洋管理进入了专门化时期。当时成立国家海洋局的指导思想，主要在于解决海洋调查、观测和调查船、海洋站的统一管理，避免分散、重复带来的损失和浪费，同时也可以进一步加强基础性的海洋服务工作。因此，国家海洋局虽然是国务院的直属机构，但性质却是我国海洋事业性服务部门，只是没有授予管理全国海洋工作的职能与职责。

第二阶段是1964年国家海洋局成立之后至1998年。国务院一共经历了八次大规模机构改革，分别为1982年、1988年、1993年、1998年、2003年、2008年、2013年和2018年，我国海洋行政管理制度也随之变动和调整。随着改革开放的影响，海上经济活动种类越来越频繁和丰富，国际交往增加，海上纠纷与争议突出。为了维护国家海洋主权，加强海洋管理，1980年9月29日，国务院、中央军委〔1980〕250号文件批转国家科委和海军《关于改变国家海洋局领导体制有关问题的报告》，国家海洋局从 1980 年 10 月 1 日起由海军代管改为国家科委代管。1982 年国务院赋予国家海洋局负责组织协调海洋有关工作的新职能。此后，国家海洋局大力建设基础设施，初步形成了以海洋管理和公益服务为主的业务体系，组织制定了《海洋环境保护法》等法律法规，加强了对海洋环境的监测、监视和管理。1989 年海洋管理体制改革后，中国沿海省、市、区逐步建立起地方海洋行政管理机构，开始了地方用海管海的新阶段。[①] 地方海洋行政管理机构的设立，为实行分级管理创造了必要的条件。目前中国所有沿海省、自治区、直辖市及计划单列市和沿海县（市）都设立了海洋管理职能部门，承担地方海洋综合管理任务。国家海洋局与地方海洋行政管理机构之间是“业务指导”关系。[②]《海洋环境保护法》的批准、公布，在法律上第一次把国家海洋局确定为国家海洋管理部门，通过法律改变了国家海洋局的机构性质，明确其为国家行政职能部门，海洋局至此随着改革的大潮进入国家行政级别。

第三阶段是国务院第二次机构改革后，即 1998 年至 2013 年。自 1998 年国家海洋局划归国土资源部管理后，国务院正式确定国家海洋局为国务院管理海洋事务的职能部门，同时原有分散的海洋行业管理得以保留。虽然国务院继续保留国家海洋局建制，但对其性质和任务进行了彻底调整，将其原事业性服务部门的性质转变为管理全国海洋事务的职能部门。同年，为了维护海上运输的安全，促进国际贸易的发展，经国务院批准，将中华人民共和国港务监督局（交通部安全监督局）与中华人民共和国船舶检验局（交通部船舶检验局）的部分管理职能合并并组建中华人民共和国海事局（交通部海事局），其为交通部直属机构，实行垂直管理体制。根据法律、法规的授权，海事局负责行使国家对水上安全和防止船舶污染的监督、船舶及海上设施的安全检查、航海保障管理和行政执法，并履行交通部安全生产等管理职能。单从人数上看，海事局两倍于公安边防海警；从担负的任务和职责来看，海事局是仅次于公安边防海警的重要海上执法力量。

2008 年，国家海洋局作为国家海洋行政主管部门的职责再次被拓展，其被明确授权“加强海洋战略研究和对海洋事务的综合协调”，职责内容主要从

① 鹿守本：《海洋管理通论》，海洋出版社 1997 年版，第 80 页。
② 《中国海洋发展报告 2014》，第 62 页。

七条增加到十一条。为了协调国家海洋局、外交部、公安部、农业部和军方等涉海部门统筹管理海洋权益等事宜，2012 年我国成立了中央海洋权益工作领导小组办公室（后文简称为中央海权办）。此时的国家海洋局，依然是归属国土资源部管理的国家局，为副部级机构。按照《立法法》，部委管理的国家局无权制定和公布部门规章。

中国海洋综合管理体制在 2013 年取得了历史性的突破，为加强海洋事物的统筹规划和综合协调，国务院决定设立高层次议事协调结构——国家海洋委员会，负责研究制定国家海洋发展战略，统筹协调海洋重大事项，国家海洋委员会的具体工作由国家海洋局承担。同时，将原国家海洋局及其中国海监、公安部边防海警、农业部中国渔政、海关总署海上缉私警察的队伍和职责整合为中国海警局，重新组建国家海洋局。国家海洋局以中国海警局名义开展海上维权执法，接受公安部业务指导。

第四阶段是 2013 年至今。我国海洋行政管理体制由此形成了以国家海洋局为主管部门的综合协调及与农业、海事、海洋矿产资源等行业管理相结合的管理体制，即纵向管理与横向管理相结合的网状式结构。纵向管理即形成了国家—海区—地方的三级结构；横向管理除了海洋行政主管部门外，还有其他行政部门行使涉海管理职能，如国家发改委、环保部、科技部等。不过值得注意的是，根据 2013 年发布的《国务院机构改革和职能转变方案》，尽管国家海洋局通过 2013 年的体制改革重新组建，但是国家海洋局仍然是由国土资源部管理的副部级国家局，其虽有权拟定海洋发展规划，实施执法，但是无权制定法律法规等。2017 年国务院印发了《全国国土规划纲要（2016—2030 年）》，布局了海洋国土的开发，陆海统筹、陆海国土生态安全等作为未来我国海洋管理的政策目标，从国家政策层面确立了海洋的战略地位和意义。此纲要从全国性国土的开发与保护出发，从顶层设计规划，以更科学、合理的方式布局，以实现“五位一体”和“四个全民”的战略要求。该纲要一共 10 章，主要集中于四个方面的内容：第一，确定国土开发的指导思想、基本原则和主要目标；第二，确立了国土集聚开发、分类保护与综合整治“三位一体”总体格局；第三，完善了以用途管制为主要手段的国土空间开发保护制度；第四，围绕美丽国土建设的主要目标，部署了集聚开发、分类保护、综合整治、联动发展和支撑保障体系建设等重点任务。

党的十九大以来，深入实施科技兴海取得突破性进展，“蛟龙号”达到世界应用型载人潜水器的最高水平，这标志着“三龙”（“海龙号”、“潜龙号”和“蛟龙号”）深海装备体系的基本成熟；南海神狐海域天然气水合物试采成功，标志着中国成为世界首个成功试采海域天然气水合物的国家。党的十九大再次表明了生态管海的重要性，将生态管海理念应用进海洋生态文明体制机制建设和改革的整个工作中，探索和完善“生态＋海洋管理”理念和机制，以“一带一路”建设为契机，大力发展蓝色伙伴关系。值得注意的是，“生态＋海洋管理”是海洋综合管理模式的新型指导理念，尚未形成独立的海洋管理模式。

目前，我国海洋管理实行的是国家统一管理与部门管理相结合的方式。自然资源部（国家海洋局）代表国家行使管理海洋事务的职能，各部门实行内部行业管理。如《渔业法》明确规定，国家对渔业的监督管理，实行统一领导、分级管理。国务院渔业行政主管部门主管全国的渔业工作；县级以上地方人民政府渔业行政主管部门主管本行政区域内的渔业工作。《海洋环境保护法》规定，国务院环境保护行政主管部门是统一监督管理的部门，对全国海洋环境保护工作实施指导、协调和监督；国家海洋行政主管部门负责海洋环境的监督管理；国家海事行政主管部门负责所辖港区水域内非军事船舶和港区水域外非渔业、非军事船舶污染海洋环境的监督管理；国家渔业行政主管部门负责渔港水域内非军事船舶和渔港水域外渔业船舶污染海洋环境的监督管理；军队环境保护部门负责军事船舶污染海洋环境的监督管理及污染事故的调查处理。虽然行业管理的优势在于专业化，专业的部门管专业的事，但随着经济社会的发展，其弊端也显而易见：一是缺乏统一协调管理，没有海洋综合法律制度的支撑；二是职权交叉，存在管理真空和重叠区；三是只注重局部利益的问题，存在“有利益都管，无利益弃管”的现象；四是执法力量分散，难以履行协调管理的职责。

与此同时，通过立法明确中央和地方的海洋管理权限。2002 年 1 月 1 日起实施的《海域使用管理法》中规定，国务院海洋行政主管部门全面负责海域使用的监督管理；沿海县级以上地方人民政府海洋行政主管部门负责本行政区毗邻海域使用的监督管理；其他各部门根据各自法律规定，行使职权。如渔业行政主管部门依照《渔业法》，对海洋渔业实施监督管理；海事管理机构依照《海上交通安全法》，对海上交通安全实施监督管理。该法进一步确立了国家与地方在海域管理上的职权划分，推进了我国海洋管理法制化进程。

2018 年，国务院通过对国土资源部、国家发改委的主体功能区规划职责、住建部的城乡规划职责、水利部的水资源、农业部的草资源、国家林业局资源调查和确权登记管理、国家海洋局、国家测绘局的职能重新整合，成立新的自然资源部。自然资源部职能横跨国家发改委、住建部、水利部、农业部等多个部门，打破现存条块分割和部门利益。类似这样的调整，即确保一类事项原则上由一个部门统筹、一件事情原则上由一个部门负责，可以让机构设置更加科学、职能更加优化、权责更加协同、监管更加有力、运行更加高效。

二、国外海洋管理的发展

西方在海洋管理的发展上也是经历了漫长的探索过程。早在 16 世纪，格劳修斯提出了“海洋不会被人类伤害因此无须保护”的理念。在此种理念的影响下，产生了海洋自由的原则，并深深地影响了西方各国，“二战”之前此种理念成为西方海洋管理理念的主流。在海洋自由理念的影响下，美国和西方许多国家将海洋视为所有人都可以探索和利用的资源，由于海洋是共同的资源而非个人专有，导致从事海洋探索的国家和其他组织或个人并未建立如同保护自由财产一样保护海洋的理念。为个人利益，肆意地开采和攫取海洋资源，造成了“共同资源的悲剧”，忽视了人类长期利益。① “二战”后，各国开始了海洋圈地，通过控制更多的沿岸领土，以获取更多的海洋油气资源。② 此种利益的争夺不仅在国家之间进行，在联邦制国家的联邦政府和各州之间也产生了大量此类纠纷，例如美国《1953 年水下土地法》（*Submerged Lands Act of 1953*）和《外大陆架法》（*Outer Continental Shelf Lands Act*）正是在此种背景下颁布的。冷战期间，美国和苏联的对峙引发了世界各国对于海洋战略地位的重新审视，并由此加大了对于海洋勘探开发的投入，例如美

① Garrett Hardin, *The Tragedy of the Commons*, Science, Vol. 61：3859, p. 1243, 1244 – 45 (1968).

② U. S. Commission on Ocean Policy, *An Ocean Blueprint for the 21st Century 5* (2004), Available at https：//ciaotest. cc. columbia. edu/olj/gli/gli_ apr2004/gli_ apr2004e. pdf.

国在此期间加大了对美国科学基金会和海军的资金投入。

20 世纪 80 年代，国际社会同样意识到绝对的海洋自由不利于海洋资源的保护和可持续利用，《联合国海洋法公约》应运而生，各国对于海洋管理也进入了调整和深化阶段。《联合国海洋法公约》是海洋孕育的现代管理理念，提倡通过行动改变不同国家之间的不平衡状态；其将更广泛的管辖权让渡给国家，减少了公海和海床的公共区域。此外，国家海洋法规逐步出现，例如《加拿大海洋法》（*Canada's Oceans Act*）和《美国海洋法》（*United States Oceans Act*）。国家海洋法律的制定，意味着新的国家海洋政策的出现，例如可持续性、基于栖息地的管理和预防原则等。也就是说，在前《联合国海洋法公约》阶段，世界范围内，海洋管理的目标是建立新型海洋秩序，提升海洋收益，尤其是加大渔业活动的质量。[①] 在后《联合国海洋法公约》阶段，全球海洋治理主要受到了发达国家的影响，降低了民族国家的重要性，增加了社会和市场的考量。海洋的治理以关注社会和经济不平等为导向，环境伦理学提倡新的产权和资源再分配方案。发展中国家和发达国家逐步形成了相同的海洋使用策略：巩固和扩张海洋管辖区域，发展生产性渔业政策。部分国家将关注食品安全转化成关注能源供应。

在海洋资源的管理上，挪威的捕鱼业管理形成了自己的特色。挪威渔业是该国最大出口行业之一，挪威大部分捕鱼量来自专属经济区，由于挪威与其他国家共享多数捕捞鱼类种群，因此此方面的管理合作至关重要。挪威与俄罗斯、欧盟、大西洋沿岸等多国都达成了渔业捕捞协定，共同管理海洋渔业的发展。尽管捕捞业对挪威经济增长至关重要，但是挪威对于海洋生物管理坚持资源的可持续性利用，依据国际协定，例如 1982 年《联合国海洋法公约》、1995 年《联合国鱼类种群协定》和 1995 年粮农组织的《负责任渔业行为准则》，确保种群的繁殖能力。传统鱼类种群管理围绕单个鱼种进行，在意识到鱼种之间、生物种群之间的相互影响后，挪威渔业管理采用生态系统方法，从整体海洋环境的保护角度出发，制订鱼类资源开发和利用计划。挪威海上执法力量覆盖了从水上捕捞到到岸流通等各主要环节，为了增强监控和管理，自 2000 年远洋船只强制要求装备和使用卫星跟踪。

---

① Juan L Suárez de Vivero & Juan C Rodríguez Mateos Juan L，*Maritime Europe and EU Enlargement. A* Geopolitical Perspective，Marine Policy，Vol. 30：2，p. 167 – 172（2006）.

欧盟最初在涉海事务管理上采取分散决策，在意识到条块状决策效率低下的弊端后，才开始了综合性海洋政策的制定。综合型海洋政策主要是从海洋管理的整体效果出发，反向逆推欲实现此种目标的综合政策和方式。为促进海洋产业的融合和发展，欧盟内部鼓励建立"多产业海洋群集区"和"海洋优秀中心"等。由于共同渔业政策执行不力，欧盟地区目前面临较为严峻的状况，如鱼类资源过度捕捞、生物物种消失等，欧盟海洋渔业管理也一直在不断调整中，更加强调海洋渔业生态管理，通过科学应用多项措施、限制捕捞、弃鱼管理和相互协作等方式，改善欧盟海洋资源管理现状。虽然欧盟在海洋环境保护问题上采取了诸多措施，但是大多数只是区域性的，缺乏整体的、综合性治理措施。欧盟海洋环境管理措施主要参考了 1982 年《联合国海洋法公约》和 2002 年《生物多样性公约》（*Convention on Biological Diversity*）等。欧盟的诸多措施由于面临复杂的审议批准程序，很多尚未生效，也很难在欧盟区域整体实施。欧盟《2008 海洋战略框架指南》（*2008 Marine Strategy Framework Directive*①）提出了在 2021 年时实现欧盟海洋环境的生态健康指标。该指南也鼓励欧盟各国形成本国的海洋战略，并兼顾其他国家的发展策略。欧盟在海洋管理问题上面临的最重要的问题是很难在欧盟层面形成整体的共识。欧盟的法律体系要求任何海洋环境政策必须在欧盟层面首先形成共识，得到通过，才有可能成为各国的国内法。为了实现这个目标，就意味着国家首先要将一部分主权让渡给欧盟机构，而这是很难实现的。考虑到各国自身的利益，欧盟的海洋管理政策无论从制定、通过、生效还是实施阶段都面临着诸多挑战。

在 17 世纪以前，入侵与反入侵是英国涉海管理的主要宗旨，英国涉海管理一直处于分散状态，此时期的涉海事务管理理念都融合在其他法律中。在 17 世纪至 20 世纪中期，工业革命、海外殖民扩张等推动了英国涉海管理体制的变化，由于海上贸易的频繁，英国海军、海岸警卫局、皇家救生船协会陆续成立，大幅增加了英国海上执法效率。英国于 1828 年通过了《航海年鉴法案》，作为早期的专门针对涉海事务管理的法案，其对英国海洋管理理念的发展产生了重要影响。在接下来的几十年间，英国陆续推出了《港口码头法

① （EC） No. 56/2008 of June 25，2008，（OJ L 164 25. 6. 2008，p. 19）. https：//eur - lex. europa. eu/legal - content/EN/TXT/？ uri = CELEX%3A02008L0056 - 20170607.

案》、《船舶和海事补贴法案》和《商船法案》等。英国海洋管理理念从狂热地追求硬实力逐渐转换到关注软实力的建设，这主要是受到了工业革命引发的经济影响。1906 年，《英国海事保险法》的出台，奠定了英国世界航运中心、金融业中心的地位。20 世纪 30 年代后英国渔业进入迅速发展期，并颁布了一系列法案，如《鱼税法案》、《渔业疫情法案》和《海洋渔业法案》等。在 20 世纪后半叶，英国海事管理已经推广至服务业上，保险和金融层面相关法律的出台，例如《海洋和引航保险法案》等，使英国海事金融服务行业逐步进入规范化、专业化，并走向了世界领先地位。20 世纪末随着科学技术的发展，海洋科技协调委员会应运而生，为涉海技术和工业发展提供基础和综合的指导战略。英国政府在意识到海洋环境保护的重要性后，成立了“海洋管理局”，定期对英国领海以及周围海域评估，为政府政策的制定提供建议。英国政府在海洋管理政策的制定上主要从顶层出发，全面考量海洋情况，以确保政策的科学性和完整性，例如“全面保护英国海洋生物计划”等。

美国高度重视外大陆架的开发和保护，外大陆架土地被称为海上土地，为美国提供了丰富的海洋资源，主要是油、气等能源。美国内政部主管美国资源，负责促进土地和水资源的开发利用、保护鱼类和其他生物多样性以及编制并实施油气租售计划等。美国现有的政府部门大概有 2/3 是涉海部门，足见美国政府在海洋管理上的重视。根据《美国的活力海洋：海洋变化的规划》(*America's Living Ocean*: *Charting a Course for Sea Change*)① 报告指出，人类活动已经对海洋生态系统造成了严重影响，21 世纪海洋管理的主要目标应该是防止海洋生物资源的减少，为人类种群的延续保护海洋。因此，21 世纪海洋综合管理理念需要建立在生态系统的基础上，通过协调和配合机制实现海洋管控。美国近 20 年的海洋管理体制也主要是在此种管理理念的影响下建立和形成的，同时该理念也影响了其他国家的海洋管理方式，例如中国也将海洋综合管理理念逐步发展至“生态 + 海洋管理”的阶段。1992 年联合国环境与发展大会通过了《里约热内卢环境与发展宣言》（Rio Declaration on Environment and Development）、《气候变化框架公约》和《21 世纪行动计划》（Agenda 21），上述文件从国际层面构建了海洋环境保护和可持续发展的综合

---

① Pew Oceans Commission, *America's Living Oceans*: *Charting a Course for Sea Change* (2003), Available at https: //www. pewtrusts. org/ – /media/assets/2003/06/02/full_ report. pdf.

管理框架方案。

德国在2011年通过了将欧盟海洋战略框架指南转化为国内法的法案（The Act Transposing the Marine Strategy Framework，MFSD），该法案于2011年10月14日生效。该法案将海洋战略转化为国内法，旨在利用法律方式保障海洋环境，实现海洋管理的最终目标。德国此举一为保护海洋环境，二为保持海洋的物种多样性，减少海洋活动对于海洋生态系统的破坏。为了符合德国联邦管理体制，德国政府并没有创设单独的"海洋保护法"体系来将欧盟海洋战略转化为国内法，而是采用修改已存在法律的方式，包括对于《联邦水资源法案》（Federal Water Resources Act）、《联邦自然保护法》（Federal Nature Conservation Act）和《环境影响评价法案》（Act on the Assessment of Environmental Impacts）等的修订。《联邦水资源法案》规定了联邦水域的基本管理原则，并且首次指出，德国专属经济区的水域也属于该法案的管辖范围。专属经济区的范围限于MFSD规定的内容。该法案新增的部分明确界定了水域良好状态的标准，即就具体的情况而言，具有生态多样性、动态性、无污染、健康高产等特点。同时，最重要的是具有以下特征：第一，对于海洋生态系统功能的发挥没有限制，对人类和不同生态引起的环境变化有抵抗力，海洋生态要素处于平衡状态；第二，生活在该水域的物种及其栖息地得到相应的保护，防止人类活动引发的生物多样性的下降；第三，向海洋输入物质和能量，不会对海洋环境、生物多样性、人类健康和合法用海活动造成不利影响。① 德国法律将海洋水域管理分为六个步骤、两个阶段，每个阶段都有严格的目标和最后期限。准备阶段包括四个程序性步骤：（1）对现有环境状态的初次评估（2012年7月15日之前完成）；（2）良好环境状态的区分（2012年7月15日）；（3）海洋环境目标和相关因素的设定（2012年7月15日）；（4）可持续性评估和常规目标更新项目的建立和实施（2014年7月15日）。第四个步骤又分为两步：发展实现或保持良好海洋环境状态的计划（2015年12月31日）和实施项目计划（2016年12月31日）。

海洋生物物种的保护是近100年来国际公约和各国国内法关注的重点。近100年来，最早涉及海洋环境问题的国际公约是1914年《国际海上人命安

---

① Frank Hofmann，*Gremany*：*European Marine Strategy Incorporated into Law*，Environmental Policy and Law，Vol. 42：3，p. 182（2012）.

全公约》（International Convention for Safety of Life at Sea，SOLAS）。最初的 SOLAS 是继泰坦尼克号惨案之后，于 1914 年颁布的。在此之后，经历过多次修订，其修订的多数条款是关于海洋污染问题的。在油污方面，较为重要的公约有《国际防止海上油污公约》（International Convention for the Prevention of Pollution of the Sea by Oil）、《国际油污损害民事责任公约》（International Convention on Civil Liability for Oil Pollution Damage）、《国际燃油污染损害民事责任公约》（International Convention on Civil Liability for Bunker Oil Pollution Damage）等。1975 年 8 月生效的《防止倾倒废物和其他物质污染海洋的公约》（Convention on the Prevention of Marine Pollution by Dumping of Wastes and Other Matter）旨在防止向海洋倾倒垃圾废物，以免对人类健康、海洋生物、海洋环境和资源等造成影响。《防止倾倒废物和其他物质污染海洋的公约》将废物或其他物质分为三大类：第一，倾倒附件一所列的废物或其他物质应予禁止；第二，倾倒附件二所列的废物或其他物质需要事先获得特别许可证；第三，倾倒一切其他废物或物质需要事先获得一般许可证。《防止船舶污染国际公约》（International Convention for the Prevention of Pollution from Ships）于 1973 年签订，是世界上最重要的海事环境公约之一。这个公约是在 1967 年 *Torrey Canyon* 油轮事故后生效的，旨在防止和减少船舶造成的污染损害。《1990 年国际油污防备、反应和合作公约》（International Convention on Oil Pollution Preparedness，Response and Cooperation，1990）于 1995 年生效。但在该公约真正生效之前，就已经用来处理第一次海湾战争造成的波斯湾石油污染。该公约旨在适用预防性措施防止石油污染，要求缔约国在发生漏油事件后，采取适当的应对措施，互相协助和合作，制订石油污染应急计划，准备石油污染设备，并对石油溢出情况及时报告。《保护海洋环境免受陆地活动影响全球行动纲领》（Global Programme of Action for the Protection of the Marine Environment from Land - Based Activities）不是一项真正的国际公约，只是各国对于防止陆源污染海洋达成的一份协议。1995 年该协议在华盛顿通过，该协议鼓励各国在国家层面采取措施防止陆源污染。从国际层面上，上述国际公约和协议在保护海洋环境、防治海洋污染方面取得了显著的成效和进步，尤其在油污、倾倒废物领域。虽然国际公约中也存在对单一海洋生物的保护文件，例如《养护大西洋金枪鱼国际公约》（International Convention for the Conservation of Atlantic Tuna)，但是公约的效果有限，过度捕捞等问题仍然存在。现有公约单独针对某一物种进行规定的方式，忽略了生态系统的关联性，被很多学者批评为不够科学的管理方式。由于上述问题的存在，目前科学家推荐各国采用生态保护区制度，即从整体上保护海洋生态环境和物种的多样性。但是，由于政治、经济和社会等多重因素的影响，很多国家没有采纳上述建议。1972 年通过的《保护世界文化和自然遗产公约》（Convention Concerning the Protection of the World Cultural and Natural Heritage）于 1975 年 12 月生效。该公约是第一个涉及海洋生物多样性保护的公约，其将保护自然和文化遗产联系在一起，鼓励缔约国对于一些地区提供长期的保护措施。虽然该公约并没有明确列出海洋遗址，但是各缔约国已经将诸多海洋遗址作为保护对象，例如澳大利亚大堡礁和厄瓜多尔加拉帕戈斯群岛。《联合国生物多样性公约》（United Nations Convention on Biological Diversity）于 1993 年生效。该公约旨在保护生物多样性，可持续发展和利用。公约要求缔约各方制定国家政策和方针，通过建立保护区等方式，保护生物多样性。

第三节　海洋管理和海洋行政

《联合国海洋法公约》的序言部分明确指出，“海洋空间问题交互相关，需要作为整体考量”，这表明，海洋的管理离不开陆地和天空的考量，同时也不是某个国家单独能够处理的问题，例如，海洋 90% 的污染来自陆源和大气人类生产生活的污染物。地球上人口数量的增加和技术的发展，使人类对于海洋的开发和利用趋于复杂化和深入化，人类在太空、陆地和海洋的活动是紧密相连的。因此，海洋管理问题需要考量管理对象的交互性和复杂性，人为地切割管理范围和空间，违背海洋活动的客观规律，长久来说，管理效果也不尽如人意。

海洋管理的概念一直存在争议，由于观点众多，笔者挑选具有代表性的，并且依据一定因素将之分类归纳，以求从诸多争议观点中得出本书的观点。海洋管理（ocean governance）的界定主要存在广义和狭义两派观点，当然在主流的两派观点之外也存在其他意见。持广义观点的学者认为，海洋管理是一个界定广泛的概念，包括海洋行政管理、海洋经济管理、海洋司法管理、海洋环境管理、海洋军事管理等内容。如鹿守本在《海洋管理通论》一书中将海洋管理定义为："在海洋事业（含开发、利用、保护、权益、研究等）活动中发生的指挥、协调、控制和执行实施总体过程中所产生的行政与非行政的一般职能，即是海洋管理。"① 郑敬高对其作了进一步的阐述，他把人类以海洋为对象的实践活动和以这种实践活动为对象的管理活动区别开来，前者称为海洋经营管理，后者为海洋行政管理。② Jon L. Jacobson 也在《Governance of the U. S. Exclusive Economic Zone：A Challenge to the American Federation》一文中区别了海洋管理（ocean governance）和单纯海洋资源管理（pure marine resource management）。而狭义上的海洋管理，仅针对海洋权益、海洋资源利用及海洋环境管理层面。例如夏立平、苏平将海洋管理界定为各级政府、海洋行政主管部门代表国家履行对本国领海、海岸带和专属经济区海洋权益管理、资源使用管理和海洋环境管理等基本职责。③

海洋管理概念是 20 世纪 30 年代在美国被提出的。1972 年，美国颁布了《海岸带管理法》（Costal Zone Management Act），标志着海洋管理正式成为国家实践。20 世纪七八十年代，国内流传最广泛的是美国学者 J. M. 阿姆斯特朗和 P. C. 赖特合著的《美国海洋管理》一书对海洋管理的解释，该书指出："海洋管理是政府对海洋空间和海洋活动采取的一系列干预行动。"④ 管理学的发展使学者从跨学科角度定义海洋管理的概念，例如有学者主张将海洋管理定位于公共管理，认为海洋管理是以政府为核心主体的涉海公共组织为保持海洋生态平衡、维护海洋权益、解决海洋开发利用中的各种矛盾冲突所依法对海洋事务进行的计划、组织、协调和控制活动。⑤ 海洋管理是社会管理的一个构成部分，是指政府及海洋开发主体对海洋资源、海洋环境、海洋

---

① 鹿守本：《海洋管理通论》，海洋出版社 1997 年版，第 48 页。

② 郑敬高：《海洋管理与海洋行政管理》，载《青岛海洋大学学报（社会科学版）》2001 年第 4 期。

③ 夏立平、苏平：《美国海洋管理制度研究——兼析奥巴马政府的海洋政策》，载《美国研究》2011 年第 4 期。

④ 周学锋：《公共管理视阈下政府海洋管理职能探析》，载《中国水运（下半月）》2009 年第 1 期。

⑤ 王琪等编著：《海洋管理从理念到制度》，海洋出版社 2007 年版，第 51 页。

开发利用活动、海洋权益等进行的调查、决策、计划、组织、协调和控制工作。①

有学者认为，海洋管理是国家对海洋区域的管理，称为海洋综合管理、海洋区域管理。国家通过政策、法律、经济、行政等手段实现对权益所及的海洋区域内资源开发和人类海上活动的控制，可概括为两类管理内容：海洋权益管理和可持续发展观念下的海洋经济管理。② 随着海洋活动的频繁、技术的发展和国际合作的增多，有学者指出，海洋管理不仅是政府的行政管理，也是在海洋事业（含开发、利用、保护、权益、研究等）活动中发生的指挥、协调、控制和执行实施总体过程中所产生的行政与非行政职能。③ 有学者进一步解释，海洋综合管理是海洋管理的高层次管理形态。它以国家的海洋整体利益为目标，通过发展战略、政策、规划、区划、立法、执法、行政监督等行为，对国家管辖海域的空间、资源、环境和权益，在统一管理与分部门分级管理的体制下，实施统筹协调管理，以达到提高海洋开发利用的系统功效、海洋经济的协调发展、保护海洋环境和国家海洋权益的目的。④

除此之外，有学者指出海洋管理不同于海洋行政管理。海洋管理是人类以海洋为对象的实践活动，而海洋行政管理是以这种实践活动为对象的管理活动。⑤ 有学者认为，海洋管理离不开行政管理和行政法，界定海洋管理须从两个维度：一是行政管理学的维度；二是行政法学的维度。综合起来，海洋管理应该包含以下含义：首先，海洋管理的主体是国家海洋行政机关及法律、法规授权的组织；其次，海洋管理的客体是海洋公共事务，譬如，海上秩序的维护、海洋资源的保护、海洋污染的防范和治理、海洋公共产品和准公共产品的提供等；再次，海洋管理的目标是规范各种涉海行为，保护海洋，促进海洋事业和海洋经济的健康发展；最后，海洋管理必须依法进行。海洋管理产生的法律关系是行政法与行政诉讼法的调整对象。

关于海洋管理的界定，由于关注点的区别，学者从不同角度出发进行阐

① 管华诗、王曙光主编：《海洋管理概论》，中国海洋大学出版社 2003 年版，第 1－2 页。

② 李文睿：《当代海洋管理与中国海洋管理史研究》，载《中国社会经济史研究》2007 年第 4 期。

③ 鹿守本：《海洋管理通论》，海洋出版社 1997 年版，第 48 页。

④ 栾维新等：《中国海洋产业高技术化研究》，海洋出版社 2003 年版，第 258－260 页。

⑤ 郑敬高：《海洋管理与海洋行政管理》，载《青岛海洋大学学报（社会科学版）》2001 年第 4 期。

释，导致概念的多样性。笔者按照提取公因式的方式，将上述海洋管理的概念重新梳理一遍。第一，从管理主体出发，最初大部分学者将海洋管理的主体限定在政府，[①] 随着海洋活动的丰富、海洋技术的发展和人类意识的改变，最重要的是新兴海洋管理学者更多地将海洋管理由传统的行政管理认定为公共管理，该学科中近年来国退民进的发展趋势影响了海洋管理主体的界定。[②] 目前大多数学者将海洋管理的主体扩展至其他组织，例如有学者指出管理主体不仅是政府，还包括非政府组织中非盈利社会组织。[③] 正如英国 Patricia Bimie 教授认为海洋管理（Ocean Governance）强调从过渡阶段到建立完整海洋法律管理体制的过程，主要是指法的实施，包括管理方法、执法手段和法的遵守，不仅包括行政机关，也包括公众参与。“governace” 不等同于 “government”，后者强调海洋管理机构及其制定、运行、执行现行法律制度运用的权力。[④] 第二，在管理客体上，目前学者的观点较为统一，海洋管理的客体是人类的活动，即人类的行为。区别在于此种活动是仅指以海洋为对象的活动还是以此种活动为对象的管理活动。第三，在海洋管理的模式上，学者间也达成了较为统一的意见，即最初的行业管理已不适应当代复杂的海上活动，其效率低下，滞后性明显，因此大多数学者建议海洋管理模式应该采用高阶段的综合管理模式，这也是目前许多海洋大国实际采用的管理模式，例如美国是最先实行海洋综合管理的国家。1972 年通过的美国《海岸带管理法》是世界上第一部海岸带综合管理性法规，标志着世界海岸带综合管理的开端，也意味着世界海洋管理模式发展到综合管理的阶段。第四，关于海洋管理的手段，最初 J. M. 阿姆斯特朗和 P. C. 赖特将海洋管理的手段限于政府的干预活动，这是当时经济环境下的产物，早已不符合如今市场经济的特点。因此，学者们渐渐意识到，海洋管理的手段除了干预，更多的是引导、组织、计划、开发、利用、保护等，有学者认为还包括指挥、协调和控制等。第五，海洋

---

① ［美］J. M. 阿姆斯特朗、［美］P. C. 赖特：《美国海洋管理》，海洋出版社 1986 年版，第 2－3 页。

② 关于公共管理国退民进的发展参看柏学翥、唐灿明：《美国公共管理中政府与非政府组织跨组织整合趋势》，载《中国行政管理》2011 年第 9 期。

③ 周学锋：《公共管理视阈下政府海洋管理职能探析》，载《中国水运（下半月）》2009 年第 1 期。

④ Thomas A. Mensah, *Ocean Governance: Strategies and Approaches for the 21st Century*, Law of the Sea Institute Conference, 1994, p. 619.

管理最初的目的单纯是维护主权和获得经济利益，但在目前海洋环境不断恶化，全球交往越来越频繁的背景下，海洋管理的目的需要突破国家意识，从全球层面进行考量。因此，海洋管理除了最初的维护主权、获得经济利益外，还多了一项保护海洋环境、促进可持续发展。从目的解释的角度出发，凡是能够有助于实现上述目的的手段和措施，均有可能包含在海洋管理的内涵中。需要说明的是，海洋管理从字面意义上区别于陆地管理，但在海陆连接的区域，目前大多数国家将其划为海洋管理的区域范畴。由于现代国家具有领土概念，海洋领域也存在领域划分，如领海、专属经济区和公海等。海洋管理于具体某一国家而言，只能是在该国有权管辖的海域内；与其他海洋管理主体而言，也应是其依据公约、协定或其他文件有权管辖的区域。因此，现代海洋管理除了依托于复杂的技术支撑外，还具有较强的区域性、专属性和交叉性。《联合国海洋法公约》作为“海洋宪法”，为海洋保护与管理搭建了全面的法律体系和框架，开启了和平利用海洋和全面管理海洋的新时期。其在序言中写道，“各海洋区域的种种问题都是彼此密切相关的，有必要作为一个整体来加以考虑；认识到有需要通过本公约，在妥为顾及所有国家主权的情形下，为海洋建立一种法律秩序，以便利国际交通和促进海洋的和平用途，海洋资源的公平而有效的利用，海洋生物资源的养护以及研究、保护和保全海洋环境”。并在第十二部分海洋环境的保护和保全中，通过十节共四十六个条款的规定，对成员国保护环境的权利和义务做了详尽的规定，特别强调了各国应通过制定法律和规章，采取各种可能的措施防止、减少和控制污染，加强国际合作。

鉴于此，本书建议将海洋管理界定为政府、相关机构和组织为维护海洋主权、获得经济利益及维护海洋生态平衡，针对相关涉海主体的行为采取的一系列管理行为（属概念是行为）。这些管理行为既可能包括政策层面，也可能包括法律和其他层面，尤其在海洋综合管理中这种手段的复合型体现得更为充分和明显。牛津字典对 integrate 的定义是“To ‘integrate’ means to combine parts into a whole, to complete something that is imperfect or incomplete by adding parts”，即不同要件的组合成为整体。[①] 海洋管理包括在海洋事业（含

---

① A. S. Hornby, *Oxford Advanced Learner's Dictionary of Current English*, Taipei: Dong－Hua Publisher, 1989, p. 603.

开发利用、保护、科研、调查、监测、防灾减灾、国家权益维护、公益服务、国际与区域合作等）活动中，所产生指挥、组织协调、控制监督和实施执行过程中所进行的行政与非行政的一般职能行为。

上文已述，在一段时间内，学者们将海洋管理等同于海洋行政，但在现代分工越发精细、管理学和行政理念越为完善的当代，海洋管理与海洋行政的区分也更加明显。首先，二者在主体上存在差异。依据行政法理论，海洋行政的主体限于政府、有权机构和其委托或授权的组织。行政法对于行政主体的资质具有严格的程序限制，行政权限一般来自宪法的授权。海洋管理中政府是重要主体，但并非唯一主体，还可能包括其他涉海机构和组织，同时其不一定是符合宪法授权，具有社会行政管理职能的有权主体，其可能是仅因为某一事项或者行为参与或负责了该项活动的管理事项。狭义海洋管理的客体是海洋，海洋行政的客体是以海洋为对象的此种实践活动本身，包括国家事务、社会事务和行政机关的内部事务。总之，海洋行政管理是政府有权机构作出的行政行为，而海洋管理并不全是行政行为。本书的研究对象是海洋行政管理，仅是广义海洋管理的一部分。在此基础上，我们可以推出海洋行政法调整的海洋行政关系，是指海洋行政主体行使行政职能与行政相对人、行政法制监督主体发生的各种关系，以及行政主体内部发生的其他各种关系。

涉海行为管理是指行政机关、法律法规授权的机构或者组织即行政主体在行使涉海事务管理权限过程中，与行政相对人之间发生的各种关系。行政主体与行政相对人之间形成的是行政管理关系，具体到海洋行政领域即涉海行为管理关系。此种管理关系主要是以行政相对人为对象实施的，包括行政许可、行政处罚和行政强制等。行政救济关系是行政救济主体与行政相对人之间发生的权利义务关系。具有救济权限的主体主要指依据法律授权有权接受行政相对人申诉、控告、检举、行政复议和行政诉讼的国家机关，例如信访机关、行政复议机关和人民法院等。目前国内涉海事务行政听证制度即属于行政救济方式的一种，属于事前救济。内部行政关系指行政主体内部发生的各种关系，例如具有隶属关系的上下级行政机关之间，行政机关和行政机关公务人员之间的关系等。行政法制监督关系主要是具有监督权限的主体针对行政主体监督时双方之间发生的关系。行政法制监督关系中的对象主要是行政主体和其作出的行政行为，依据法律规定具有法制监督资格的主体主要是国家权力机关、司法机关和行政监察机关等。《宪法修正案》于 2018 年 3 月 11 日由第十三届全国人民代表大会第一次会议通过，其第一百二十五条规定，中华人民共和国国家监察委员会是最高监察机关。我国设立国家监察委员会和地方各级监察委员会，具体到国内涉海事务管理方面，目前主要有海洋督察制度。

第四节　海洋空间规划管理的发展

海洋资源的有限性以及新型用海方式的出现使各国政府面临着一个共同的问题：在保障海洋环境、生态健康的前提下，如何可持续地发展和利用海洋资源。过去的几百年中，海洋利用的工业化主要集中在渔业、海上运输、通讯、石油和天然气开采领域，海洋娱乐和海岸工程的建设、可再生能源和自然保护等新兴用途的出现，使各国政府管理者意识到海洋空间的综合利用和合理开发势在必行。海洋资源无论在空间抑或数量上都是有限的，在现有用途扩张和新兴用途出现的双重压力下，海洋管理变得越来越困难。这主要体现在两个方面：第一，并非所有用海行为都是兼容的，在日益增长的不相容需求的情况下，管理者面临着涉及多部门管理的压力。不同用海行为有可能需要竞争相同的海洋空间或者彼此之间有相反的作用效果，例如快速增长的海底电缆行业和渔业之间就频繁出现此类纠纷。海底电缆的设置有可能损害渔具，产生相关损失和修理费用；同样地，捕捞行为也可能造成电缆中断，产生收入损失等。再如，如果风电场位于航线或者隔离带区域，将可能引起碰撞和货损的巨大风险。第二，用海行为人与环境之间发生冲突，并非所有用海行为都符合可持续开发海洋环境和保持健康的海洋生态环境的要求。目前，多种用海行为占用的空间多为敏感的生物和生态区域，缺乏对生物和生态的系统考量，多项科学研究观测到了海洋生态系统功能的衰退以及重要的鱼类物种的消亡。这从侧面说明了，人类的用海行为不仅正日益损害海洋生物的生存空间，也损害了地球物种生存所必需的商品和服务的供给能力。近年来的研究观测了人类离岸活动造成的累计影响，全球范围内的海洋正受到来自人类活动的多重威胁，引发了诸多严峻后果，包括海洋物种数量的减少和灭绝、海洋环境生态功能的破坏、海洋水体质量的下降和极端天气的频发等。由于世界各国政府几千年来对于陆地资源实施多种多样的空间管理，故在21世纪，海洋资源的重要性不言而喻，海洋空间作为陆地空间之外的特殊资源，对于各国经济、政治、军事等各方面都具有重要意义。海洋空间规划作为海洋管理的重要手段和工具，日益受到各国重视。海洋空间规划管理从顶层影响各国海洋行政管理体制的设置。

地球海洋资源丰富，但是尽管海洋看上去一望无际，近岸地区却是十分拥挤的。航道和助航设施、渔场和蟹场、娱乐区、海洋保护区、野生动物保护区、海底电缆、疏浚物处理场和观景棚等，都需要占用海洋空间。相关利益方在不断探索可再生能源的同时，也极力维护现有海洋使用的空间，因此，海洋空间管理势在必行。海洋空间管理，简言之，就是规划现有资源，为新资源的开发和利用创造空间的一种方法。美国总统奥巴马曾经在行政命令中指出，海洋空间管理即是区别海洋区域空间、合理分配用途，降低对海洋的影响，减少使用冲突，保护海洋生态系统，实现经济、安全、环境和社会目标。① 世界上有将近一半的人口生活或者工作在海洋周围120英里范围内。② 海洋不仅是运输货物和旅客的载体、提供丰富的动植物资源，也为人类社会提供了多种工作岗位、娱乐服务以及其他资源和利益。因此，如何从法律层面规范用海活动和涉海行为，成为世界各国海洋管理的目标。

根据《联合国海洋法公约》，全球的海洋被划分为多类型区域，归属于不同国家、主体管辖和使用。从国家角度说，越靠近海岸的区域，沿岸国的管辖力度就越强；从国内角度说，越靠近沿岸的区域，地区管辖事务就越多。在12海里范围内，各国拥有领海管辖权，其他国家的船舶享有无害通过权。各国政府可以在领海范围内设定航行规则和安全通航的其他法律规范。

海洋空间规划作为一种新兴的海洋管理方式，得到了世界上较多国家的认可。海洋空间规划最初来源于海洋自然保护领域，澳大利亚大堡礁保护区制度即是依据此理念设定的。在此之后，美国和加拿大在海洋管理问题上，也逐渐意识到了环境保护的重要性，将生态系统保护理念纳入海洋空间管理

---

① Exec. Order No. 13, 547, 75 Fed. Reg. 43, 023 (July 19, 2010), See Josh Eagle, Complex and Murky Spatial Planning, 28 J. Land Use & Envtl. L. 35 (2012).

② http://oceanservice.noaa.gov/websites/retiredsites/natdia_pdf/ctrends_proceed.pdf.

中。国际公约要求各国保护海洋生物多样性、建立保护区制度促使海洋空间规划进入了各国政府的视野中。例如，欧盟认为海洋空间规划是实施海洋环境保护政策的有效措施；在我国，海洋空间规划被用作发展海洋经济的一种方式。海洋空间规划的发展主要受到了政府间组织、非政府组织、海洋科学家和管理者的推动，鼓励沿海国家采用海洋空间规划方式管理其领土内的水域，并且制定相关立法，保障上述措施的实现。由于各国行政管理体制的不同，海洋空间规划的具体方式也存在巨大差异。例如，有国家将内河和领海水域放在一个层面上考量，而将专属经济区放在另一个层面上考虑。此外，一些区域性海洋组织也鼓励成员展开合作，特别是在存在跨境水域的情况下。欧盟在这一方面最为明显，欧盟通过一系列框架性协议和措施推动欧盟各国在海洋管理上展开合作。目前，世界各国在海洋空间规划中都处于不断探索和完善阶段，我国学者曾作出如下总结：英国建立起了联合王国（UK）、国家（National）、区域（Regional）和地方（Local）四个层级的海洋空间规划体系。比利时的海洋空间规划体系是由“海洋空间战略—海洋用途区划”构成的单一逻辑的控制体系。荷兰的海洋空间规划体系是由“海洋空间战略—海洋用途区划—海域使用规划”构成的智能分类的控制体系。德国的海洋空间规划体系是“缺少统一海洋空间规划框架—专属经济区空间规划和各州领海空间规划并行”的控制体系。挪威的海洋空间规划体系是“缺少统一海洋空间规划框架，专属经济区空间规划和各地方管辖水资源规划并行，各地方管辖海域纳入‘区域—郡—地方规划’水资源规划体系”的控制体系。澳大利亚的海洋空间规划体系是“国家海洋政策—区域海洋生物区划”和“州/领地海洋空间规划”独立运行的控制体系。智利的海洋空间规划体系是由“国家海洋政策—国家层面海岸带和海洋使用发展规划—地区层面海岸带和海洋功能区划”构成的控制体系。①

---

① 方春洪、刘堃等：《海洋发达国家海洋空间规划体系概述》，载《海洋开发与管理》2018 年第 4 期。

Chapter

第二章

海洋行政法基础理论

02

导入案例

北海市乃志海洋科技有限公司诉北海市海洋与渔业局海洋行政处罚案

2016年7月至9月，北海市乃志海洋科技有限公司（以下简称乃志公司）在未依法取得海域使用权的情形下，对其租赁的海边空地（实为海滩涂）利用机械和车辆从外运来泥土、建筑废料进行场地平整，建设临时码头，形成陆域，准备建设冷冻厂。2017年10月，北海市海洋与渔业局（以下简称北海海洋渔业局）对该围填海施工行为进行立案查处，测定乃志公司填占海域面积为0.38公顷。经听取乃志公司陈述申辩意见，召开听证会，并经两次会审，北海海洋渔业局认定乃志公司填占海域行为违法，于2018年4月作出行政处罚，责令乃志公司退还非法占用海域，恢复海域原状，并处非法占用海域期间内该海域面积应缴纳海域使用金十五倍计256.77万元的罚款。乃志公司不服，提起行政诉讼，请求撤销该行政处罚决定。

该案的争议焦点之一，关于原告乃志公司是否实施围海填海行为并占用涉案海域的问题上，法院认为乃志公司实施了围海填海行为并占用涉案海域，理由如下：第一，乃志公司与第三人渔沣公司签订《土地承包合同转让协议》，取得了渔沣公司与石头埠村小组签订的《农村土地租赁合同》中的相关权利，其行为实质就是为了取得渔沣公司对涉案海域的实际使用权，为了下一步进行改造后建设冷冻厂之用。实际上，乃志公司取得和接管了渔沣公司的工作成果，即2013年渔沣公司抽沙吹填形成的沙堆，并实际使用和管理该海域，构成占用海域的行为。第二，乃志公司法定代表人李某志在海洋渔业局调查过程中，多次承认其公司使用自己的铲车、勾机等机械，从外运来泥土和建筑废料，对渔沣公司吹填形成的沙堆进行了平整、充实，形成临时码头，并在临时码头西南面新填了部分海域，建造了临时码头北面靠海一侧的沙袋围堰和护岸设施。乃志公司平整填充场地以及围堰护岸等行为，是对渔沣公司吹沙填海行为的延续与巩固，并最终形成陆地现状。这一事实，有中国海监第九支队的执法检查通报、北海市海域使用动态监管中心的疑点疑区核查报告、李某志陈述和其他多个证人的证言、现场照片等证据相互印证，也与一审法院现场勘察核实的情形一致，这表明乃志公司存在填海行为。第三，从平整和填海的结果来看，乃志公司组织实施围堰和外运泥土、建筑废料平整场地施工形成了目前的陆域现状。根据国海管字〔2008〕273号《国家海洋局关于印发〈海域使用分类体系〉和〈海籍调查规范〉的通知》“2.5填海造地——指筑堤围割海域填成土地，并形成有效岸线的用海方式”的定义，其平整、填海和围堰行为构成“填海造地”。第四，乃志公司填海和平整场地形成陆地，改变了涉案海域的海洋环境，使该海域性质发生变化，原有海洋功能丧失，其行为就已实际占用了该海域。其虽未进一步建设冷冻厂，但依据证据显示，至少在2016年6月至2018年1月，乃志公司使用了该场地，先是用3个月时间平整和填土，被海洋渔业局责令停工后，又利用该场地进行渔排修理，因此其占用海域的行为处于持续状态。

一审法院认为：该案被诉行政行为系海洋行政处罚，乃志公司在未取得海域使用权的情况下，实施围海、填海活动，非法占用海域0.3804公顷，违反《海域使用管理法》第四十二条的规定。海洋渔业局享有海洋行政处罚职权，其作出的09号行政处罚决定认定的事实清楚，证据确凿，适用法律、法规正确，符合法定程序，法院依照《行政诉讼法》第六十九条、《最高人民法院关于适用〈中华人民共和国行政诉讼法〉的解释》第七十九条第二款的规定，判决驳回乃志公司的诉讼请求。

乃志公司不服一审判决，广西壮族自治区高级人民法院二审认为：一审判决认定事实清楚，适用法律正确，程序合法。上诉人乃志公司的上诉理由不成立，驳回上诉，维持原判。

典型意义

该案为最高人民法院指导案例第178号，系涉非法围填海的海洋行政处罚案件。该案中，法院总结了两点裁判要旨：一是如何认定构成非法围海、填海；二是如何认定同一海域内，无共同违法意思联络的行为人是否属于共同违法的情形。人民法院对于构成独立的行政违法行为应独立处罚，行为人应各自承担相应行政法律责任的做法予以了支持。该案的处理对非法围填海的主体认定、处罚正当程序及自由裁量权行使等均具有示范作用，充分表明人民法院坚持用最严格制度、最严密法治保护国家海岸线和海洋环境生态安全的决心，并对重点解决海洋生态环境保护和地方可持续发展造成严重影响的非法围填海行为，对非法用海行为行政管理中存在的调查难、处罚难、执行难等问题，对于推进依法用海、管海，实现海洋强国战略都具有积极意义。

第一节 相关概念界定

一、行政法

（一）行政的含义

行政法学是海洋行政法的研究起点，而行政又是行政法的研究起点。因此，要想学习并掌握行政法学，首先要理解行政的含义。“行政”一词以不同的语言表述有不同的表达方式，不仅是在文字表达上的差异，而且在含义的理解上，世界各国也都不同。不过，从共性的关联度进行考察，可以将这些观点大致分为两类：一类是将行政视作与国家之间没有特别联系的管理，即社会性一般管理；另一类是把行政看成国家的一种专有活动，认为只有国家实施的活动才能纳入行政之中。也就是说，哪怕是由一般社会组织和个人进行的管理活动，也不能属于行政活动。在此基础上，关于行政的理解存在三种不同的观点：第一种是“广义的行政”，即把一切和国家相关的活动都视作行政；第二种是“狭义的行政”，即把国家的活动分为国家意志的制定和表达以及国家意志的执行和推行两个部分，其中只把执行和推行国家意志的活动视为是行政；第三种是“最狭义的行政”，该观点排除了立法活动和司法活动，而仅把除立法活动、司法活动之外的其他国家活动称为行政活动。

此外，从实质与形式一致的意义角度可以对行政进行如下理解：行政是在对国家和社会事务进行组织和管理的过程中，由行政主体主导并产生行政法律效果的活动。简言之，国家行政主体实施国家行政权的行为即为行政。从该定义中可以归纳出以下几个特征：

第一，行政活动的主体是特定主体，即能够代表国家以自己的名义实施国家行政管理的组织机构。在我国，行政主体除国家行政机关之外，还包括依法具有行政职权的其他组织。这些被依法授权的组织同样可以实施行政活动，并独立对外承担其行为所产生的法律责任。

第二，行政活动的核心是体现国家行政权的运行。行政主体依法有权对国家和社会加以管理，但这一活动的实质在于体现国家行政权的作用而不是其他权力，如立法权和司法权等。换句话说，只有体现国家行政权作用的活动才是行政活动，否则便属于其他国家活动。

第三，行政是能够引起行政法律效果的国家活动。国家活动虽是体现多种国家权力的活动，但其后果并不必然引起法律效果。只有当权力的行使能够直接或间接引起行政法律效果时才能称为行政活动。无法导致行政法律效果或者所导致的并非行政法律效果而是其他法律效果的活动，不属于行政法意义上的“行政”。

（二）行政法的概念

关于行政法的研究在20世纪80年代开始掀起热潮，与行政法相关的著述层出不穷，也形成了各自的理论学说，这些理论学说分别从调整对象、行政法与行政管理的关系、法律关系内容、表现形式等对行政法进行了阐释。①

从发展进程来看，行政法经历了管理论—控权论—平衡论的演进过程。其中管理论强调行政机关的管理职能和权限，忽视行政相对人的权利；控权论强调要保障相对人的权利，对行政机关尽可能加以限制和约束；平衡论力求保持行政机关与相对人的权利义务总体平衡。② 总体归纳而言，所谓行政法，是对行政主体的职权设定、权力行使、行政行为的运行程序、违法监督和提供救济的法律规范的总称。其目的在于调整、控制和规范行政权，并对行政相对人的合法权益加以保护。

行政法因其具有的自身特性，区别于其他部门法。行政法的特征表现在两个方面，即内容上的特征和形式上的特征。就内容而言，行政法有以下三个特征：（1）对象的确定性。虽然行政法涉及的社会领域广泛、内容众多、社会关系复杂多变，但其调整对象和调整范围并不是不确定的。行政法明确以行政关系为调整对象，且仅限定为调整因行政主体实施的行政行为而产生的法律关系。由此，也决定了行政法的独特性——具有独立法律部门的地位。（2）范围的广泛性。行政法是有关国家行政管理的法，由国家机关负责对国家的各项事务进行组织规划、管理和监督。而国家行政管理的对象随着社会

---

① 张焕光、胡建淼编著：《行政法学原理》，劳动人事出版社1989年版，第33－35页。

② 沈岿：《行政法理论基础回眸——一个整体观的变迁》，载《中国政法大学学报》2008年第6期。

经济的发展而不断拓展，范围不断扩大且日益广泛，涵盖基础设施建设、经济发展、秩序稳定、公共卫生保障、环境污染防治等各个方面。国家行政管理范围的广泛性，决定了行政法内容的广泛性。（3）内容的相对易变性。与其他法律相比较而言，行政法需要应对快速发展的社会经济局势，解决社会生活中复杂多变的各类问题，调整不同相对人的利益诉求，因而行政法律规范也具有较强的变动性，需要及时进行修订、调整、废止，从而提高行政效率。

就形式而言，行政法的特征在于其表现形式的多样性。由于行政法内容和范围的广泛性、复杂性和易变性，单一的法规无法全面涵盖并加以调整和规范，因此需要制定各个领域的法律规范。虽然不少国家制定了行政法典，但它也必须依赖其他配套的专门具体法规来辅助，因为行政法典是各个行政管理领域普遍适用的一般性行政法律规范，专门领域的特殊性行政法律规范更适合通过各种专门的条款加以呈现。

二、海洋管理

对于海洋管理，可以作狭义与广义两种不同的理解。传统的海洋法理论往往采取狭义的海洋管理概念，认为海洋管理就是国家对海洋事务的管理，甚至把海洋管理等同于海洋行政管理，认为海洋管理是国家对海洋区域（海洋权益）、海洋资源、海洋环境的行政管理活动。按照这种理解，参与海洋资源开发利用的企业和个人纯粹是海洋管理的对象，而不是海洋管理的主体。

广义的海洋管理则包括国家对海洋的管理（主要是国家行政管理）和其他主体对海洋管理。一般管理学认为，管理包括行政管理和一般的社会管理，前者是指政务的推行，如决策、规划、指导、组织、协调、监督、领导等，层次较高；而后者则是事务的执行，常指执行的方法、技术、程序等，层次较低。从各国海洋管理的历史来看，海洋开发活动首先是从民间自发开始的，当发展到一定阶段国家意识到有必要对开发活动进行统一协调管理时，现代意义上的海洋行政管理才逐渐形成，然后在管理手段、控制措施和体制建构上不断加以完善。而海洋行政管理则是在理论和实践上把国家权力明确划分为立法权、行政权和司法权之后才出现的。而且，虽然国家对海洋的管理主要是行政管理，但也不限于行政管理。除了行政机关以外，参与海洋管理的国家机关还包括立法机关和司法机关，例如，立法机关制定海洋管理的法律法规，司法机关审理有关海洋纠纷的诉讼案件。

三、海洋行政

相比较于海洋管理，海洋行政既不同于一般的社会管理，也不同于其他国家管理和行政管理，其具有自身的特征。这主要表现在以下两个方面：

1. 海洋行政体现了国家意志性和法律强制性，这是海洋行政与一般社会管理的根本区别。首先，海洋行政是国家意志性的体现。海洋行政机关和海洋行政机关工作人员代表国家进行管理。海洋行政机关和海洋行政机关工作人员必须以国家名义实施海洋行政管理，并体现国家的意志。其次，海洋行政体现了法律强制性。依法行政已成为现代行政管理的一项基本原则。一方面，行政活动必须借助法律手段，以提高行政效率；另一方面，行政活动必须受到法律控制，以防止行政权被滥用，侵害相对人的权益。因此，海洋行政机关有权为了预防或制止违法行为或者对可能导致不利后果的危险状态采取强制措施，有权对做出的行政处罚拒不履行的行为依法强制执行。

2. 海洋行政以海洋行政事务为特定对象。海洋行政事务因其涉及多个领域而具有的综合性，从而不同于其他行政事务。所谓综合性，是指海洋行政管理涉及多个行政管理部门，包括海上相关产业管理部门（如海洋运输、油气生产、渔业、海洋矿产、海洋环境保护等）之间的相互协作以及海区与海岸带陆地之间的统筹配合。海洋综合管理是国家海洋事务发展到一定阶段的必然要求，是现代海洋管理的发展方向。被称为“海洋宪章”的《联合国海洋法公约》即指出，由于各海洋区域彼此密切相关，有必要将海洋作为一个整体来加以考虑。公约规定，海洋法律秩序的建立应当在兼顾所有国家主权的前提下，实现并促进海洋的和平用途，公平有效地利用海洋资源，对海洋生物资源进行养护并加以研究，同时对海洋生态环境进行保护。达成这些目标将有助于实现公正公平的国际海洋秩序，满足沿海国和内陆国的利益和需要，特别是发展中国家的特殊利益和需要。海洋综合管理同时还体现在海域功能区划、海洋开发规划、海洋决策磋商、科学协调资源开发、统筹海洋资源管理、实现生态保护与开发利用的平衡发展、综合考虑活动影响等方面。海洋综合管理应当全面统筹国家的海洋权益、海洋资源、海洋环境的整体利益，组织协调、综合平衡海洋产业部门和不同区域的关系，建构包括海洋政策、海洋法律、海洋规划和技术标准在内的海洋综合管理体系，以达到提高海洋开发利用的系统功效、协调发展海洋经济、保护海洋生态环境和维护国家海洋权益的目的。

四、海洋行政法

简单地说，海洋行政法是以规范海洋行政管理为目的、以调整海洋行政关系为内容的法律规范的总和。

首先，海洋行政法是行政法的一个特殊部门。法律体系是由一个国家既有各自特点，又相互配合的各个法律部门的现行规范所组成的有机统一整体。一个国家的法律体系根据法律规范调整对象的不同，可以划分为包括宪法相关法、行政法、民商法、刑法、经济法、社会法、诉讼法和非诉讼程序法等在内的若干部门。其中，行政法是以行政关系为调整对象，有关国家所有行政管理活动的法律规范的总和。行政法的目的在于保障国家行政权的有效运行，保障管理秩序的稳定，保障相对人的合法权益。行政管理的发展进程随着人类活动空间的不断拓展，也从陆地拓展到海洋。早期人类活动仅局限于内陆和沿海，但随着科技和经济的发展，人类对于海洋的拓展能力不断加强，从浅海到近海再到深海，海上行政活动日益增多，海洋行政法也由此应运而生。

其次，海洋行政法是海洋法的一个重要分支。海洋法是关于确定或者划定国家管辖海域的范围，调整在国家管辖海域范围内或者国家控制下的开发、利用海洋资源，保护、保全海洋环境，进行科学研究及其他海洋活动中所发生的各种社会关系的法律规范的总称。参与海洋关系的主体，既包括国家、国家机关，也包括自然人、法人和其他组织等。依照主体的不同，海洋关系主要包括两类：一类是横向关系，即自然人、法人和其他组织之间因开发、利用或者保护海洋发生的民事关系或者经济关系；另一类是纵向关系，即行政机关在海洋行政管理中与自然人、法人和其他组织之间发生的行政关系。后者就是海洋行政法的调整对象。

第二节　调 整 对 象

法律是社会关系的调节器，任何法（无论其是否为独立的部门法）均以一定范围内的社会关系为调整对象。同样，海洋行政法也规范一定的社会关系，其调整对象是海洋行政关系。所谓海洋行政关系，是指海洋行政主体因行使海洋事务管理职能与行政相对人、其他主体发生的各种关系，以及行政主体内部发生的各种关系。这种特定的社会关系具有以下特征：

1. 在海洋行政关系的当事人中，至少有一方是海洋行政主体（包括海洋行政主体和其他依法有权实施海洋行政管理的组织）。海洋行政关系的这一特征表明，海洋行政关系可以发生在海洋行政主体相互之间，也可以发生在海洋行政主体与非海洋行政主体（如作为海洋行政管理相对人的公民、法人和其他组织）之间，但不可能发生在非海洋行政主体相互之间。

2. 海洋行政关系是在海洋行政管理过程中发生的。该特征表明两点：首先，海洋行政关系在性质上属于行政关系，它与行政管理直接相关。如果与行政管理无涉，即使主体一方甚至双方都是海洋行政机关，也不构成行政关系。其次，海洋行政关系发生于海洋行政这一特定的行政管理领域，所以海洋行政关系不同于其他行政关系，如军事行政关系、外交行政关系、公安行政关系、经济行政关系等。

3. 在海洋行政关系中，当事人的地位在大多数情况下是不平等的。海洋行政机关往往处于主导地位，在海洋行政关系中属于核心主体，海洋行政关系的发生、变更和消灭主要取决于海洋行政主体。例如，海洋行政处罚由海洋行政主体单方作出，无须征得被处罚人同意。另外，为了保证海洋行政关系的实现，法律还赋予海洋行政主体以一定的行政强制执行权。

根据海洋行政关系的上述特征，可以将海洋行政关系归结为以下三种类型：

1. 海洋行政主体之间的关系。海洋行政主体之间的关系包括纵向关系和横向关系。前者发生在上下级海洋行政主体之间，如上级海洋行政机关对下级海洋行政机关的领导和监督，下级海洋行政机关对上级海洋行政机关的请示和汇报；后者发生在平行海洋行政主体之间，如海洋行政主体之间的公务协作关系。

2. 海洋行政主体与海洋行政工作人员的关系。海洋行政主体作为一个抽象的组织，其行为是通过具体的个人，即海洋行政工作人员做出的。因此，为了实施海洋行政管理，海洋行政主体首先须对海洋行政工作人员进行管理，如任免、考核、奖惩、培训等。

3. 海洋行政主体与海洋行政相对人的关系。海洋行政关系的实质是海洋行政管理关系。在海洋行政管理中，作为管理方的海洋行政主体与作为被管理方的海洋行政相对人发生的关系构成了海洋行政关系的核心内容。我国现阶段的海洋行政工作的主要内容均反映了海洋行政主体与海洋行政相对人的关系。

在上述三类海洋行政关系中，前两类属于内部关系，反映了海洋行政主体对自身的管理；后者则属外部关系，反映了海洋行政主体对整个社会的管理。海洋行政法是以外部海洋行政关系为主要规范对象的。

需要指出的是，海洋行政关系不等于海洋行政法律关系。国家和社会生活中存在各种各样的社会关系，它们在受到法律规范的调整后，便上升为法律上的权利义务关系，即法律关系。在海洋行政管理中，社会关系具体表现为各种海洋行政关系，这种海洋行政关系经过海洋行政法规范的调整，同样会产生法律上的权利义务关系。这种特定的权利义务关系，便是海洋行政法律关系。也就是说，所谓海洋行政法律关系，是指海洋行政法规范调整海洋行政关系所产生的一种海洋行政法上的权利义务关系。因此，海洋行政法律关系与海洋行政关系既有联系又有区别。二者之间的联系体现在：一方面，海洋行政法律关系是以海洋行政关系为基础的，海洋行政关系是海洋行政法的调整对象，海洋行政法律关系是海洋行政法调整海洋行政关系的结果；另一方面，海洋行政法律关系与海洋行政关系在范围上不完全吻合。因为在事实上，即使最完备的海洋行政法也不可能对每一种海洋行政关系都进行规范和调整。二者之间的区别在于：海洋行政法律关系与海洋行政关系在性质上截然不同。前者是特殊的社会关系，以意思表示为必备要素，在本质上是行政主体意欲设立法律关系；后者是事实关系，行政行为的做出不以意思表示为其必备要素，当事人实施行为的目的并不在于追求行政法律后果。

第三节　适 用 范 围

一、法的空间效力

法律的空间效力，是指法律生效的地域范围，即法律在哪些地方、在什么区域内具有拘束力。在法的空间效力问题上，主要分为以下三种情况：

1. 法律在全国范围内普遍有效。一般情况下，法律在颁布实施后在一国管辖范围内都具有法律效力，既包括该国范围内的领陆、领空、领水，也包括延伸意义上的领土，即本国驻外大使馆、领事馆、在本国领域外的本国船舶和飞行器。如《海洋环境保护法》第二条第一款规定：本法适用于中华人民共和国内水、领海、毗连区、专属经济区、大陆架以及中华人民共和国管辖的其他海域。

2. 法律在我国特定的区域内有效。海洋行政法对此又可分为两种情况：一种情况是地方性行政法规仅在本行政区域有效；另一种情况是仅在法律规定的特定区域有效，例如《渔业法》中有关禁渔区的规定。禁渔区是指为保护我国渔业资源、海域生态环境和海上生产活动，所划定的禁止一切捕捞生产活动或某类渔具作业的水域。禁渔区可以由国家以法律形式作出规定，也可以由各级政府根据管理权限要求在某一水域范围内全年或某一段时间内禁止捕捞，或禁止捕捞某些种类、规格的鱼类，或禁止使用某种渔具作业等，以条例、命令、通告、实施细则等形式作出规定。

3. 我国法律的域外效力。法的域外效力，是指法不仅在国内而且在本国主权管辖领域外也有效。根据主权原则，一国的法律规定仅限于本国领域内有效。但随着国家间联系不断紧密，跨国流动愈加频繁，国内法开始逐渐超越地域边界，对本国领域外发生的行为产生规制，此为“域外效力”。[①] 除国内法之外，一国所缔结或参加的国际条约亦可成为产生域外效力的依据。由于海洋的整体性和特殊性，与海洋相关的法律内容往往不限于我国管辖范围

---

① 霍政欣：《国内法的域外效力：美国机制、学理解构与中国路径》，载《政法论坛》2020 年第 2 期。

内。例如，《海洋环境保护法》第二条第三款规定：在中华人民共和国管辖海域以外，造成中华人民共和国管辖海域污染的，也适用本法。

二、法的对人效力

法的对人效力，是指法对哪些人具有拘束力，即法对什么样的自然人和法人适用，主要有以下四种原则：

1. 属人主义原则，即以国籍或国别为适用标准。无论是在国内还是在国外，只要是本国人或本国组织都受本国法的约束，但在该国领域的外国人和组织不适用本国法。例如我国出台的《海洋保护法》《渔业法》《海域使用管理法》等均对我国的渔民、渔业组织或其他组织适用，无论其是否在我国境内。

2. 属地主义原则，即以地域为适用标准，只要是在一国管辖范围内，无论是本国人、本国组织还是外国人、外国组织，同样都要接受本国法的约束。但不在本国的本国人和组织，则不受本国法的约束。例如，《海洋环境保护法》第二条第二款规定，在中华人民共和国管辖海域内从事航行、勘探、开发、生产、旅游、科学研究及其他活动，或者在沿海陆域内从事影响海洋环境活动的任何单位和个人，都必须遵守本法。

3. 保护主义原则。该原则不以国籍和所在地域为要件，而是以本国利益为标准，无论在何地且无论是何人，只要损害了本国利益，都要受到本国法律的追究。

4. 综合或折中原则。为了实现对本国利益的全面保护，目前世界各国基本采取综合原则，即以属地主义为主，同时与属人主义和保护主义相结合。根据该原则，在一国领域内的任何人和任何组织，除享有外交特权的除外，均要接受该国法律的约束；域外的本国人和组织以适用居住国的法为原则，但本国法有特殊规定的仍适用其本国法。

三、法的对事效力

法律对事的效力，是指法律对什么样的行为有效力，对哪些事项具有约束力。

法律效力是法律制度中的核心因素，具体行政行为在生效之后，在法律上会产生影响和效果，主要体现为拘束力、确定力、执行力和公定力。

1. 拘束力。作为一种推定的法律效力，拘束力是指因具体行政行为产生的对行政主体、行政相对人和其他国家机关的限制和约束效力。具体体现为：行政主体身份和行政决定不得随意变更；行政相对人应当接受经行政行为确定的义务；同一案件不得以相同事实和理由多次受理和处罚；不得随意干预其他行政主体的行政活动。在性质上，拘束力属于具体行政行为成立之后的推定力，其既可以一直有效下去，获得实质性法律效力，也可以通过一定程序被推翻。

2. 确定力。作为一种不可改变的法律效力，确定力是指具体行政行为经过一定期限和程序被最终地、实质性地确定下来，不可再争议、不得再更改的效力。具体行政行为成立之后，其推定产生的约束力在一定期限之内是可以争议和改变的，但是出于稳定行政管理法律关系的需要，该期限不可能无限延长，这就需要在法律上规定一个明确的争议期限，如行政复议中关于60天的行政复议申请期限，行政诉讼中关于6个月的行政诉讼起诉期限等。当该期限经过之后，如果具体行政行为没有被撤销或者宣告无效，则由其确定的权利义务内容将不得再变更。

3. 执行力。作为一种实现具体行政行为内容的法律效力，执行力是指已生效的具体行政行为要求行政主体和行政相对人将其确定的权利义务内容转化为现实的法律效力。依据前述的拘束力，行政相对人应当在法定的期限内履行具体行政行为所确定的义务。如果行政相对人不履行法定义务，行政主体有权直接强制执行或者申请法院强制执行，从而实现具体行政行为中当事人的权利义务，保证确定的权利义务内容得以实现。

4. 公定力。公定力是指行政行为即使被认为是违法的，在有权机关予以撤销或变更之前，行政相对人及其他人都不能以任何借口否认其存在，都必须姑且视其具有行政行为的效力。也就是说，只要行政相对人没有向行政复议机关申请行政复议，并由有权行政机关作出撤销或变更行政行为的决定，或确认该行为违法，也没有向人民法院提起诉讼，由人民法院作出撤销判决或部分撤销判决，那么行政行为即使违法，在事实上也依然具有效力。

法律对事的效力的确定，应遵循以下两个原则：一是明文规定原则，即只有已生效的法律所规定的事项才发生效力，对于未规定的事项，法律不产生效力。只有这样才能发挥法的指导作用，避免法律的滥用。二是一事不再罚原则，即对同一违法行为人的同一违法行为，不得以同一事实和同一依据，给予两次或者两次以上的处罚。这样规定的原因是，防止因重复处罚加重当事人的负担，从而实现过罚相当，以保护行政相对人的合法权益。根据我国《行政处罚法》的规定，一事不再罚原则具体体现为行为人不得因同一违法行为而受到两次或者两次以上的行政处罚。

四、法的时间效力

法的时间效力，是指法何时生效、何时终止效力及法对其实施前的行为和事件有无溯及力的问题。

（一）法的生效时间

法的生效时间根据法的规定、惯例、需要及其他有关情况而定。通常有以下几种生效方式：

1. 法律自公布之日起开始生效。例如，我国《宪法》于 1982 年 12 月 4 日通过，也于当日起施行。

2. 法律自身明文规定该法律开始生效的时间。例如，我国《渔业法》公布时规定自 1986 年 7 月 1 日起施行，《海域使用管理法》公布时规定自 2002 年 1 月 1 日起施行。

3. 附条件和期限的生效。有的法律在公布后并不是直接生效，而是在经过一定期限或具备一定条件后才开始生效。原因一是在于配套的相关规定和条件还不成熟；二是法律公布后还需要时间进行宣传和普及，以便有关主体和社会公众熟悉了解和掌握。

（二）法的失效时间

法的失效是指法律被废止，其效力消灭。废止法律一般采用明示废止和默示废止两种方法：明示废止通常是当今世界各国普遍采用的做法，即在新法出台后，明文规定旧法同时废止；默示废止是指不通过明文规定的方式废止原有的法律，而是在司法实践中确认新旧法相互冲突时适用新法，因而实际上废止了旧法的效力的方法。在我国实践中，法的失效有以下几种情况：

一是新法经公布实施生效后，旧法自动丧失效力；二是新法取代原有法律，同时在新法中明文规定原有的法律废止；三是由有关国家机关宣布废除，从宣布废除之日起，被废除的法律即停止生效；四是附期限的法律在期限届满后又无延期规定的，该法律即自行停止生效；五是附条件的法律在条件已成就或完成时，该项法律自然废止。例如，2000 年发布的《水污染防治法实施细则》已于 2018 年由国务院宣布废止。

五、法的溯及力问题

法的溯及力，也就是法律溯及既往的效力，是指法律对其生效以前所发生的事件和行为是否适用的问题。如果对其生效以前所发生的事件和行为适用，则该法律就具有溯及力；如果不适用，则该法律就不具有溯及力。

在法的溯及力问题上，因人们不可能根据尚未颁布实施的法处理社会事务，因此近代以来，各国一般情况下遵循“法不溯及既往”的原则，即法律只适用于其生效以后所发生的事件和行为，而不适用于其生效以前所发生的事件和行为。但也存在例外情况，如果出于应对特定形式、特殊情况或者是为了维护特定的利益，法律也可以溯及既往。目前各国的通例是“从旧兼从轻”原则，即新法原则上没有溯及力，但如果新法不认为是犯罪或对行为人的处罚较轻时就适用新法。我国修订后的《刑法》也采用了这一原则。我国 1997 年《刑法》第十二条规定：“中华人民共和国成立以后本法施行以前的行为，如果当时的法律不认为是犯罪的，适用当时的法律；如果当时的法律认为是犯罪的，依照本法总则第四章第八节的规定应当追诉的，按照当时的法律追究刑事责任，但是如果本法不认为是犯罪或者处刑较轻的，适用本法。本法施行以前，依照当时的法律已经作出的生效判决，继续有效。”

我国《立法法》第一百零四条规定：“法律、行政法规、地方性法规、自治条例和单行条例、规章不溯及既往，但为了更好地保护公民、法人和其他组织的权利和利益而作的特别规定除外。”这也就意味着，行政法一般不具有溯及既往的效力，但法律、法规和规章有明文规定的除外。对于剥夺或限制公民权利的行政法规和规章，如行政处罚，应参照《刑法》采从旧兼从轻原则；对于为公民设定或增加权利的行政法规和规章，可以溯及既往，即新法对生效前的行为和事实有溯及力。但是，仅限于新法生效之前，公民的行为或事实的存续无相应法定依据，因新法生效而得到承认，且一般仅限于承认，不包括提供赔偿、补偿以及救济手段。①

第四节 基本原则

法律原则是为法律规则提供某种基础或根源的综合性的、指导性的价值准则或规范，也是法律诉讼、法律程序和法律裁决的确认规范。② 可见，法律原则是规范和价值观的共同体现。所谓行政法的基本原则，系指贯穿在一国行政法中，指导和引领具体行政法律规范，并由它们所体现的基本精神，是要求所有行政主体在国家行政管理中必须遵循的基本行为准则。现代行政法的不足之处主要在于分散、种类繁杂，难以和法制统一原则相匹配，而行政法的基本原则通常能够作为弥补此缺陷的有效措施。③

行政法的基本原则不同于行政法的指导思想。指导思想的效力层次更高，内容更抽象。行政法基本原则，相对于行政法指导思想而言，更具有直接可操作性。行政法基本原则也不同于具体的行政法律规范，前者具有更高的法律效力。行政法律规范的制定内容应当与行政法基本原则保持一致，并且体现行政法基本原则和精神。而行政法基本原则同样离不开具体行政法律条文，若没有法律条文的具体规定，基本原则便因为没有表现形式而无法被体现出来。

海洋行政法的基本原则，是指能够反映海洋行政法本质，并与具体管理制度有着内在联系的共性规则，是能够为海洋行政法立法及司法实践奠定牢固基础的基石。海洋行政法基本原则能够指导海洋行政法的规则制定、条款的修改和废止，同时为法的适用和解释提供指引作用，从而弥补法律漏洞。

海洋行政法基本原则具有以下四个特征：

1. 海洋行政法基本原则具有特殊性。这就意味着，海洋行政法基本原则

---

① 王静：《论行政法上的法不溯及既往原则》，载《宪政与行政法治评论》2007 年第 3 期。

② 舒国滢：《法律原则适用的困境——方法论视角的四个追问》，载《苏州大学学报》2005 年第 1 期。

③ 章剑生：《现代行政法基本原则之重构》，载《中国法学》2003 年第 3 期。

只能限定在海洋行政法领域，而非“普适性”地应用于任何领域。海洋行政法基本原则的特殊性建立在行政法与法之间、海洋行政法与行政法之间的个别与一般的关系之上，它是相对于法的一般原则而言的。

2. 海洋行政法基本原则具有普遍性。行政法的原则是区分层次的，有的原则适用于国家行政管理的所有领域，有的则只适用于行政管理的某一领域。海洋行政法是有关国家海洋行政管理的法律规范的总和，作为它的基本原则理应适用于与国家海洋行政管理相关的整个过程和所有领域，若是无法达到这一标准，便不能算作海洋行政法的基本原则。如果说海洋行政法基本原则的特殊性是相对于其他法的一般性而言的，那么，海洋行政法基本原则的普遍性则是相对于国家海洋行政管理领域的特殊性而言的。

3. 海洋行政法基本原则具有法律性。海洋行政法的基本原则对海洋行政主体的行政行为具有直接的法律约束力。也就是说，任何海洋行政主体做出违反海洋行政法基本原则的行为，都将会导致直接的法律后果。违反基本原则的行为也就是违反行政法规的行为，即行政违法行为。行政违法行为一旦被确认为无效，该行为便自始不具法律效力，此外，海洋行政主体还须承担相应的法律责任。

4. 海洋行政法基本原则具有规范性。海洋行政法基本原则的规范性要求作为海洋行政法基本内容的基本原则能够规范表达，同时体现为内容上和表述上的规范性。通过采用规范性的法律语言，而不是生活语言或政治语言来表达海洋行政法基本原则的内涵。

一、合法行政原则

合法行政原则根据内涵可分为法律优先和法律保留，即对现行法律的遵守和依照法律授权开展活动两个方面。

1. 法律优先，属于消极意义的合法行政，其要求行政机关依照已生效的法律、法规等规定实施行政管理，开展行政活动，不得违反上位法，也不能相互抵触。具体而言，海洋行政机关制定法律、做出行政决定和开展行政活动要依法进行，不得与上位法相抵触，不仅要遵守实体法规范，也要遵守程序法规范。对于违法行政行为，违法行政主体及其工作人员应承担相应的法律责任。

2. 法律保留，是积极意义的合法行政，是指行政机关应当依照法律授权活动，不得法外设定权力。无授权，则无行政；有授权，才有行政。换言之，任何行政职权的行使都须基于法律的授予，不得自行设立行政权力，也不能超越职权范围行事。任何可能影响公民、法人和其他组织合法权益或者增加义务的行政行为都要经过授权，否则即属于超越权限的行为，行为无效。

二、合理行政原则

合理行政原则的主要含义在于行政决定应当在符合动机正当、目的正当，符合客观规律的前提下理性地做出。这里的理性，是以普通人所能达到的判断标准作为是否合理与适当的依据，同时考察是否与科学公理和社会公德相符合。合理行政属于实质行政法治的范畴，实质法治是指没有通过文本的形式确立下来的法律精神、价值与理念，而形式法治是指成文法律规则。合理行政原则应包括以下内涵。

1. 体现公平公正。公平公正的本质即是平等原则，要求行政机关不带有任何的偏见、不歧视对待行政管理相对人。平等原则不仅包括同等情况同等对待的形式平等，也包括不同情况差别对待的实质平等。两种平等观各有其适用领域，后一种平等观尤其适用于对老年人、残疾人和儿童等弱势群体的保护领域。

2. 综合考量相关因素。行政行为的做出并非任意而为，而是应当在排除任何不相关和干扰因素的前提下，对各种因素进行充分比较、评估、考量，从而做出符合立法目的的行政决定和行政行为。

3. 比例原则。比例原则作为行政法的重要原则，目的是保证行政机关公正合理地使用自由裁量权，最大限度地降低对行政相对人权益的损害。对此有三个方面的要求，并且这三个方面之间呈分层次的递进关系：

第一，合目的性，即任何行政行为的做出都要符合立法目的，亦即以行政机关做出措施时是否考虑到相关目的为衡量标准，而不是以出现的客观结果为标准。

第二，适当性，即在符合目的的前提下由行政机关根据具体情况采取最有利和必要的措施，其所选择的具体措施和手段能够产生预期的结果，并且应当为法律所认可。

第三，损害最小性，即行政机关在可供选择的多种方式之中，在实现行政目的的情况下，应当保证对当事人的权益损害最小。也就是说，避免采取给相对人造成较大损害的方式。比如在海洋行政执法过程中，若违法程度较轻，用罚款就足以实现行政目的，那么在可以选择罚款的情况下应避免吊销营业执照。

合法行政与合理行政是我国行政法最基本的两个原则，这两个原则既有区别又有联系。准确把握两者之间的关联，有助于我们在司法实践中对这两项原则进行具体的适用和贯彻。对两者关联的把握，可以从以下四个方面进行理解：

第一，合法行政原则与合理行政原则具有同等法律地位，都是海洋行政法的基本原则，行政主体的行政行为需要同时满足合法和合理原则的要求。两者的基本目标一致，都是规范行政活动的基本准则。

第二，合法原则是合理行政原则的前提，只有当“合法”是既定存在的，才会有合理行政的成立。合理只有在合法范围内才能被认定为合理，任何不符合法律规定的合理将被视为违法行为。另外，合理行政原则也被视作合法行政的补充，在合法的框架下，不合理的行为同样会侵犯当事人合法权利。

第三，合法行政原则既适用于行政羁束行为，同时也适用于行使自由裁量权的行为，但合理行政原则只能适用于行政自由裁量权范围以内的行为。合理行政原则的目的在于对行政自由裁量权加以约束，因此合理行政原则确立以后，也主要在行政自由裁量权限范围内发生作用，其他行政行为不存在合理性问题，而是合法性问题。

第四，合法行政原则既是行政法的原则，也是行政诉讼法的原则，而合理行政原则仅对行政主体的行政行为适用，对司法机关所主持的行政诉讼活动却并不适用。我国《行政诉讼法》第六条规定，人民法院审理行政案件，对行政行为是否合法进行审查。由此可见，两原则适用范围不同，以合法性审查为原则，合理性审查为例外。

三、程序正当原则

在行政法律规范中，程序性规范占据着重要比例，因此程序正当也是法律对行政活动提出的基本要求，行政机关不仅要在实体上遵守合法、合理原则的要求，而且在程序上也必须符合法律所规定的程序要求，具体包括：

（一）行政公开

除非法律另有规定，否则行政机关实施行政管理应当公开进行。公开的内容不仅包括行政机关制定实施的法律法规、文件资料、信息情报等，也包括行政会议、会议决议、决策决定以及相关活动情况等。公开原则不仅在《政府信息公开条例》中有所规定，还贯穿于《行政处罚法》《行政许可法》等行政实体法之中。

（二）公众参与

公众参与是指行政机关作出重要的规定或者决定时，应当听取公众意见，尤其是应当听取直接相对人与其他利害关系人的陈述或者申辩。直接相对人与其他利害关系人提出的陈述或申辩成立的，行政机关应当予以考虑、采纳。参与理念同样贯穿了行政行为的全过程，行政决定之前、之后都要让民众能够通过制度化的渠道介入行政机关的意志形成过程。

1. 决定前，行政机关要告知当事人行政行为的事实、理由和主要依据，因为知晓是参与的前提，如果当事人对于行政行为一无所知，便无法参与其中。

2. 决定中，政府要作出公正的判断，就应多渠道地收集证据和不同的观点。行政机关应当通过听取陈述申辩、听证会等多种方式，让相对人可以实质性地参与到行政决定的过程中，并可能实质性地影响行政决定的结果，实现社会公众和公共权力全方位的交流与互动。

3. 决定后，行政行为的决定文书中必须向行政相对人和相关人说明该行政行为的事实依据、法律依据以及进行自由裁量时所考虑的政策、公益等因素，说明采纳或者不采纳某项观点或证据的理由。这样，一方面可以避免行政机关作出的决定专断，另一方面可以提高行政决定的接纳度。

（三）公务回避

公务回避是对行政机关工作人员履行职责的要求，当其处理的行政事务或者进行的行政活动与行政管理相对人存在利害关系或者可能影响公正时，应当主动回避，其要求包括以下两个方面：

1. 利害回避。行政机关工作人员履行职责，与管理事项存在利害关系，有可能影响公正处理的，应当退出对案件的调查和处理。我国《行政处罚法》即规定执法人员与当事人有直接利害关系的，应当回避。

2. 保证中立而回避。当行政机关工作人员与其处理的公务无利害关系，但由于其他原因可能影响客观中立时，也应回避。例如，在行政许可程序中，由于参与了审查许可申请材料的工作人员已经对该案形成了固定看法，难以接受对立观点，因此，禁止其担任听证程序的主持人。基于同样理由，在行政处罚案件的听证中，本案之前的调查人员也不得担任听证主持人。

四、高效便民原则

行政法中对高效便民原则有明确的规定，其要求行政主体在行使职能时，在合法的前提下不断提高办事的效率，不得对申请事项进行无故拖延，从人性化的角度出发，为申请人提供优质便捷的服务。具体来看，行政法坚持高效便民原则就是在合法的基础上尽可能简化审批事项的手续，降低审批事项的社会成本，提高办事的效率，从而获取更大的社会效益。高效便民原则的内涵体现为以下两个方面：

1. 行政效率原则。行政效率原则，顾名思义就是行政机关在行使其职能时，以最短的时间、最低的成本获得尽可能大的效益。该原则要求在保障行政相对人基本人权和公平行政的前提下应尽可能提高行政效率。其基本内容有两点：一是要求行政主体积极履行法定职责，积极作为；二是规定行政程序各个环节的时间和期限上的限制，严格遵守时限和时效，避免因无理由或不合理的拖延给当事人造成损失或不必要的麻烦，从而保证行政活动的高效便捷。我国《行政处罚法》和《治安管理处罚法》中均有简易程序的规定，在行政处罚的过程中可以选择适用简易程序，该制度的设置也是在不损害行政目的的前提下，使职责的履行简便易行，最终提高行政效率。此外，行政程序的格式化，即行政行为应当标准化、规范化，尤其是各种法律文书如记录、裁定书等应依法作出统一格式的规定，不仅保证了行政相对人享有法律上的平等权，也是提高行政效率的重要制度体现。

2. 便利当事人原则。便民原则是我国法律制度中的一个重要的原则，在诉讼、复议、仲裁等制度中均有所体现。行政机关的权力来自人民，因此在行政活动中始终要密切保持与群众的联系，秉承为人民谋福利的理念。因此在行政活动中增加当事人程序负担，是法律禁止的行政侵权行为，因此在行政执法过程中要时刻秉持着以民为本、执法为民的理念，一切依靠人民，一切为了人民。便利当事人原则是行政主体行使职能时应将服务人民、方便人民作为行动的准则，以此促进工作效率的不断提升。例如，行政处罚、行政许可实施中的各种时效规则就体现了行政效率；而行政许可中的统一办理、联合办理、允许以电子邮件等方式提出申请，信息公开可以口头申请等规则，则体现了便利当事人的要求。

五、诚实守信原则

诚实守信原则包括两个层次：一是“诚实”；二是“守信”。诚实要求行政机关保证行政行为及行政活动对外发布信息的真实性、准确性，不得发布虚假信息或者误导行政相对人，如果由此造成损失或者产生不利后果，行政机关应当承担法律责任。守信是对信赖利益的保护，已经生效的行政行为或决定非因法定事由、非经法定程序，不得随意撤销或者变更。行政法学的鼻祖奥托·迈耶曾说过：“法治国家不只是通过法律把大量丰富的行政活动限制起来，而是还要使行政活动在其内部也逐渐形成一些确定内容，以保证个人权利及个人对行政活动的可预测性。”① 而行政机关的朝令夕改，恰恰会破坏法律的安定性，导致法律的遵守者无所适从，无法理性地安排生产生活、处分自己的权利。如果确实存在法定事由需要撤销、变更或者废止，必须依照法定的权限，按照法律规定的程序进行，同时承担由此产生的赔偿或补偿责任。根据上述分析，可以概括出依据诚实守信原则对行政机关的要求如下。

1. 海洋行政职权的运用须以维护公共利益作为出发点和归宿。现代宪法确认了政府权力来源于人民之间的委托关系，基于全体社会成员的委托政府才具有管理的职权。政府拥有权力是基于社会成员权利的让渡，其职权的运用只能基于公共利益，从社会秩序的维护、公共安全的保障、公民权利的保护等角度出发。在海洋行政管理领域落实诚信原则的要求，同样要求行政执

① ［德］奥托·迈耶：《德国行政法》，刘飞译，商务印书馆2013年版，第66页。

法人员以公共利益作为出发点，履行行政职务时不应掺杂任何私心杂念，秉承为人民服务的理念，从人民利益出发，依法履行职责。

2. 海洋行政机关应保证意思表示的真实、准确、全面。海洋行政机关代表国家行使海洋管理职权，其主体地位和职权的行使不会遭到质疑，出于善意期待和对国家的信赖，公民会遵守相关行政规范，履行相应的义务，服从相关的管理。因此，海洋行政机关在推行政策和行政执法的过程中应为行政相对人提供真实准确的信息，保证相对人获得可靠的信息支持，避免出现虚假记载、误导性陈述、重大遗漏等情形。为此，按照诚实守信原则的要求，海洋行政机关在作出海洋行政行为时要做到以下两点：

首先，海洋行政机关应保证信息公开，在履行职责过程中对于制作、获取的信息应及时、准确地公开发布，这不仅是公众了解政府行为的直接途径，也是公众监督政府行为的重要依据。同样，也便于行政法律关系的确定和行政管理秩序的维护。其次，基于诚实守信原则的要求，海洋行政机关应避免发布的各种信息出现模糊、片面以及错误的情况。由于占有技术和人员等资源优势，海洋行政机关具有提供信息的便利和义务。为公众提供更加丰富、真实的信息，公众才能更充分地参与社会事务管理，发挥监督作用，消弭对政府的不信任和误解，各级政府也才能在相关工作中更好地与群众沟通，接受群众监督，提升服务水平。

六、权责统一原则

权责统一原则包括两个具体层次的要求，即一是“权”，二是“责”，权是责的前提，责是权的归宿。法律在赋予行政机关权力的同时，实际上也赋予其义务和责任，行政机关不履行其法定职责或违法、不合理地行使职权，均要承担相应的法律责任，同时对于行政机关的主要负责人和直接责任人员也要追究其个人责任。

1. 行政效能原则。所谓“效能”，就是指通过科学规范部门职能，合理设置机构，优化人员编制，不断改善机构编制资源的配置效率，形成权责一致、分工合理、决策科学、执行顺畅、监督有力的行政管理体制。只有在科学合理的体制下，行政机关才能充分发挥社会管理职能，不断提升管理水平，依法履行各项职责。

2. 行政责任原则。行政责任，从词语结构的角度，可以分成“行政”与“责任”，传统意义上的行政责任，一般是指国家行政机关及其公务人员在行政活动中履行和承担的义务。[1] 行政机关违法或者不当行使职权应当依法承担法律责任。对于行政主体的活动，如果没有责任机制加以制约，依法行政就难以保证，从而无法做到权责一致，违法必究。

① 肖俏:《行政决策追责中领导人行政责任认定研究》，吉林大学 2018 年博士学位论文，第 43 页。

Chapter

第三章

海洋行政立法

03

导入案例

江苏瑞达海洋食品有限公司诉盐城市大丰区人民政府、自然资源和规划局海域使用权行政许可纠纷案

2015年8月，江苏瑞达海洋食品有限公司（以下简称原告），通过投标与盐城市大丰区自然资源和规划局签订东沙紫菜养殖海域使用权出让合同，期限为三年，合同写明："合同期满，海域使用权终止，本海域使用权不予续期。"2018年5月，原告收到被告盐城市大丰区自然资源和规划局"关于海域使用权不予续期的答复"，答复中写明原告申请海域使用权续期的报告其已收悉，并称海域使用权合同明确约定，海域使用权到期后不续期。后被告盐城市大丰区自然资源和规划局向原告发出"关于清理东沙紫菜养殖的通知"，要求海域使用权期满的业主立即停止紫菜养殖行为，拆除全部人工设施设备等。

原告诉称，上述合同违反《海域使用管理法》第二十六条的规定，该条规定海域使用权人到期前有权申请续期，除根据公共利益或者国家安全需要收回海域使用权的外，应当批准续期。遂起诉请求判决两被告履行法定职责，对原告海域使用权依法予以续期。

被告盐城市大丰区政府辩称，涉案海域使用权出让合同和海域使用权证书上均写明了到期后不再续期，申请续期不应适用于通过招投标取得的海域使用权。东沙紫菜养殖海域部分与盐城湿地珍禽国家级自然保护区范围重合或邻近，在此海域养殖紫菜违反自然保护区管理的相关法规且在保护区的实验区内养殖还必须取得保护区管理部门的批准，大丰区政府部门曾向保护区管理部门提出申请，但未获得批准，因此不可在保护区范围内进行紫菜养殖。2018年，盐城市黄海湿地申报世界自然遗产工作正在进行当中，东沙养殖海域与黄海湿地申遗的提名地重合或邻近，在该海域继续进行紫菜养殖不利于对遗产地的保护。被告从未表示要禁止紫菜的养殖，只是对于法律规定禁止养殖开发的区域，肯定不能再出让用于养殖，而对于其他海域，需要进行专

家论证之后再行决定。综上，请求驳回原告的诉讼请求。

被告盐城市大丰区自然资源和规划局辩称，原告曾向其提出了续期申请，其依法发出不予续期的答复，符合法律规定，同意被告盐城市大丰区政府的所有答辩意见。

上海海事法院经审理认为，该案的主要争议在于原告是否具有提出续期申请的权利，以及两被告拒绝原告的续期申请是否具有事实和法律依据。涉案海域使用权出让合同明确写明“合同期满，海域使用权终止，本海域使用权不予续期”，意思清晰明确。合同的签订无欺诈、胁迫行为存在，原告对合同条款应当是明知且理解其含义的，参加投标并签订合同，即意味着接受招标方案的限定条件。《海域使用管理法》第二十六条是对于一般情况下海域使用权人申请续期权利的规定，并非强制性规定，并不排除政府机关与海域使用权人对于使用权到期后是否续期通过明确约定的方式进行变更。由于海域使用权这一国家自然资源具有稀缺性特点，政府机关通过定期招投标的方式进行海域使用权出让，系以市场化手段促进自然资源的优化配置，以竞争性方式最大化保障和体现国有资产的价值，是政府更公开透明行使海域使用权出让管理职权的体现。尤其考虑到涉案海域毗邻国家级自然保护区、盐城黄海湿地以及海洋生态红线，是否能够持续地进行养殖开发并不确定，政府以该条款对海域使用权出让作出一定限制具有合理性，并未违反法律法规的强制性规定。综上，法院判决驳回原告的诉讼请求。一审判决作出后，各方均未上诉。该案判决现已生效。

典型意义

该案为当行政协议与法律法规发生“冲突”时，该如何进行认定的问题。当行政协议补充、变更甚至排除相关法律法规规定，形成表面“冲突”而出现效力争议时，应结合行政法和民法，审查行政协议是否违反强制性规定和协议双方意思表示是否真实。《海域使用管理法》第二十六条规定海域使用权人在期限届满前有权申请续期，但政府与海域使用权人以行政协议方式约定到期后不再续期的，该约定属于对海域使用权人申请续期权利的约定放弃，不违反法律法规的强制性规定，应认定有效。

第一节 海洋行政立法体系概述

一、海洋行政法立法概况

关于行政立法的含义，学界并没有给出统一的解释，但通常分为广义和狭义两种。

一是广义的行政立法，即“立行政之法”，凡是国家机关包括国家权力机关和政府机关依法制定有关行政管理的规范性文件的活动均可称为行政立法。这是从立法的实质内容进行的理解，也就是说，只要内容有关行政管理的法律规范，都是行政立法。例如，《海洋环境保护法》《海上交通安全法》《渔业法》《港口法》等均为广义的行政立法。

二是狭义的行政立法，即“行政之立法”，专指由国家行政机关制定和发布规范性文件的行为。例如，1982 年《海洋环境保护法》实施后，国务院先后颁布实施了《防止船舶污染海域管理条例》《海洋石油勘探开发环境保护管理条例》《海洋倾废管理条例》《防止拆船污染环境管理条例》《防治海岸工程建设项目污染损害海洋环境管理条例》《防治陆源污染物污染损害海洋环境管理条例》等六个相配套的行政法规。同时，国家有关部门还陆续制定了一系列的国家标准，如《海水水质标准》《渔业水质标准》《海洋生物质量标准》《船舶污染物排放标准》等。上述行政法规和国家标准的制定均为狭义的行政立法。[①]

海洋行政立法不同于行政规定。行政规定也称行政规范性文件，是指除行政主体制定、发布的行政法规、行政规章以外的其他规范性文件。[②] 例如，国务院以及省、市、自治区和较大的市的人民政府或其主管部门对于具体应用法律、法规或规章作出的解释，县级以上人民政府及其主管部门制定发布的具有普遍约束力的决定、命令或其他规范性文件。行政立法和行政规定形式上都是行政行为，但总体上说，两者完全是不同的行为和制度。它们之间的区别主要表现在：第一，行为性质不同。行政立法本质上属于立法活动，

① 曾祥华：《行政立法的正当性研究》，苏州大学 2005 年博士学位论文，第 9 页。

② 朱芒：《论行政规定的性质——从行政规范体系角度的定位》，载《中国法学》2003 年第 1 期。

而行政规定纯粹是行政行为；第二，受调整法律不同。行政立法是立法行为，故受《立法法》调整；而行政规定属于行政行为，受行政法调整。

海洋行政立法具有以下特点：

1. 海洋行政立法的主体是特定的国家行政机关。海洋行政立法主体是指有权制定、认可、修改、废除海洋相关法律的国家机关，主要包括在管理海洋事务过程中行使国家海洋管理职能的有关国家机关。

2. 海洋行政立法的对象具有不特定性。海洋行政立法具有普遍的法律效力，非以具体的人或事为调整对象，而是针对非特定的群体或事件。例如，行政机关制定海洋行政规章，该规章适用于所有符合规章要求的某一类人或某一类事。

3. 海洋行政立法的效力具有持续性。立法出台后不仅适用于当时的行为或事件，而且适用于以后将要发生的同类的行为或事件，在特殊情况下，有的海洋行政立法还适用于规范制定以前的行为或事件，但该项行为或事件必须具有连续性。

4. 海洋行政立法形式具有多样性和灵活性。由于海洋行政管理涉及海洋开发利用、海洋资源保护、海洋科学研究等各项活动，管理的事务广泛、内容庞杂，因此海洋立法机关可以根据需要，采取灵活多样的方式行使立法权。

海洋行政管理法律制度是为实现海洋行政管理目的和结果的一系列法律原则、规则和习惯等组成的制度综合体，是由国家有权机关制定或认可的调整海洋行政管理关系的法律规范的总称。在依法治国的前提下，海洋行政管理应遵循基本法律原理、法律规则，海洋行政管理体制也应依法设立，合乎宪法的基本要求。行政主体的行政行为也应合法合理，否则有可能被撤销或者认定为无效。具体而言，海洋行政管理法律制度的调整对象是海洋行政管理关系，海洋行政管理法律制度体系中包括法律原则、法律规则等。法律仅是行政主体行使管理职能的一种途径和方式，海洋行政管理法律制度是海洋行政管理体制构建的依据和基石。海洋行政管理法律规范根据制定机关和效力等级分为海洋基本法律、海洋行政法规、地方性海洋法规、海洋行政规章等，根据空间效力划分可以分为全国性和区域性海洋行政管理法律规范。

目前，我国海洋行政法律体系依据法律位阶的不同，形成了相对完善的立法体系。

1. 海洋基本法律，即由全国人大及其常委会制定实施的，调整海洋事务管理基本关系的法律，包括《海上交通安全法》《海洋环境保护法》《深海海底区域资源勘探开发法》《野生动物保护法》《海关法》《矿产资源法》《海岛保护法》《专属经济区和大陆架法》《海域使用管理法》《领海及毗连区法》《渔业法》等。海洋基本法律为实施国家海洋战略、发展和推进海洋经济、保护海洋生态环境、加强海洋管理和执法、维护海洋权益以及处理海洋纠纷提供基本法律遵循，也为制定和修改其他海洋法规提供了基础。

2. 海洋行政法规，即由国务院依据宪法和法律制定颁布的涉及海洋事务管理的规范性文件，包括《海洋观测预报管理条例》《防止船舶污染海域管理条例》《委托签发废弃物海洋倾倒许可证管理办法》《国际海运条例》《防止拆船污染环境管理条例》《涉外海洋科学研究管理规定》《航标条例》等。海洋行政法规具有以下特点。

一是海洋行政法规的制定主体为国务院。只有国务院才有权制定海洋行政法规，其他任何国家机关和社会组织都无权制定。

二是海洋行政法规的内容制定是对宪法和法律中有关海洋事务规定的具体化，海洋行政法规必须以宪法和法律为根据，不能与宪法、法律的具体条款相矛盾，也不能与宪法、法律规定的原则、精神及其隐含的要求相矛盾。根据《立法法》第七十二条的规定，行政法规可以就下列事项作出规定：(1) 为执行法律的规定需要制定行政法规的事项；(2)《宪法》第八十九条规定的国务院行政管理职权的事项。应当由全国人民代表大会及其常务委员会制定法律的事项，国务院根据全国人民代表大会及其常务委员会的授权决定先制定的行政法规，经过实践检验，制定法律的条件成熟时，国务院应当及时提请全国人民代表大会及其常务委员会制定法律。

三是海洋行政法规规范的对象为海洋行政事务。行政法规的内容具有广泛性，其内容可涉及政治、经济、教育、科技、文化、外事等国家行政管理的各个领域。海洋行政法规是行政法规的一种，海洋行政事务为其主要内容。海洋行政事务不同于其他行政事务之处在于其综合性。所谓综合性，是指海洋行政管理涉及多个行政管理部门，包括海上相关产业管理部门之间的相互协作以及海区与海岸带陆地之间的统筹配合等。

3. 海洋部门规章，即由国务院各部委依据法律、法规制定的规范性文件。

例如，2004 年 3 月 1 日起开始施行的《海底电缆管道保护规定》即由国土资源部第 12 次部务会议通过；1990 年 9 月 25 日发布施行的《海洋倾废管理条例实施办法》经国家海洋局第八次局务会议通过。海洋行政规章的特点如下：

一是海洋行政规章是由特定的国家行政机关制定并颁布的。根据宪法、有关组织法和《立法法》的规定，有权制定行政规章的特定行政机关包括：国务院各部、委员会、中国人民银行、审计署和具有行政管理职能的直属机构；省、自治区人民政府；省、自治区人民政府所在地的市的人民政府；经济特区所在地的市的人民政府；经国务院批准的设区的市的人民政府。

二是海洋行政规章是对法律、行政法规或地方性法规的具体化，其制定须以法律、行政法规或地方性法规为根据。在效力等级上，海洋行政规章低于法律、行政法规。

三是海洋行政规章的内容只限于一定范围。国务院所属各部门须在本部门的权限范围内制定规章，部门规章规定的事项应当属于执行法律或者国务院的行政法规、决定、命令的事项，涉及两个以上国务院部门职权范围的事项，应当提请国务院制定行政法规或者由国务院有关部门联合制定规章；地方人民政府制定的行政规章，须在本地区行政管辖权限内，就下列事项作出规定：（1）为执行法律、行政法规、地方性法规的规定需要制定规章的事项；（2）属于本行政区域的具体行政管理事项。

4. 地方性海洋法律法规，是由地方人大及其常委会或政府依据宪法和法律、法规制定的有关海洋行政事务在本辖区内适用的规范性文件，分为地方性法规和地方政府规章。例如，自 2013 年 3 月 1 日起施行的《浙江省海域使用管理条例》即经浙江省第十一届人民代表大会常务委员会第 36 次会议通过；《辽宁省海洋环境保护办法》于 2006 年 7 月 4 日经辽宁省人民政府令第 195 号公布。

5. 其他规范性文件，是指由行政机关及被授权的组织制定的除行政法规、规章以外的其他有关海洋行政事务的规范性文件。其特征如下：首先是主体的广泛性。各级各类国家行政机关和被授权行政主体均可以根据行政管理的需要制定其他行政规范性文件。其次是效力的多层级性。其他规范性文件数量众多，其各自的效力与制定主体相对应，呈现出多层级的特点。最后是规范性。其他行政规范性文件对行为规则和行为模式均加以规定，也具有普遍约束力，因此在各自效力所及范围内适用。

20 世纪 90 年代以来我国主要涉海法律法规如表 3－1 所示。

表 3－1 20 世纪 90 年代以来中国主要涉海法律法规

立法机关	法律法规名称	颁布实施时间
全国人大常委会	《中华人民共和国海上交通安全法》	自 1983 年 9 月 1 日起施行，2021 年 4 月 29 日修订
	《中华人民共和国领海及毗连区法》	1992 年 2 月 25 日通过，自 1992 年 2 月 25 日起施行
	《中华人民共和国海商法》	1992 年 11 月 7 日通过，自 1993 年 11 月 7 月 1 日起施行
	《中华人民共和国矿产资源法》	1986 年 3 月 9 日通过，2009 年 8 月 27 日修订，自 2009 年 8 月 27 日起施行
	《中华人民共和国海关法》	1987 年 1 月 22 日通过，2021 年 4 月 29 日修订，自 2021 年 4 月 29 日起施行
	《中华人民共和国专属经济区和大陆架法》	1998 年 6 月 26 日通过，自公布之日起施行
	《中华人民共和国海洋环境保护法》	1982 年 8 月 23 日通过，2017 年 11 月 4 日修订，自 2017 年 11 月 5 日起施行
	《中华人民共和国渔业法》	1986 年 1 月 20 日通过，2013 年 12 月 28 日修订，自 2013 年 12 月 28 日起施行
	《中华人民共和国海域使用管理法》	2001 年 10 月 27 日通过，自 2002 年 1 月 1 日起施行
	《中华人民共和国环境影响评价法》	2002 年 10 月 28 日通过，2018 年 12 月 29 日修订，自 2018 年 12 月 29 日起施行
	《中华人民共和国港口法》	2003 年 6 月 28 日通过，2018 年 12 月 29 日修订，自 2018 年 12 月 29 日起施行
	《中华人民共和国深海海底区域资源勘探开发法》	2016 年 2 月 26 日通过，自 2016 年 5 月 1 日起施行
	《中华人民共和国环境保护税法》	2016 年 12 月 25 日通过，2018 年 10 月 26 日修订，自 2018 年 10 月 26 日起施行
	《中华人民共和国船舶吨税法》	2017 年 12 月 27 日通过，自 2018 年 7 月 1 日起施行。2011 年 12 月 5 日国务院公布的《中华人民共和国船舶吨税暂行条例》同时废止

续表

立法机关	法律法规名称	颁布实施时间
	《关于中国海警局行使海上维权执法职权的决定》	2018 年 6 月 22 日通过，自 2018 年 7 月 1 日起施行
	《中华人民共和国海警法》	2021 年 1 月 22 日通过，自 2021 年 2 月 1 日起施行
国务院	《防治陆源污染物污染损害海洋环境管理条例》	1990 年 5 月 25 日国务院第 61 次常务会议通过，1990 年 6 月 22 日国务院令第 61 号发布，自 1990 年 8 月 1 日起施行
	《防治海岸工程建设项目污染损害海洋环境管理条例》	1990 年 6 月 25 日公布，2018 年 3 月 19 日修订，自 1990 年 8 月 1 日起施行
	《涉外海洋科学研究管理规定》	1996 年 6 月 18 日发布，自 1996 年 10 月 1 日起施行
	《矿产资源勘查区块登记管理办法》	1998 年 2 月 12 日发布，2014 年 7 月 29 日修订，自发布之日起施行
	《防止拆船污染环境管理条例》	1988 年 5 月 18 日发布，2017 年 3 月 1 日修订，自 1988 年 6 月 1 日起施行
	《城镇排水与污水处理条例》	2013 年 9 月 18 日国务院第 24 次常务会议通过，2013 年 10 月 2 日国务院令第 641 号公布，自 2014 年 1 月 1 日起施行
	《防治海洋工程建设项目污染损害海洋环境管理条例》	2006 年 9 月 19 日公布，2018 年 3 月 19 日修订，自 2006 年 11 月 1 日起施行
自然资源部（包含国土资源部期间颁布的文件）、国家海洋行政机关	《海洋石油勘探开发环境保护管理条例实施办法》	1990 年 9 月 20 日发布，自发布之日起施行
	《海洋倾废管理条例实施办法》	1990 年 9 月 25 日发布，自发布之日起施行
	《铺设海底电缆管道管理规定实施办法》	1992 年 8 月 26 日发布，自发布之日起施行
	《国家海域使用管理暂行规定》	1993 年 5 月 21 日颁布，2008 年 1 月 31 日失效
	《海洋自然保护区管理办法》	1995 年 5 月 11 日批准，1995 年 5 月 29 日发布，自发布之日起施行
	《海洋环境预报与海洋灾害预报警报发布管理规定》	1993 年 9 月 8 日发布，自发布之日起生效

续表

立法机关	法律法规名称	颁布实施时间
	《海洋专项工程勘察设计资格管理办法》	1996年1月26日发布，自发布之日起施行
	《专项海洋环境预报服务资格证书管理办法》	1996年3月5日发布，1996年3月5日起实施，现已失效
	《海洋标准化管理规定》	1997年1月30日发布，1997年1月30日起实施，现已失效
	《海域使用可行性论证管理办法》	1998年10月29日发布，1998年10月29日起实施，现已失效
	《国土资源部关于加强海砂开采管理的通知》	1999年2月23日颁布，自颁布之日起施行
	《海砂开采使用海域论证管理暂行办法》	1999年7月13日发布，自发布之日起施行，现已失效
	《国土资源部关于开展对勘查开采海砂等矿产资源监督检查的通知》	1999年11月5日发布，1999年11月5日起施行，现已失效
	《海洋赤潮信息管理暂行规定》	2002年1月22日发布，自发布之日起施行
	《海域使用申请审批暂行办法》	2002年4月5日发布，自2002年5月1日起施行
	《海域使用权争议调解处理办法》	2002年4月28日发布并施行，现已失效
	《海域使用论证资质管理规定》	2002年6月27日发布并施行，现已失效
	《海洋石油平台弃置管理暂行办法》	2002年6月24日发布，自发布之日起施行
	《海域使用测量管理办法》	2002年6月28日发布，自2002年10月1日起施行
	《海域使用权登记办法》	2006年10月13日发布，自2007年1月1日起施行，现已失效
	《海洋行政处罚实施办法》	2002年12月12日通过，自2003年3月1日起施行
	《省级海洋功能区划审批办法》	2003年3月7日发布，自2003年3月7日起施行

续表

立法机关	法律法规名称	颁布实施时间
	《无居民海岛保护与利用管理规定》	2003 年 6 月 17 日发布，自 2003 年 7 月 1 日起施行，现已失效
	《倾倒区管理暂行规定》	2003 年 11 月 14 日发布，自 2004 年 1 月 1 日起施行
	《海底电缆管道保护规定》	2003 年 12 月 30 日通过，自 2004 年 3 月 1 日起施行
	《国家海洋调查船队管理实施细则》	2013 年 2 月 6 日发布，自发布之日起施行
	《关于进一步加强海洋工程建设项目和区域建设用海规划环境保护有关工作的通知》	2013 年 4 月 2 日发布，自发布之日起施行，现已失效
	《海上船舶和平台志愿观测管理规定》	2014 年 1 月 10 日发布，自颁布之日起施行
	《海洋听证办法》	2016 年 11 月 14 日发布，自 2017 年 1 月 1 日起施行
	《海洋可再生能源资金项目实施管理细则（暂行）》	2016 年 12 月 22 日发布，自印发之日起施行
	《海上风电开发建设管理办法》	2016 年 12 月 29 日发布，自印发之日起施行
	《关于加强海上人工岛建设用海管理的意见》	2007 年 4 月 6 日发布，自发布之日起施行
	《海洋工程环境影响评价管理规定》	2008 年 7 月 1 日发布，自印发之日起施行，2017 年 4 月修订
	《海洋标准化管理办法实施细则》	2017 年 7 月 10 日发布，自发布之日起实施，现已失效
	《海洋观测站点管理办法》	2017 年 6 月 7 日公布，2019 年 7 月 16 日修正，自公布之日起施行
	《国家海洋局关于进一步规范海洋工程环境影响评价中介服务有关工作的通知》	2017 年 7 月 28 日发布，自印发之日起施行
	《北极考察活动行政许可管理规定》	2017 年 8 月 30 日公布，自颁布之日起实施

续表

立法机关	法律法规名称	颁布实施时间
	《深海海底区域资源勘探开发样品管理暂行办法》	2017 年 12 月 29 日公布，自公布之日起施行
	《海洋工程环境保护税申报征收办法》	2017 年 12 月 27 日公布，自 2018 年 1 月 1 日起施行
	《南极活动环境保护管理规定》	2018 年 2 月 8 日公布，自公布之日起施行
	《访问中国南极考察站管理规定》	2018 年 2 月 13 日公布，自公布之日起施行
	《南极活动环境影响评估文件目录》	2018 年 2 月 13 日公布，自公布之日起施行
	《中国极地考察数据管理办法》	2018 年 3 月 13 日公布，自公布之日起施行
	《海洋计量工作管理规定》	2018 年 3 月 20 日发布，自发布之日起施行。2008 年 1 月 16 日国家海洋局发布的《海洋计量工作管理规定》（国海发〔2008〕2 号）即行废止
	《自然资源部关于进一步明确围填海历史遗留问题处理有关要求的通知》	2018 年 12 月 27 日发布，现已失效
	《海洋生态保护修复资金管理办法》	2020 年 10 月 30 日发布，自 2021 年 1 月 1 日起施行

二、海洋行政立法的基本原则

海洋行政立法关涉国家海洋利益，为各类海洋开发、利用、保护行为和争议解决提供法律制度基础，应该反映人民意志，体现人民根本利益，应当契合我国当前的时代战略，体现时代性和战略性，因此应遵循以下基本原则：

（一）宪法原则

宪法是具有最高法律效力等级的法律，是全面规定国家基本制度的根本大法。其他法律法规都应以宪法作为立法依据或基础，不得与《宪法》的基本原则相抵触。宪法作为治国安邦的总章程，依法治国即是依照宪法治国，从而维护法治的权威。现行 1982 年《宪法》明确规定行政法规、部门规章和政府规章都应当根据宪法和法律制定。（第一百一十六条）民族自治地方可以根据自治权限制定自治条例和单行条例，而规定自治权限的民族区域自治法是根据宪法制定的，同样不得同宪法相抵触。

宪法是国家的根本大法，是治国安邦的总章程，具有最高的法律效力。依法治国，归根结底是依照宪法治国。维护法治的权威，首先是维护宪法的权威。我国《宪法》明确规定，一切法律、行政法规和地方性法规都不得同宪法相抵触。遵循宪法的基本原则和规定，是海洋行政立法必须始终遵循的一条最重要的原则。

（二）法治原则

海洋行政立法要从国家整体利益出发，维护社会主义法制的统一和尊严。立法作为建设法治国家的前提和基础，需要实行法治化，需要坚持法治原则，具体体现为立法有依据，行使法定职权，履行法定职责。在宏观上，坚持普遍性与特殊性相互补充，稳定性和灵活性彼此兼容，立法与社会发展实践相符合，从而体现海洋行政立法的特色。在微观上，无论是编章体例的安排还是专业术语的理解乃至标点符号的使用，均应与上位法所使用的立法技术相衔接。在程序上，依照法定权限和程序进行，我国《立法法》详细具体地规定了立法的权限和程序，明确和统一了中央立法的专属范围、地方的立法权限和立法程序架构，海洋行政各级立法部门都应遵循相应的立法程序。

海洋行政立法坚持法治原则，要从整体利益出发，避免部门保护主义和地方保护主义，不能只考虑部门利益、地方利益等局部利益，要保持法律体系内部的和谐一致。为此，我国出台并完善了行政法规、地方性法规的备案审查制度，即如果下位阶的法与宪法和上位阶的法相抵触或同位阶的法之间不一致的，有关国家机关有权依法予以改变或者撤销。

（三）民主原则

立法民主原则是现代社会的基本要求，其内涵要求立法主体的广泛性、立法内容的人民性、立法活动过程和立法程序的参与性。在我国，立法权的本质是由人民行使，立法的目的是维护人民的利益，保障人民的权利。因此，在海洋行政立法过程中要调动公众的参与热情，畅通参与的渠道，公开参与的途径，使公众能够有效地参与立法之中，充分表达意愿并加以监督。

遵循立法的民主原则，同时也需要把民主原则的普遍性同我国的海洋发展状况相结合，注重观念和制度的结合，注意民主与集中相结合，通过书面征求意见、座谈会、听证会、论证会、网络调查、公开征求意见等形式做到多方征求意见，使立法真正代表最广大人民的最大利益。

（四）科学原则

现代立法是科学的活动，遵循科学原则，尊重立法规律，才能克服主观随意性和盲目性，避免或减少错误和失误，从而保障立法质量。立法科学原则，要求树立立法科学化的理念，立法决策、立法措施都应自觉运用科学理论加以指导。立法权限的划分、立法主体的设置和立法运行的体制同样都需要科学的指引、理论的指导，总结借鉴和科学预见，符合社会的发展规律，并不断加以完善。

遵循科学原则要做到原则性和灵活性相结合，稳定性和连续性相结合，立法特色和发展趋势相结合。按照客观规律的要求确定立法指标，全盘考虑统筹规划选择最佳立法形式、内容和法案起草者，注意法律法规之间纵向、横向关系的协调。同时注重保持立法的可行性和时效性，合理规范社会关系，既做到权利与义务相统一，也保障国家机关权力与责任相一致，从而不断提升立法的质量和效能。

三、海洋行政立法程序

立法程序的含义，有广义和狭义之分。广义的含义是指所有的有权机关（包括政权的、政治的、中央的与地方的）在制定、认可、修改、补充和废止宪法、法律与行政法规及决定政策的立法活动中所必须遵循的法定步骤和方法。狭义的含义仅指中央有权立法机关制定、修改、废止法律的步骤安排。立法的程序，因各国的具体国情和传统习惯的不同，其实际立法过程中所执行的程序也不一样。①

行政立法的程序，指的是行政立法主体制定、修改和废止行政法规和规

---

① 王琪、王刚等：《海洋行政管理学》，人民出版社 2013 年版，第 113－114 页。

章所要经历的步骤和顺序。行政立法程序的规范化、科学化和民主化，是保障并提高行政法规和行政规章的质量、实现行政法治的基本途径之一。关于海洋行政立法并没有专门的法律规定，但依据《立法法》《行政法规制定程序条例》《规章制定程序条例》及我国海洋立法和行政立法的实践，可以总结出海洋行政立法一般遵循如下程序。

1. 立项。立项是海洋行政立法的第一步，立项应当依据年度立法计划和行政立法规划进行。行政立法规划是指各级人民政府的法制机构编制的具有指导性的立法规划。

（1）海洋行政法规的立项。国务院每年度编制立法工作计划时，会把认为需要制定的行政法规列入其中。列入国务院年度立法工作计划的行政法规项目要求符合下列条件：第一，适应改革、发展、稳定的需要；第二，有关的改革实践经验基本成熟；第三，所要解决的问题属于国务院职权范围且需要国务院制定行政法规的事项。国务院年度立法工作计划在执行中可以根据实际情况予以调整。

（2）海洋行政规章的立项。海洋行政规章分为部门规章和地方政府规章，其中部门规章由国务院部门内设机构或者其他机构报请立项，地方政府规章立项由享有立法权的地方政府报请立项。对于制定规章的立项申请，由相关机构拟定年度规章制定工作计划，报本部门、本级人民政府批准后执行。在执行过程中，工作计划可以根据实际情况予以调整，对拟增加的规章项目进行补充论证。

海洋行政立法涉及面广，涵盖内容纷繁复杂，每一项法律法规都关联着诸多部门。此外还要注意与国际立法相接轨，与最先进的海洋法理念保持一致，同时需要协调理顺同现行法律之间的关系。因此，在立法之前做好规划并进行充分的调研是十分必要的。

2. 起草。立法提案一旦被立法权力机构采纳，立法提案便转化为立法计划项目。立法计划中每一项目都有立法任务、起草的负责单位和参加单位、工作进度以及其他要求等。立法起草负责单位的具体组织方式一般是两种：一种方式是由负责单位会同参加单位组织专门起草小组，进行立法的草案编写。依据海洋法律法规的内容特点，起草小组的成员应当包括三类人员：一是海洋法律专家，要求是既有国内法的专家，也有国际法的专家；二是海洋资源与环境方面的专家或相关人员；三是海洋管理的专家或相关人员。海洋立法的目的是加强海洋管理，发展海洋经济，保护海洋生态。由于海洋管理涉及法学、规划学、土地学、生态学、地理学、地质学、海洋学、环境工程等多学科知识，因此，建立涵盖以上学科的专家咨询库，在立法编制的各个阶段充分征求专家意见，进行必要的专家咨询，保证立法的科学合理，具有实操性。另一种方式是委托起草，由起草部门委托给具备立法技术水平和经验的有关专业单位，包括研究机构、高校院所等。

（1）海洋行政法规的起草。海洋行政法规由国务院负责组织起草，国务院年度立法工作计划确定行政法规由国务院的一个部门或者几个部门具体负责起草工作，或者确定由相关机构起草或者组织起草。起草行政法规，除应当遵循《立法法》确定的立法原则，并符合宪法和法律的规定外，还应当符合下列要求：一是体现改革精神，科学规范行政行为，促进政府职能向经济调节、社会管理、公共服务转变；二是符合精简、统一、效能的原则，相同或者相近的职能规定由一个行政机关承担，简化行政管理手续；三是切实保障公民、法人和其他组织的合法权益，在规定其应当履行的义务的同时，应当规定其相应的权利和保障权利实现的途径；四是体现行政机关的职权与责任相统一的原则，在赋予有关行政机关必要的职权的同时，应当规定其行使职权的条件、程序和应承担的责任。

起草行政法规，应当深入调查研究，总结实践经验，广泛听取有关机关、组织和公民的意见。听取意见可以采取召开座谈会、论证会、听证会等多种形式。起草行政法规，起草部门应当就涉及其他部门的职责或者与其他部门关系紧密的规定，与有关部门协商一致；经过充分协商不能取得一致意见的，应当在上报行政法规草案送审稿时说明情况和理由。起草行政法规，起草部门应当对涉及有关管理体制、方针政策等需要国务院决策的重大问题提出解决方案，报国务院决定。

（2）海洋行政规章的起草。部门规章由国务院部门组织起草，地方政府规章由省、自治区、直辖市和设区的市的人民政府组织起草。起草规章可以按照分类施策的原则，明晰权利义务和法律责任条款，对强制性规范和任意性规范进行分配，实现科学的利益平衡。起草的规章直接涉及公民、法人或者其他组织切身利益，有关机关、组织或者公民对其有重大意见分歧的，应当向社会公布，征求社会各界的意见；起草单位可以举行听证会。听证会依照下列程序组织：听证会公开举行，起草单位应当在举行听证会的30日前公布听证会的时间、地点和内容；参加听证会的有关机关、组织和公民对起草的规章，有权提问和发表意见；听证会应当制作笔录，如实记录发言人的主要观点和理由；起草单位应当认真研究听证会反映的各种意见，起草的规章在报送审查时，应当说明对听证会意见的处理情况及其理由。

起草部门规章，涉及国务院其他部门的职责或者与国务院其他部门关系紧密的，起草单位应当充分征求国务院其他部门的意见；起草地方政府规章，涉及本级人民政府其他部门的职责或者与其他部门关系紧密的，起草单位应当充分征求其他部门的意见。起草单位与其他部门有不同意见的，应当充分协商；经过充分协商不能取得一致意见的，起草单位应当在上报规章草案送审稿时说明情况和理由。

3. 审查。审查是对行政法规或行政规章送审稿进行修正后，形成草案的程序。立法的起草审查通过后，由法律法规起草负责部门按行政系统报法制专门机构，提请立法权力机关审议、批准。

（1）海洋行政法规的审查。行政法规在起草工作完成后，起草单位应当将草案及其说明、对草案主要问题的不同意见和其他有关资料送国务院法制机构进行审查。草案的说明内容主要包括立法背景、立法的必要性、可行性及立法条件是否成熟、立法过程以及草案的主要内容等。其他有关资料主要包括国内外相关立法及政策，有关草案主要问题的统计资料、会议记录、调研报告等。国务院相关机构应当向国务院提出审查报告和草案修改稿，审查报告应当对草案主要问题作出说明。审查内容主要有六个方面：草案的立法条件是否成熟，即制定行政法规的必要性和可行性；是否符合宪法、法律的规定和国家的方针政策；是否符合起草原则性的要求；是否与有关行政法规协调、衔接；草案的结构、文字等立法技术是否规范，是否符合上报手续，有关的资料、说明是否齐备；是否正确处理有关机关、组织、人民代表大会代表和社会公众对送审稿主要问题的意见等。

行政法规送审稿有下列情形之一的，国务院相关机构可以缓办或者退回起草部门：第一，制定行政法规的基本条件尚不成熟的；第二，有关部门对送审稿规定的主要制度存在较大争议，起草部门未与有关部门协商的；第三，上报的送审稿不符合条例有关规定的。

行政法规草案由国务院相关机构主要负责人提出提请国务院常务会议审议的建议；对调整范围单一、各方面意见一致或者依据法律制定的配套行政法规草案，可以采用传批方式，国务院相关机构直接提请国务院审批。

（2）海洋行政规章的审查。海洋行政规章送审稿由法制机构负责统一审查，法制机构主要从以下五方面对送审稿进行审查：是否符合条例有关规定；是否与有关规章协调、衔接；是否正确处理有关机关、组织和公民对规章送审稿主要问题的意见；是否符合立法技术要求；需要审查的其他内容。

审查后的处理分为缓办或退回和形成规章草案。规章送审稿有下列情形之一的，法制机构可以缓办或者退回起草单位：一是制定规章的基本条件尚不成熟的；二是有关机构或者部门对规章送审稿规定的主要制度存在较大争议，起草单位未与有关机构或者部门协商的；三是上报的送审稿不符合条例规定的。法制机构应当认真研究各方面的意见，与起草单位协商后，对规章送审稿进行修改，形成规章草案和对草案的说明。说明应当包括制定规章拟解决的主要问题、确立的主要措施以及与有关部门的协调情况等。规章草案和说明由法制机构主要负责人签署，提出提请本部门有关会议审议的建议。

4. 决定与公布。海洋法律法规草案经立法机关审议、表决获得批准通过之后，即成为可以实施的法律制度。但还要予以公布，才能广为人知，才能发挥它在调整海洋活动中有关社会关系的作用。公布是由特定的行政机关或人员，依法律规定的方式将已通过的行政法规或者行政规章向社会公开公布，使公众知晓的程序。公布是行政法规和规章生效的必要条件，未经发布的行政法规、规章不能认为已发生法律效力。

四、海洋行政立法技术

行政立法技术是指行政机关在制定行政法规和行政规章的实践过程中总结出来的能保障和提高行政立法质量的技巧与方法。行政立法技术是整个立法技术的组成部分，并受整个立法技术的制约。行政立法技术贯穿于整个行政立法实践过程中，具体体现在行政立法的形式和内容两个方面。

（一）海洋行政立法的形式要求

行政法规和行政规章作为行政立法的结果，是形式和内容的有机统一。

对行政法规和行政规章外在表现形式的基本要求，一般是结构严谨、条理清楚、合乎逻辑、语言简洁。要达到上述要求，行政立法技术在形式方面必须注意以下几点。

1. 名称要规范、简明、准确。海洋行政法规和海洋行政规章只是一种通称，任何一个海洋行政法规、规章都需要有一个确切的名称，这个具体的名称应规范、准确、简明扼要，如2016年12月发布的《海上风电开发建设管理办法》。只有名称规范、简明、准确，才能科学地反映行政法的性质、主要内容、效力等级和适用范围，从而维护法律的统一，便于遵守和执行。行政法规一般使用条例、规定和办法等名称，国务院“对某一方面的行政工作作比较全面、系统的规定”时，称“条例”；国务院“对某一方面的行政工作作部分的规定”时，称“规定”；国务院“对某一项行政工作作比较具体的规定”时，称“办法”。在制定正式的行政法规和行政规章的条件尚不成熟、但现实生活又迫切需要规范调整时，为了稳妥起见，也可以在条例、规定和办法等名称前冠以“暂行”或者“试行”字样，如2002年发布的《海域使用申请审批暂行办法》。

2. 标明制定或发布的行政机关。为了清晰反映出海洋行政法规、规章的效力等级和适用范围，应当标明制定或发布的行政机关。国务院制定和发布的条例，在标题上无须写明发布机关，只在标题下写明××××年××月××日国务院发布；国务院制定和发布的规定、办法等应在标题上写明制定机关。行政规章如果是几个行政机关联合制定发布的，则所有行政机关都要注明；如果是经上级行政机关批准或转发的，应当在发布的通知中写清楚；如果是经上级行政机关批准而由下级行政机关发布的，应当在标题下注明××××年××月××日国务院批准，××××年××月××日××部发布。

3. 正文排列要规范。正文是行政法规或行政规章中最重要的组成部分。它一般按章、节、条、款、项、目进行排列。对于较长的行政法规或规章，可以分章，但每章最少应有两节，每节至少要有两条。篇幅较小的，也可以不分章节，而直接列条。条是按顺序从头至尾排列下来的，不受章节的影响，便于引用。每一条一般只应包括一项规则。条下所列的款一般不用数字标出，而采用另起一个自然段的方式表示。款下的项应以顺序号标出，但一条之下不得设置过多的款，一款之下也不得设过多的项。

4. 签署及附加部分。行政法规或规章必须经签署才能生效。在必要时，行政法规或规章还可以有目录、附录、索引等附加部分。目录一般用于篇幅较长的行政法规或规章之前，以便检索。索引则附于后面，以便按各种项目检索正文。附录通常包括图表、文件格式、计价表、行政机关或有关人员名单等。

（二）海洋行政立法的内容要求

1. 明确条文与规范的关系，做到规范明确并切实可行。法律规范一般由假定、处理和制裁三个要素组成，它们通过法律条文体现出来。但是，并非每一个法律条文都包括上述三个要素，事实上，一个法律规范可以分别表述在几个法律条文甚至几个不同的法律文件之中。对于法律规范的三个要素，行政立法应进行深入细致的调查研究，厘清需要调整的法律关系、调整的对象和具体的内容，然后根据立法目的区分不同情况，制定明确和切实可行的法律规范。

2. 明确法律规范的内容。海洋行政立法是一种从属性的立法，其不得与宪法、法律相抵触，海洋行政机关在制定法规、规章时须查明是否存在法律规范相抵触或违反上位法的情况。同时，行政立法是对法律、法规的具体化，因此要求条款的拟定更具体、更明确以及更细致，从而保障对法律的理解更明确，法律适用的标准更协调统一，避免出现实践中适用混乱的情况。

第二节　海洋行政立法内容

一、法律渊源和效力

海洋行政法的内容是通过一定的形式表现的。法律规范的表现形式，法学上称为法律渊源。确切地说，法律渊源是指法律规范来源于何种规范性法律文件，或者说它是由何种规范性文件组成的。海洋行政法律规范分散在各种不同形式的规范性法律文件中，主要体现为以下几种形式。

（一）宪法

宪法是国家的根本大法，它规定的是国家和社会生活中最根本的问题，包括国家和社会的基本制度、国家机构和组织、公民的基本权利和义务等问题。宪法作为行政法的渊源，对行政管理作了许多原则规定。例如，宪法规定了行政法的指导思想和基本原则；规定了行政主体的法律地位以及行政行为的内容与形式；规定了企事业单位、社会团体和公民与各级人民政府之间的关系等。

宪法对有关行政管理的原则规定不仅是海洋行政法的重要组成部分，而且是海洋行政立法的根本依据。宪法不仅包括宪法典本身，还包括宪法相关法。凡是与宪法相配套，能够直接保障宪法实施的法律规范即为宪法相关法，主要包括规定国家机构、民族区域自治制度、特别行政区制度、基层群众自治制度以及保障公民基本政治权利方面的法律等。

（二）法律

法律是指国家最高权力机关根据宪法，依照法定程序制定的，在全国范围内具有普遍约束力的规范性文件。根据制定机关的区别，可分为基本法律和其他法律。基本法律是指涉及刑事、民事、国家机构等重要内容的法律，由全国人民代表大会制定；其他法律则由全国人民代表大会常务委员会制定。

根据《立法法》第十一条的规定，下列事项只能制定法律：（1）国家主权的事项；（2）各级人民代表大会、人民政府、监察委员会、人民法院和人民检察院的产生、组织和职权；（3）民族区域自治制度、特别行政区制度、基层群众自治制度；（4）犯罪和刑罚；（5）对公民政治权利的剥夺、限制人身自由的强制措施和处罚；（6）税种的设立、税率的确定和税收征收管理等税收基本制度；（7）对非国有财产的征收、征用；（8）民事基本制度；（9）基本经济制度以及财政、税收、海关、金融和外贸的基本制度；（10）诉讼和仲裁制度；（11）必须由全国人民代表大会及其常务委员会制定法律的其他事项。

法律是海洋行政法律规范的表现形式之一，海洋行政法的许多重大内容是由法律直接加以规定。这类法律按其适用范围具体包括两种：一是适用于各种行政管理领域的一般法律，如《行政处罚法》《行政许可法》《行政强制法》，这些一般法律同样适用于海洋行政机关实施行政处罚、行政许可和行政强制的情形；二是涉及海洋行政管理的专门规定，如《海洋环境保护法》《海商法》《海域使用管理法》《海上交通安全法》等，这些规范专门针对海洋管理部门的职权、法律责任、涉及的权利义务关系等作出规定。

（三）行政法规

行政法规是国务院根据宪法和法律，并且依照法定程序制定的有关法规的总称。行政法规包括条例、规定和办法等，根据宪法的规定，国务院制定的行政法规受全国人民代表大会常务委员会的监督，全国人大常委会有权撤销国务院制定的同宪法、法律相抵触的行政法规。

根据《立法法》第七十二条的规定，行政法规可以就下列事项作出规定：(1) 为执行法律的规定需要制定行政法规的事项；(2)《宪法》第八十九条规定的国务院行政管理职权的事项。应当由全国人民代表大会及其常务委员会制定法律的事项，国务院根据全国人民代表大会及其常务委员会的授权决定先制定的行政法规，经过实践检验，制定法律的条件成熟时，国务院应当及时提请全国人民代表大会及其常务委员会制定法律。

为了加大对海洋的管理力度，国务院已制定和出台了众多有关海洋资源开发、海洋污染防治、海上交通安全等规范性文件。例如，《海洋倾废管理条例》《航标条例》《船舶登记条例》《船舶和海上设施检验条例》《船员条例》《防治船舶污染海洋环境管理条例》等。

（四）地方性法规

地方性法规是指由地方人民代表大会及其常务委员会根据本行政区域的具体情况和实际需要，在不同宪法、法律、行政法规相抵触的前提下，按照法定程序制定的、在本行政区域内生效的规范性文件的总称。根据《地方各级人民代表大会和地方各级人民政府组织法》第十条第二款的规定，省、自治区的人民政府所在地的市和经国务院批准的较大的市的人民代表大会制定的地方性法规，报省、自治区的人民代表大会常务委员会批准后施行，并由省、自治区的人民代表大会常务委员会报全国人民代表大会常务委员会和国务院备案。在我国的法律规范效力等级体系中，地方性法规的效力低于法律和行政法规，因此地方性法规不能与法律和行政法规相抵触。

根据《立法法》第八十二条的规定，地方性法规可以就下列事项作出规定：(1) 为执行法律、行政法规的规定，需要根据本行政区域的实际情况作具体规定的事项；（2）属于地方性事务需要制定地方性法规的事项。除《立法法》第十一条规定的事项外，其他国家尚未制定法律或者行政法规的，省、自治区、直辖市和设区的市、自治州根据本地方的具体情况和实际需要，可以先制定地方性法规。在国家制定的法律或者行政法规生效后，地方性法规同法律或者行政法规相抵触的规定无效，制定机关应当及时予以修改或者废止。

地方性法规是地方人民政府从事国家行政管理的法律依据之一，是我国行政法律规范的一种表现形式。在地方性法规中，凡是涉及海洋行政管理的，都是海洋行政法的内容。例如，《河北省海域使用管理条例》《辽宁省海域使用管理办法》《山东省海洋环境保护条例》《青岛市海洋环境保护规定》《江苏省海域使用管理条例》《浙江省海洋环境保护条例》《浙江省南麂列岛国家级海洋自然保护区管理条例》《宁波市象山港海洋环境和渔业资源保护条例》《福建省长乐海蚌资源增殖保护区管理规定》《厦门市大屿岛白鹭自然保护区管理办法》《深圳经济特区海域污染防治条例》《珠海市防治船舶污染水域条例》《海南省红树林保护规定》《海南省珊瑚礁和砗磲保护规定》等，都是地方性海洋法规。

（五）行政规章

行政规章是国务院各部委以及地方人民政府根据法律、法规制定的有关行政管理的规范性文件的总称。其包括部门规章和地方政府规章两种类型。其中，部门规章是指国务院各部委员和直属机构根据法律和国务院的行政法规、决定、命令，在本部门权限范围内，按照法定的程序制定的，在全国范围内具有约束力的规定、办法、实施细则、规则等规范性文件的总称。部门规章在效力等级上低于法律和行政法规，不能与法律和行政法规相冲突。国务院各部门在本部门的权限范围内制定规章，部门规章规定的事项应当属于执行法律或者国务院的行政法规、决定、命令的事项，涉及两个以上国务院部门职权范围的事项，应当提请国务院制定行政法规或者由国务院有关部门联合制定规章。地方政府规章，是指省、自治区、直辖市的人民政府以及较大的市的人民政府根据法律和行政法规、地方性法规所制定的适用于本地区的规范性文件的总称。地方政府规章在效力等级上低于法律、行政法规和地方性法规，不得与法律、行政法规和地方性法规相冲突。地方人民政府制定的行政规章，必须是在本地区权限内，为执行法律、行政法规、地方性法规的规定需要而制定的事项。

行政规章从内容上看，主要针对的是行政活动，绝大部分是行政法规范，因而其也是行政法的表现形式，其中涉及海洋行政管理活动的就是海洋行政规章。如原交通部发布的《打捞沉船管理办法》；农业农村部发布的《渔业捕捞许可管理规定》《远洋渔业管理规定》；原国家海洋局发布的《海洋听证办法》《无居民海岛开发利用审批办法》等。此外，还有地方人民政府制定的有关海洋管理的政府规章，如《天津市海域环境保护管理办法》《上海市金山三岛海洋生态自然保护区管理办法》等。

（六）其他规范性文件

除了上述正式的法律渊源之外，海洋政策文件及其他规范性文件也是海洋行政法法律渊源的组成部分。通说认为，其他行政规范性文件，是指行政机关及被授权组织为实施法律和执行政策，在法定权限内制定的除行政法规和规章以外的决定、命令等普遍性行为规则的总称。这些具体应用解释和规范性文件虽然不是正式的法律渊源，但对于行政管理具有重要的参考和指导作用。其他规范性文件根据调整对象的不同，可以分为内部其他行政规范性文件和外部其他行政规范性文件；按照内容的不同可以分为创制性行政规范性文件、解释性行政规范性文件和指导性行政规范性文件。

为了加强海洋经济建设，促进海洋产业的发展，国家出台了大量海洋政策相关文件，如《中国海洋21世纪议程》（1996）、《中国海洋事业的发展》白皮书（1998）、《国家海洋事业发展规划纲要》（2008）等。这些文件既阐明了我国在海洋问题上的立场，又反映了海洋政策的发展变化，其中也蕴含着我国海洋立法的目的和原则。

二、海洋行政法律关系

海洋行政法律关系是指经海洋行政法规范调整的，因行使国家海洋行政权而发生的海洋行政主体与海洋行政相对人之间的权利义务关系，以及海洋行政主体之间、海洋行政第三人之间和海洋行政主体与海洋行政第三人之间的权利与义务关系。海洋行政法律关系包括主体、客体与内容三个部分。传统行政法是建构在主体性认知基础上，而忽视了主体的交往理论。现代行政法学研究应当改变以往以主体—客体结构为基础的工具理性视角，转而建造一种以主体—主体结构为基础的研究进路。用主体性交往的实践代替抽象的主体认知，行政法也就会从行政领域走进人们的公共生活领域，成为解决社会治理问题的方法论。①

（一）海洋行政法律关系的主体

首先，在海洋行政关系的当事人中，至少有一方是海洋行政主体（包括海洋行政主体和其他依法有权实施海洋行政管理的组织）。海洋行政关系的这一特征表明，海洋行政关系可以发生在海洋行政主体相互之间，也可发生在海洋行政主体与非海洋行政主体（如作为海洋行政管理相对人的公民、法人和其他组织）之间，但不能发生在非海洋行政主体相互之间。

其次，在海洋行政关系中，当事人的地位在大多数情况下是不平等的。海洋行政主体往往处于主导地位，其是海洋行政关系中的核心主体，海洋行政关系的发生、变更和消灭主要取决于海洋行政主体。例如，海洋行政处罚由海洋行政主体单方作出，无须被处罚人同意。另外，为了保证海洋行政关系的实现，法律还赋予海洋行政主体以一定的行政强制执行权。

综上，海洋行政法律关系的主体一般可归结为三类。

1. 海洋行政主体

首先，海洋行政主体是指对外以自己的名义实施国家行政管理职能并承受一定法律后果的国家行政机关和社会组织。其重要特征是实施者能够以独立名义从事行政活动并承担相关法律责任。海洋行政主体须满足三个条件：（1）行政主体应享有海洋行政管理职权；（2）海洋行政主体能够以自己的名义对外行使职权；（3）海洋行政主体能够对自己的行为独立承担法律责任。

其次，我国的海洋行政主体主要分为两大类型：一类是国家行政机关，主要包括各级人民政府以及县级以上各级人民政府的组成部门；另一类是法律法规所授权的主体。国家行政机关与法律法规授权组织的主要区别在于：

---

① 苏海雨：《行政交往：一种新的行政法范式》，载《学习论坛》2021 年第 1 期。

（1）两者的法律属性不同。国家行政机关属于国家机关，而法律法规授权的组织属于社会组织。法律法规授权组织只有在依法行使行政权的时候才是行政主体。（2）两者的设立依据不同。国家行政机关的设立依据是根据我国的行政组织法而设立，而法律法规授权组织是依据组织规章而设立。（3）两者的权力来源不同。行政机关的权力来源是行政组织法和其他单独的立法授权，法律法规授权组织的权力主要是来自法律和法规的特别授权。

2. 海洋行政相对人

根据行政法学上的界定，行政相对人与行政主体是两个相对应的概念。行政相对人是指在行政管理法律关系中与行政主体相对应的另一方当事人，即受到行政主体行政行为影响的个人或组织。在制定法上，“行政相对人”一般被称为“公民、法人和其他组织”。行政相对人一般具有以下特点：（1）行政相对人是行政法律关系中不具有行政职权、职责和行政职务身份的一方当事人；（2）行政相对人是与行政主体之间具有特定行政法律关系的人，即行政相对人是行政主体行使行政职权行为所针对的人；（3）行政相对人是行政管理中被管理一方的当事人，包括公民、法人和其他组织。

根据上述定义，海洋行政相对人是处在海洋行政法律关系中被管理或被影响的对象。如果并非处于海洋行政法律关系而是其他法律关系，则不具有行政相对人的地位，也不能赋予其“海洋行政相对人”的称谓。在海洋行政法律关系中，海洋管理部门享有海洋行政权，能依法对公民、法人和其他组织实施管理，作出影响当事人权益的行政行为，当事人则有义务服从管理、依法履行相应行政行为确定的义务。海洋行政主体的行政行为对相对人权益的影响可能是直接的，也可能是间接的。对海洋行政相对人在行政法律关系中身份与地位的确认与判定，核心因素取决于其在行政法律关系中的权利与义务内容及其法律属性。如果行政主体实施的职能内容属于行政组织建设或职权、职责划分方面，则属于内部行政关系，另一方当事人不具有行政相对人的地位和身份；如果行政主体实施的职能内容属于政府的社会管理职能方面，则属于外部行政法律关系，另一方当事人具有行政相对人的地位和身份。

3. 海洋行政第三人

海洋行政第三人是指与海洋行政主体针对海洋行政相对人做出的行政行为有利害关系的其他公民、法人或者组织。并非所有的海洋行政法律关系均会产生海洋行政第三人，行政第三人仅仅在于行政主体所处置事务除了直接针对行政相对人以外，还涉及其他的利害关系人。在这种复合型的海洋行政法律关系中，海洋行政主体将要作出的或者已经做出的行为牵扯多方利害关系人，海洋行政主体针对一方做出的行政行为直接针对的这一方称为行政行相对人，而其他的各方均为行政第三人。

行政法上的这种肯定并且保障行政第三人地位的目的有多重。一是为了平衡多方利益，查明行政行为的效力和后果。行政行为不仅约束和影响行政相对人，也可能间接影响其他第三人。二是明确行政主体的法律责任。由于行政行为效力的广泛性，违法行政行为的做出同样会影响到行政第三人，因此也应承担法律责任。三是规范和约束执法行为，确认行政行为是否符合法律要求，以更好地保护当事人的合法权益。

（二）海洋行政法律关系的客体

海洋行政法律关系的客体是指海洋行政法律关系主体双方的权利义务所指向的对象。没有行政客体，权利义务指向的对象就无法体现和落实，海洋行政法律关系也难以实现。可以作为行政法律关系的客体是体现一定利益的载体，一般包括物、精神智力成果和行为。

海洋行政法律关系，发生于海洋行政管理活动之中，因此客体与海洋开发实践活动相关，主要可以分为三类：第一类是发生在海上的活动，包括开发和利用海洋资源的经济活动和以海洋为媒介的其他活动，如养殖捕捞、船舶航行、海洋工程、海洋环境保护和海上旅游等；第二类是陆上进行的部分涉海活动，如海岸带工程、沿海滩涂开发、滨海湿地保护、围填海等；第三类是海洋产业管理部门（如海洋运输、油气生产、渔业、海洋矿产、海洋环境保护等）内部之间与工作人员的管理活动，包括海洋管理体制的建立、机构的设置、职能的配制、运行机制、决策程序、内部行政处分等。

（三）海洋行政法律关系的内容

海洋行政法律关系的内容是有关海洋行政管理的法律规范，从现有海洋行政法律规范来看，海洋行政法律关系的内容具体包括以下三个方面。

1. 关于海洋行政法律关系中当事人法律地位的规范，具体包括有关海洋行政主体法律地位的规范，有关海洋行政工作人员法律地位的规范以及有关海洋行政相对人法律地位的规范。其中，有关海洋行政主体和海洋行政工作人员法律地位的规范占有重要地位。

2. 关于海洋行政管理的内容、形式、方法和程序的规范，包括有关海洋行政立法的规范和有关海洋行政执法的规范。例如，《海上海事行政处罚规定》当中就包含海上海事行政处罚的种类和适用、海上海事行政违法行为和行政处罚等规定。

3. 关于海洋行政监督与救济的规范。海洋执法程序虽有对等的程序权利，但实体权利并不相同，行政管理人掌握主动权，因而必须给予弱势一方充分的救济保障，使其对强势方违反程序所得到的惩戒拥有合理期待，即救济途径应当畅通。① 因此海洋行政监督与救济是海洋行政法不可或缺的内容，包括有关海洋行政责任的规范、有关海洋行政复议的规范、有关海洋行政诉讼的规范等。例如，《海洋听证办法》出台的目的就是完善海洋听证制度、规范听证程序，其规定的是海洋行政主管部门对重大海洋违法案件作出行政处罚之前，根据当事人举行听证的要求，组织当事人对案件承办人员提出的违法事实、证据和拟处罚意见进行申辩和质证的法定程序。

海洋行政法律关系主要规定的是海洋行政法律关系当事人依法所享有的权利和承担的义务。其中，海洋行政法律关系中行政主体具有行政职权，即行政权。行政职权的行使应当依法行使，具体体现为行政主体应按照法定职权，在法定权限范围内履行职务，不得玩忽职守或者滥用权力；行政主体在实施行政行为时应遵守法律规定的程序，实现程序公开、信息公开，避免程序违法；行政主体实施行为应遵循合理原则，行政行为的做出在主观上要动机正当，在客观上体现为目的正当。同时要平衡个人利益与国家集体利益之间的关系，符合客观规律，不能要求行政相对人承担其无法履行或违背情理的义务。行政主体的义务又是职责，行政主体的权利与义务具有高度统一性，即行政主体对其法定职权不可放弃，滥用或者渎职都应承担相应的法律责任。

行政相对人的权利义务因在不同的行政法律关系中所享有的权利和承担的义务不同而不同，如在行政管理关系中主要是遵守法律规定、服从行政命

① 肖金明、冯威编著：《行政执法过程研究》，山东大学出版社 2008 年版，第 235 页。

令、接受行政管理；在行政监督和行政救济关系中表现为行政监督的主体、行政诉讼的原告或行政复议的申请人等。行政相对人的具体权利主要包括以下几种类型：

1. 参与权。行政相对人有权参与行政立法和行政管理的过程，在行政立法中表达自己的愿望，在行政决策中施加影响力，对于行政主体作出的与其自身权益有关的行为，有权表达自己的意愿，有权陈述不同意见和看法，有权要求行政主体告知行为的根据和理由。对行政权力的行使进行监督，对行政不当结果予以纠正等。

2. 批评、建议、申诉、控告、检举权。行政相对人对行政主体实施的违法不当行政行为有权提出批评，并就行政管理提出意见和建议。对行政主体及其工作人员作出的不公正行政行为有权提出申诉，对违法、失职的行为有权进行控告或检举。

3. 申请救济权。行政相对人对行政主体作出的具体行政行为及其所依据的有关规定不服，认为侵犯其合法权益时，有权依法申请复议或者依法提起行政诉讼。

4. 请求权。行政相对人的合法权益因国家机关及其工作人员行使职权的行为而受到侵犯并受到损失时，有权依法请求国家赔偿或者请求补偿。

同时，行政相对人也要承担相应的义务。主要包括服从行政管理，遵守行政法规、规章和其他规范性文件，执行行政命令和决定；协助执行公务，配合维持社会秩序，提供执行公务所需的设施设备等；维护社会公益，在国家和社会公共利益受到损害或威胁时，行政相对人应采取措施，尽可能防止或减少损害的发生；接受行政监督，提供所需的情况说明、报表账册等有关材料；提供真实的信息，保证各种信息资料的真实、准确，避免因故意提供虚假信息而承担相应的法律责任；遵守法律法规规定的程序、手续、时限等要求。

（四）海洋行政法律关系的产生、变更和消灭

1. 海洋行政法律关系变化的条件与原因。海洋行政法律关系产生、变更或消灭的前提是有相应海洋行政法律规范为依据，出现了法律规范所规定情形下引起法律关系产生、变更或消灭的法律事实。没有海洋行政法的存在，即不会出现海洋行政法律关系；然而缺少法律事实，只有海洋行政法律规范，

依然不会出现海洋行政法律关系。相应海洋行政法律规范的存在，为该海洋行政法律关系的产生、变更或消灭提供了可能。然而，仅有海洋行政法律规范而没有相应的法律事实，海洋行政法律关系的可能性无法转变为现实性。所谓法律事实，是指能够导致法律关系产生、变更或消灭的客观事实。法律事实又可以划分为法律事件和法律行为。前者是指不以人的意志为转移的客观事实，后者是指人们的主观行为。此外，法律行为并不仅限于合法行为，违法行为同样产生法律关系。在海洋行政法律规范存在的前提下，相应法律事实的出现，直接导致了海洋行政法律关系的产生、变更或消灭。

2. 海洋行政法律关系的产生。海洋行政法律关系的产生或者说是形成，是指海洋行政主体与海洋行政相对人之间在海洋行政法上权利与义务的实际构成。[①] 换句话说，它就是海洋行政法律关系从可能性到现实性的转变。例如：企业或个人向政府申请海洋行政许可，相关海洋行政部门依法进行审批；公民依法申请海洋行政复议，海洋行政复议机关及时依法进行受理。

在已有海洋行政法律规范的前提下，海洋行政法律关系的产生取决于两个直接的原因：（1）一定法律事件的发生。例如，因台风或海啸等不可抗力，被扣押在港的渔船灭失。（2）一定法律行为的发生。例如，由于企业违反海洋倾废的管理规定私自倾倒有害废弃物，海洋行政机关便与之构成了行政处罚的法律关系。

3. 海洋行政法律关系的变更。海洋行政法律关系的变更，是指海洋行政法律关系产生后、消灭前，该关系的一方当事人或该关系的部分（权利和义务）内容发生变化。海洋行政法律关系的变更有两种情形：一是关系内容不变，但一方当事人发生了变化。例如，某行政主体被合并到另一个主体之中，但它与相对人之间的权利和义务关系依然有效。值得注意的是，若双方当事人同时变更，即便关系内容不变，亦不属于行政法律关系的变更，而应当属于关系消灭。二是关系当事人不变，但内容发生部分变化。同样必须注意的是，如果关系内容全部变更，即便双方当事人没有更换，也不属于关系变更，而是法律关系消灭。确切地说，是一种关系产生，一种关系同时消灭。海洋行政法律关系的变更，同样适用上述的条件和内容。

---

① 这里讨论的是外部海洋行政法律关系。

4. 海洋行政法律关系的消灭。海洋行政法律关系的消灭，是指原当事人之间权利和义务关系的消灭。消灭主要分为两种情形：第一，一方或双方当事人消失，从而使原行政法律关系消灭。例如某国家公务员因病死亡，其与国家之间的行政职务关系自然消失。第二，海洋行政法律关系中权利与义务的内容全部消失。这种情形又可分为以下两种情况：（1）原关系内容由于相对人享受了权利或履行了义务而消失。如被处以罚款的公民，按规定交纳罚款以后，原处罚关系消灭；（2）原关系内容被行政主体撤销。例如，渔业行政执法部门对渔船做出行政处罚，经当事人申请复议，被上级机关裁定撤销原处罚决定。海洋行政法律关系消灭，同样以行政法律规范存在为前提，以一定法律事实出现为直接原因。[①]

① 胡建淼：《行政法学》，法律出版社2015年版，第20页。

Chapter

第四章

海洋行政管理体制

04

导入案例

海丽国际高尔夫球场有限公司诉国家海洋局环保行政处罚案

广东省海丰县海丽国际高尔夫球场有限公司（以下简称海丽公司）与海丰县人民政府（以下简称县政府）签订合同约定“征地范围南边的临海沙滩及向外延伸一公里海面给予乙方作为该项目建设旅游的配套设施”。海丽公司在海丰县后门镇红源管区海丽国际高尔夫球场五星级酒店以南海域进行涉案弧形护堤的建设。2009 年 3 月 9 日，涉案弧形护堤部分形成。2010 年 3 月 19 日，海监部门在执法检查中发现该公司未取得海域使用权证擅自建设涉案弧形护堤，涉嫌违反《海域使用管理法》第三条的规定。经逐级上报，国家海洋局立案审查。2011 年 3 月，南海勘察中心受海监部门委托作出《汕尾市海丰县海丽国际高尔夫球场海岸线弧形护堤工程海域使用填海面积测量技术报告》，指出涉案弧形护堤填海形成非透水构筑物（堤坝），面积为 0. 1228 公顷。

2011 年 6 月 2 日，国家海洋局作出《行政处罚听证告知书》，告知海丽公司拟对其作出的处罚及事实和法律依据，经组织召开听证会，同年 12 月 14 日作出第 12 号行政处罚决定：认定海丽公司在未经有权机关批准的情况下，自 2010 年 3 月中旬进行涉案弧形护堤工程建设，以在海中直接堆筑碎石的方式进行填海活动，至 2010 年 11 月 17 日技术单位测量之日，填成弧形护堤面积为 0. 1228 公顷。据此，依据《海域使用管理法》有关规定和《财政部、国家海洋局关于加强海域使用金征收管理的通知》，责令该公司退还非法占用的海域，恢复海域原状，并处非法占用海域期间内该海域面积应缴纳的海域使用金 15 倍的罚款即人民币 82. 89 万元。该公司不服，申请行政复议。国家海洋局于 2012 年 5 月 30 日作出行政复议决定认为：第 12 号处罚决定关于海丽公司自 2010 年 3 月中旬进行涉案弧形护堤建设的认定与海监部门航空照片显示涉案弧形护堤 2009 年已存在的情况不一致，系认定事实不清，决定撤销第 12 号处罚决定。其后，国家海洋局经履行听证告知、举行听证会等程序，于

2012年7月25日作出海监七处罚（2012）003号行政处罚决定书，指出证据显示2009年3月9日涉案弧形护堤已部分形成，至2010年11月17日海监机构委托技术单位进行现场测量之日，该弧形护堤非法占用海域的面积为0.1228公顷，处罚依据与具体内容与上述12号处罚决定相同。海丽公司不服，提起行政诉讼，请求法院撤销海监七处罚（2012）003号行政处罚决定书。

北京市第一中级人民法院一审认为，《国家海域使用管理暂行规定》《广东省海域使用管理规定》等有关规定明确了任何单位或个人实施填海等占用海域的行为均必须依法取得海域使用权，海洋行政主管部门颁发的海域使用权证书是当事人合法使用海域的凭证。本案中，海丽公司未经批准取得海域使用权，填海建设弧形护堤的行为，属于《海域使用管理法》第四十二条所指未经批准非法占用海域进行填海活动的情形，被诉处罚决定中的该部分认定证据充分，定性准确。海丽公司关于涉案弧形护堤并非建设于海域范围，故国家海洋局无管辖权的诉讼理由，缺乏事实依据，其关于海丰县政府与其签订的合同可以作为其取得海域使用权证明的诉讼理由，缺乏法律依据，遂判决驳回该公司的诉讼请求。海丽公司上诉后，北京市高级人民法院判决驳回上诉，维持原判。

典型意义

本案中，人民法院通过发挥行政审判职能作用，有力地支持了海洋行政主管部门依法实施监督管理，切实保护海洋生态环境。党的十八届三中全会明确提出了完善自然资源监管体制，对海洋资源超载区域等实行限制性措施。海域属于国家所有，任何单位和个人在未依法取得有权机关颁发的海域使用权证书的情况下，不得侵占、买卖或者以其他形式非法转让海域，否则要受到相应的处罚。本案中，虽然海丰县政府与海丽公司签订了合同，允许其使用涉案海域，但依照海域法等有关规定，该公司仍需依法向项目所在地县以上海洋行政主管部门提出申请，并按照规定的批准权限逐级上报，由批准机关的同级海洋行政主管部门发给海域使用证。本案的处理对于厘清地方政府与海洋行政主管部门的法定职权，对于相关行政执法和司法实践有着积极示范意义。

第一节　我国海洋行政管理体制和制度

一、我国海洋行政管理制度及特点

海洋行政管理制度指的是对涉海人群和涉海组织行为进行约束的一系列规则，包括海洋管理的法规、政策、规划、管理战略等，对涉海事务和人员具有强制力。[①] 依据海洋行政关系，我国海洋行政管理制度可以划分为涉海行为管理制度、法治监督制度、行政救济制度和内部行政制度。

（一）涉海行为管理制度

涉海行为管理制度是指行政机关对于涉海行为进行管理而形成的制度规范，主要包括海域管理制度、海洋环境管理制度、海岛开发与保护制度、海岸线保护与利用制度、海洋渔业管理制度、海洋交通运输安全制度和海洋矿产开发管理制度等。

1. 海域管理制度

海域管理制度主要是通过《海域使用管理法》建立起的管理框架，主要包括三项制度，即海洋权属管理制度、海洋有偿使用制度和海洋功能区划制度。《海域使用管理法》指出，海域指中华人民共和国内水、领海的水面、水体、海床和底土。确认海域所有权人是国家，单位和个人可以依法取得海域使用权，从而开发和利用相应海域。海域使用权需要依法登记才能受到法律保护。《海域使用管理法》第三十三条确定了海域有偿使用的基本原则。国家作为海域所有权人，通过依法收取费用的形式，将海域使用权转让给单位或个人。同时，该法也规定了免缴海域使用金和减免海域使用金的几种情形。据此，形成了海域有偿使用为原则，免费使用为例外的用海制度。《海域使用管理法》确立的另外一项重要制度是海洋功能区划制度。我国通过海洋功能区划的设定用以管理海洋资源以及涉海行为。依据《全国海洋功能区划

---

① 国家海洋局海洋发展战略研究所课题组：《中国海洋发展报告》，海洋出版社 2016 年版，第 51－52 页。

（2011—2020）》和《全国主体功能区规划》，海洋区域被划分为优化开发、重点开发、限制开发和禁止开发等四大类主体功能区，在此基础上，划分了农渔业、港口航运、工业与城镇用海、矿产与能源、旅游休闲娱乐、海洋保护、特殊利用、保留等八类海洋功能区。2017 年 1 月国务院发布了《全国国土规划纲要（2016—2030 年）》，该文件指出，科学推进国土集聚开发、分类保护和综合整治，进一步优化开发格局、提升开发质量、规范开发秩序。这是未来我国海洋功能区划制度发展的方向和整体目标。

2. 海洋环境管理制度

环境保护自 2014 年《环境保护法》修订案颁布后，上升至国家基本国策的层面上，并形成了丰富的规制环境行为的法律制度，主要包括总量控制、许可管理、淘汰制度和跨区防治等。我国海洋环境管理制度也主要从上述方面建立，并形成了针对性和可操作性更强的制度体系：海洋环境监督管理、海洋生态保护、防治海洋污染损害和法律责任的追究等。为此，我国颁布了一系列政策、法律、法规等文件，例如《海洋环境保护法》及配套条例、《渔业法》、《防止拆船污染环境管理条例》、《水生野生动物保护实施条例》、《水污染防治法》、《固体废物污染环境防治法》和《环境影响评价法》等。2015 年中共中央办公厅、国务院办公厅印发的《生态环境损害赔偿制度改革试点方案》（已失效），标志着我国生态环境损害赔偿制度建立的开端。1982 年全国人大常委会通过并颁布施行的《海洋环境保护法》，历经多次修改，1999 年修订、2013 年 12 月第一次修正、2016 年 11 月第二次修正、2017 年 11 月第三次修正。2017 年的修正强调，用海和审批行为必须严格遵守生态保护红线。2018 年 3 月国务院机构改革重新组建了生态环境部，该部门将原国家海洋局等其他六个部门的环境保护职能合并，将陆地环境保护和海洋环境保护彻底联通，这意味着陆源污染海洋问题将在生态环境部部门内部得到解决。

3. 海岛开发与保护制度

海岛被称为海洋内部的陆地，对于鸟类、鱼类繁衍、珍稀动植物的生长、生态系统的平衡等具有重要意义，为此，世界各国都对海岛实行了重点管理和保护。《海岛保护法》第二条规定，海岛保护，是指海岛及其周边海域生态系统保护，无居民海岛自然资源保护和特殊用途海岛保护。根据该法，海岛保护制度不仅包括海岛本身，同时也包括其周边海域生态系统的保护。近些年，国家和地方层面出台了一系列海岛保护指导意见和具体措施。例如，2011 年国家海洋局印发了《无居民海岛保护和利用指导意见》，将无居民海岛的开发和利用区分为地形地貌、海岸线、动植物资源、淡水、人文遗迹及公益设施的保护、建筑物和设施的设计与建设、新能源新材料新技术应用以及污水、废水、废气和固体废物处理。2014 年国家海洋局提出《海岛统计报表制度》，统计海岛的综合信息，统计内容包括海岛生态保护、海岛开发利用、海岛人居环境、特殊用途海岛保护和海岛管理五个方面，共 15 张表，386 个统计指标。通过海岛统计报表制度获取的综合信息，可以及时准确掌握我国海岛生态保护、开发利用和海岛管理的情况，为各级海洋行政主管部门及相关部门制定有关政策提供参考。2016 年 12 月，国家海洋局发布了《2015 年海岛统计调查公报》，这是实行海岛统计报表制度后发布的首个公报。该公报涵盖海岛基本情况、海岛资源、海岛周边海域水质情况、海岛人居环境基本情况、海岛经济发展情况、特殊用途海岛保护和海岛保护管理与执法等七方面内容。2016 年 12 月，国家海洋局公布了《全国海岛保护工作“十三五”规划》。该规划按照海洋强国、生态文明、21 世纪海上丝绸之路等国家重大战略部署要求，对《全国海岛保护规划》进行了细化与深化，提出将“生态 +”的思想贯穿于海岛保护全过程，建立健全基于生态系统的海岛综合管理体系，不断强化海岛生态保护，切实推进无居民海岛管理，积极拓展国际合作与交流，助力开创海洋强国建设新局面。2018 年 3 月，财政部、国家海洋局印发了《调整海域、无居民海岛使用金征收标准》，自 2018 年 5 月起实行，要求海域使用金和无居民海岛开发使用金全部按照国家标准征收和执行。2018 年 7 月 5 日，国家海洋局下发了《关于海域、无居民海岛有偿使用的意见》，强调了海域、无居民海岛作为全民所有自然资源的重要地位，针对该类资源有偿使用的问题提出了如下基本原则：保护优先、绿色利用；市场配置、健全规则；明确权责、加强监管，并且要求相关部门从提高用海用岛生态门槛、完善用海用岛市场化配置制度、建立使用金征收标准动态调整机制、加强使用金征收管理以及加强海域和无居民海岛有偿使用监管等方面，进一步加强和完善海域、无居民海岛的有偿使用制度。

4. 海岸线保护与利用制度

海岸线被称为“海陆交界的生态过渡带”，具有涵养水源、降解污染、净化水质、调节气候等多种生态功能。近年来，随着海洋经济的发展，海岸线作为海洋经济前沿地带的地位愈加显著，进而也将海岸线污染和保护问题呈现在公众面前。由于我国涉海部门众多，军事、渔业、盐业、交通、土地、城市规划、环保、旅游和临海产业的主管部门之间缺乏统筹协调，不利于海岸线的有效保护与合理开发。原国家海洋局发布的《2015 年中国海洋环境状况公报》显示，中国部分近岸海域污染严重，面积在 100 平方公里以上的 44 个大中型海湾中，21 个海湾全年四季均出现劣四类海水水质，陆源入海污染亦居高不下。[①]《国民经济和社会发展第十三个五年规划纲要》提出，要加强海岸带保护与修复，自然岸线保有率不低于 35%。2017 年 3 月 31 日，国家海洋局发布了《海岸线保护与利用管理办法》。该办法指出，自然岸线是海陆相互作用形成的海岸线，包括砂质岸线、淤泥质岸线、基岩岸线、生物岸线等原生岸线；[②] 海岸线保护与利用的原则是保护优先、节约利用、陆海统筹、科学整治、绿色共享和军民融合。《海岸线保护与利用管理办法》首次将军民融合作为海岸线保护与管理的基本原则，是该次管理办法制定的创新之处，预示着未来我国海洋环境管理的发展方向。近些年，随着我国海岸线保护意识的增强和举措的不断出台，海岸区域污染现象有所控制，但近岸局部海域生态环境质量仍有待改善。例如，2022 年 5 月，生态环境部发布的《2021 年中国海洋生态环境状况公报》指出：2021 年全国近岸海域水质总体稳中向好，优良水质海域面积比例为 81.3%，比 2020 年上升 3.9 个百分点；劣四类为 9.6%，比 2020 年上升 0.2 个百分点。11 个沿海省份中，江苏、上海和浙江近岸海域优良水质海域面积比例比 2020 年有所上升，福建、广东和海南基本持平，辽宁、河北、天津、山东和广西有所下降。

5. 海洋渔业管理制度

我国具有悠久的海洋渔业发展史，古代海洋渔业的管理经历了从自由捕捞阶段到自发控制阶段再到政府管制阶段。政府通过控制渔船制造、登记审核、下海管控、海上作业管理等措施管理渔业生产设施，从而管理海洋渔业的发展。全国人大常委会于 1986 年通过了《渔业法》，该法经历了四次修正，

---

① 《中国发力海岸带保护：将最好岸线还给自然》，载中新网，http：//www. chinanews. com/cj/2016/05 – 16/7871778. shtml。

② 《海岸线保护与利用管理办法》第二条。

分别是2000年第一次修正，2004年第二次修正，2009年第三次修正，2013年第四次修正。该法确定了国家对渔业生产和管理的基本方针，即养殖为主，养殖、捕捞、加工并举，因地制宜，各有侧重。国家对于渔业的监督管理，坚持统一领导和分级管理相结合的方式。海洋渔业，除国务院划定由国务院渔业行政主管部门及其所属的渔政监督管理机构监督管理的海域和特定渔业资源渔场外，由毗邻海域的省、自治区、直辖市人民政府渔业行政主管部门监督管理。江河、湖泊等水域的渔业，按照行政区划由有关县级以上人民政府渔业行政主管部门监督管理；跨行政区域的，由有关县级以上地方人民政府协商制定管理办法，或者由上一级人民政府渔业行政主管部门及其所属的渔政监督管理机构监督管理。该法对于养殖业、捕捞业、渔业资源的增殖和保护以及法律责任等都作出了详细规定。通过一系列政策、法律法规等，我国逐步建立了捕捞许可、伏季休渔和总量控制等管理制度。国务院于2013年出台的《关于促进海洋渔业持续健康发展的若干意见》，确定了海洋渔业作为现代农业和海洋经济重要组成部分的地位。该意见确立了海洋渔业发展的基本原则，即坚持资源利用与生态保护相结合，坚持转变发展方式与创新体制机制相结合，坚持发展生产与改善民生相结合，坚持市场调节与政策扶持相结合。在此基础上，提高组织化程度和科技水平，建立健全远洋渔业管理制度。2018年3月国务院机构改革后，渔政局下属的渔船检验和监督管理职能划归交通运输部，根据交通运输部《关于履行渔业船舶检验和监督管理职责》的公告，交通运输部于2018年4月20日起正式履行渔业船舶检验和监督管理职责。交通运输部海事局负责渔业船舶检验政策法规和标准的制定，行使监督和管理的职能；中国船级社负责渔业船舶和船用产品的法定检验。自此，我国船舶检验监督由两套系统彻底归并成一套系统，此次改革优化了职能分工，精简了渔业管理体系。

6. 海洋交通运输安全制度

为保障船舶、设施和人命财产的安全，全国人大常委会于1983年通过了《海上交通安全法》，该法确定港务监督机构，是对沿海水域的交通安全实施统一监督管理的主管机关。2021年该法经历修订，并已于2021年9月1日起施行。新《海上交通安全法》共10章122条，重点从事前制度防范、事中事后加强监管、强化应急处置等方面完善制度设计，主要修订内容涉及优化海上交通条件、规范海上交通行为、严控行政许可事项、完善海上搜救机制等方面，并强化了责任追究，还从船舶登记、船舶检验、航行安全、船员保障、防治污染等方面全面、系统地履行了我国缔结或加入的国际海事公约义务。为贯彻实施新《海上交通安全法》，交通运输部已完成《海事行政许可条件规定》、《海上海事行政处罚规定》、《水上交通事故统计办法》、《水上水下活动通航安全管理规定》（已失效）、《船舶引航管理规定》等 5 件配套规章的修订。①

为维护海上交通秩序，交通运输部于 2015 年发布了《海上海事行政处罚规定》，并于 2017 年经历了第一次修改。该规定对于海事行政处罚适用的人员和行为、海事行政违法行为、行政处罚和海事行政处罚程序等都作了详细规定，删除了违反船舶港务费征收管理秩序、不按照规定在港区水域内使用焚烧炉、洗舱、清舱、驱气、舷外拷铲及油漆作业或者排放压载水，不按照经批准的要求使用化学消油剂、不按照规定冲洗沾有污染物、有毒有害物质的甲板的处罚规定。该规定是处理海事行政处罚的重要法律依据。2021 年 8 月 25 日第 22 次交通运输部部务会议通过新的《海上海事行政处罚规定》，并已于 2021 年 9 月 1 日起施行。该规定是在《行政处罚法》和《海上交通安全法》于 2021 年分别进行了修订的背景下颁布的，依据新修订的《海上交通安全法》，优化调整海事违法行为、处罚种类和处罚额度等内容；根据新修订的《行政处罚法》，优化调整海事行政处罚适用规则。②

7. 海洋矿产开发管理制度

海洋矿产的开发和利用是海洋经济发展的重要组成部分，目前我国对于海洋矿产资源的开发和利用主要集中于油气资源、海砂、天然气和国际海底区域资源等。国务院早在 1982 年颁布了《对外合作开采海洋石油资源条例》，确定了国家海洋石油资源属于国家所有。③ 同时，该条例对于石油开采各方权利义务、开采作业规范等作出了规定。该条例经历了四次修订，分别于 2001 年 9 月第一次修订，2011 年 1 月第二次修订，2011 年 9 月第三次修订，2013

---

① 人民网 2021 年 9 月 31 日，https：//baijiahao. baidu. com/s？ id = 1709682568344157268&wfr = spider&for = pc。

② 搜狐网 2021 年 9 月 14 日，https：//www. sohu. com/a/489868237_ 121123851。

③ 《对外合作开采海洋石油资源条例》第二条规定，中华人民共和国的内海、领海、大陆架以及其他属于中华人民共和国海洋资源管辖海域的石油资源，都属于中华人民共和国国家所有。

年 7 月第四次修订。该条例第四条规定，国家对参加合作开采海洋石油资源的外国企业的投资和收益不实行征收。在特殊情况下，根据社会公共利益的需要，可以对外国企业在合作开采中应得石油的一部分或者全部，依照法律程序实行征收，并给予相应的补偿。第十条规定，参与合作开采海洋石油资源的中国企业、外国企业，都应当依法纳税。为了建立和完善石油天然气行业的基本运营规则，《石油天然气法》的制定已经提上日程。我国石油天然气行业的监管体制是在计划经济和高度集权理念下建立的，管理部门权限不清，职责同构，形成了“网状行政体制”。现代海上石油天然气开发管理需要体系化监管模式，政府、市场主体、公众和社会组织都需要在此扮演重要角色，因此学界和实务届呼吁海上石油天然气行业管理早日步入综合管理，以实现法治化、体系化和规范化的目标。2014 年，国家海洋局发布了《海洋油气勘探开发工程环境影响评价技术规范》和《海砂开采环境影响评价技术规范》，用以调整海洋油气勘探开发和海砂开采工作各环节环境影响评估。国际海底区域资源开发制度是《联合国海洋法公约》的重要成果，公约将地球海域分为国家管辖海域、公海和国际海底。我国先后于 2001 年、2011 年、2013 年和 2015 年申请获得了四块“区域”矿产资源探区。为了规范深海海底区域资源勘探、开发活动，推进深海科学技术研究、资源调查，保护海洋环境，促进深海海底区域资源可持续利用，维护人类共同利益，全国人大常委会于 2016 年发布了《深海海底区域资源勘探开发法》。该法界定了深海海底区域，即中国和其他国家管辖范围以外的海床、洋底及其底土。该法从勘探、开发、环境保护、科学技术研究与资源调查、监督检查和法律责任等方面对深海海底区域资源的相关问题进行规定，为深海海底区域资源的勘探和开发提供了法律基础。

（二）法治监督制度

为了督促地方政府依法落实主体责任，统筹协调区域内海洋资源开发利用、海洋生态环境保护、海洋经济发展产业布局，我国近年开始逐步建立和完善海洋督查制度，作为调整内部行政管理的方式。2011 年国家海洋局印发了《关于实施海洋督察制度的若干意见》，明确海洋督察制度是海洋综合管理的重要举措和保障。该意见指出，海洋督察工作体系的建立应该按照“统筹协调、分工负责，分层管理、分级实施”的原则。国家海洋局设立全国海洋督察委员会，指导、协调和监督全国海洋督察工作；北海、东海、南海分局作为国家海洋局的派出机构负责所辖海区的督察工作；沿海各级海洋行政主管部门建立相应的督察工作管理体制机制。督察工作由法制机构组织实施。[①] 2016 年 12 月，国家海洋局发布了《海洋督查方案》，该方案确定了海洋督查对象，即沿海省、自治区、直辖市人民政府及其海洋主管部门和海洋执法机构，国家海洋局受国务院授权行使监督职能。海洋督察内容主要是三个方面：国家海洋资源环境有关决策部署贯彻落实情况、国家海洋资源环境有关法律法规执行情况和突出问题及处理情况。该方案同时规定了海洋督察实施的方式和程序，使海洋督察制度有法可依。

（三）行政救济制度

行政救济是公民、法人或其他组织认为具体行政行为直接侵害其合法权益，请求有权的国家机关依法对行政违法或不当行为事实纠正，并追求其行政责任，以保护行政管理相对方的合法权益。行政复议、行政诉讼和行政赔偿都属于事后救济措施，而听证制度属于事前预防制度。

为规范海洋听证程序，促进各级海洋行政主管部门依法行政，2016 年 11 月，国家海洋局印发了《海洋听证办法》。该办法将听证区别为依申请听证和依职权听证，对于听证程序、听证参与人、利害关系人和听证事项等作了具体规定。

该办法第四条规定了听证机构包括听证机关负责法制工作的机构和行政行为承办机构。法制工作机构负责依申请组织的听证，行政行为承办机构负责依职权组织的听证。为了监督和指导各地区海洋听证工作的进行，国家海洋局建立了海洋听证专项统计制度，要求相关部门每年上报听证工作进展。该规定第十条列举了八项听证主持人的职责，包括组织听证活动的进行、决定是否延期、中止听证等。行政行为承办机构应该积极参与听证活动，指派工作人员出席听证会，接受质询。如果当事人过多，也可以推举代表参加听证。由于代表的行为将会对其他利害关系人的权利义务产生实质影响，为了保证代表的合法性，该办法要求听证代表需要获得当事人及利害关系人的推

---

① 《关于实施海洋督察制度的若干意见》，载 http：//www. soa. gov. cn/zwgk/zcgh/hyzf/201211/t20121105_ 5469. html。

举函或授权委托书。为了确保程序的公正性，该办法同时规定了回避制度，适用于听证主持人、记录员和听证员。回避包括主动回避和依申请回避。第二十二条、第二十三条和第二十四条分别列举了延期听证、中止听证和终止听证的事项。听证会的举行需要符合程序正义的要求，包括送达听证通知书、遵守听证会步骤、准确制作听证笔录和听证报告等。

（四）内部行政制度

内部行政制度的具体内涵尚有争议，根据是否有当事人的参与，行政程序可以分为外部程序和内部程序。总结中国的法律规定和司法实践，内部行政程序制度包括行政执法人员的执法资格、行政机关及其工作人员的回避、“二人以上执法”等制度，行政机关内部的承办、审核、决定制度，上下级行政机关之间的审查、批准、备案制度，以及外部专家的评议、评审、评定制度。[①] 内部行政制度是容易被忽视的环节，该制度的完善程度实则体现了海洋行政管理的水平。

二、我国海洋行政管理部门及职能划分

我国海洋行政管理部门经过几十年的发展已经形成了中央与地方并行发展的态势。2013 年至 2018 年 3 月，我国海洋行政主管部门是国家海洋局，其具有对海洋事务综合管理的较广泛的权限。2013 年 6 月国家海洋局重组，依据国务院批准的《国家海洋局主要职责内设机构和人员编制规定》，国家海洋局具有了更多的海洋综合管理职能。除了国家海洋局，还有其他诸多部门负责涉海事务管理，各主要部门、机构的职责如表 4－1 所示。

表 4－1　各涉海主要部门、机构的职责

隶属关系	主要涉海机构	职　责
国家发改委	国家能源局	负责起草能源发展和有关监督管理的法律法规送审稿和规章。组织制定煤炭、石油、天然气、电力、新能源和可再生能源等能源以及炼油、煤制燃料和燃料乙醇的产业政策及相关标准

① 何海波：《内部行政程序的法律规制》（上），载《交大法学》2012 年第 1 期。

续表

隶属关系	主要涉海机构	职　　责
国土资源部	国家海洋局	负责起草内海、领海、毗连区、专属经济区、大陆架及其他海域涉及海域使用、海洋生态环境保护、海洋科学调查、海岛保护等法律法规、规章草案，推动完善海洋事务统筹规划和综合协调机制；负责组织拟订海洋维权执法的制度和措施，制定执法规范和流程；承担国家海洋委员会的具体工作
公安部	中国海警部队	管护海上边界，防范打击海上走私、偷渡、贩毒等违法犯罪活动，维护国家海上安全和治安秩序，负责海上重要目标的安全警卫，处置海上突发事件
农业部	渔业局	负责渔业行业管理和职责范围内的渔政管理。拟订渔业发展和渔政管理战略、政策、规划、计划并指导实施；起草有关法律、法规、规章并监督实施。编制渔业渔政基本建设规划，提出项目安排建议并组织实施；编制渔业渔政财政专项规划，提出部门预算和专项转移支付安排建议，并组织或指导实施
海关总署	海关	进出境监管、征收关税和其他税费、查缉走私、编制海关统计，并承担口岸管理、保税监管、海关稽查、知识产权海关保护、国际海关合作等
交通运输部	国家海事局	履行水上交通安全监督管理、船舶及相关水上设施检验和登记、防止船舶污染和航海保障等行政管理和执法职责
环保部	国家林业局	负责全国林业及其生态建设的监督管理，组织、协调、指导和监督全国造林绿化工作，承担森林资源保护发展监督管理的责任，组织、协调、指导和监督全国湿地保护工作；组织、协调、指导和监督全国荒漠化防治工作；组织、指导陆生野生动植物资源的保护和合理开发利用，负责林业系统自然保护区的监督管理，监督检查各产业对森林、湿地、荒漠和陆生野生动植物资源的开发利用等
外交部		负责办理国家对外缔结双边、多边条约事务，负责国际司法合作有关事项，负责或参与处理涉及国家和政府的重大涉外法律案件，协助审核涉外法律法规草案，组织协调有关我国履行国际公约、协定工作。牵头或参与拟订陆地、海洋边界相关政策，指导协调海洋对外工作，组织有关边界划界、勘界和联合检查等管理工作并处理有关涉外案件，承担海洋划界、共同开发等相关外交谈判工作

续表

隶属关系	主要涉海机构	职 责
水利部		负责保障水资源的合理开发利用，拟订水利战略规划和政策，起草有关法律法规草案，制定部门规章，组织编制国家确定的重要江河湖泊的流域综合规划、防洪规划等重大水利规划；负责生活、生产经营和生态环境用水的统筹兼顾和保障；负责水资源保护工作等
工业和信息化部	消费品工业司	承担轻工、纺织、食品、医药、家电等的行业管理工作；拟订卷烟、食盐和糖精的生产计划；承担盐业和国家储备盐行政管理、中药材生产扶持项目管理、国家药品储备管理工作
科技部		牵头拟订科技发展规划和方针、政策，起草有关法律法规草案，制定部门规章，并组织实施和监督检查；组织拟订对外科技合作与交流的政策，负责政府间双边和多边及国际组织间科技合作与交流工作
中国海军		独立或协同陆军、空军防御敌人从海上的入侵，保卫领海主权，维护海洋权益等
国家旅游局		统筹协调旅游业发展，制定发展政策、规划和标准，起草相关法律法规草案和规章并监督实施，指导地方旅游工作。规范旅游企业和从业人员的经营和服务行为等
气象局		承担全国气象工作的政府行政管理职能，负责全国气象工作的组织管理。管理全国陆地、江河湖泊及海上气象情报预报警报、短期气候预测、空间天气灾害监测预报预警、城市环境气象预报、火险气象等级预报和气候影响评价的发布；组织论证并审查大气环境影响评价等
文化部	国家文物局	负责世界文化遗产保护和管理的监督工作，组织审核世界文化遗产申报，协同住房和城乡建设等部门审核世界文化和自然双重遗产申报，负责管理和指导全国考古工作，组织、协调重大文物保护和考古项目的实施

2018 年 3 月，国务院机构改革后，国家海洋局整体并入重新组建的自然资源部，国家海洋局的部分功能也被整合进其他部门中，我国海洋行政管理部门和职能也发生了相应的变化，主要包括以下几点：一是由于国家海洋局的环保职能并入了生态环境部，自此，海洋污染的治理，包括陆源污染的治理等都将属于新组建的生态环境部负责；二是国家海洋局（中国海警局）编

入武警序列，由中央军委统一指挥，海上维权执法是武警部队的三大任务之一；三是国家海洋局整体并入自然资源部，意味着海洋资源管理、海洋空间规划、海岛保护和海域使用执法、海砂开采等事项将由自然资源部管理。整体上来说，此次机构改革形成的新海洋行政管理局面如表 4 – 2 所示。

表 4 – 2 新海洋行政管理局面

改革前	改革后	备注
海上维权执法由国家海洋局（中国海警）负责	划归武警部队，职责不变	中央军委统一指挥
海洋环境保护与治理由环境保护和国土、农业、水利、海洋等部门共同负责	统一实行生态环境保护执法	根据 2018 年 9 月出台的《生态环境部职能配置、内设机构和人员编制规定》，生态环境部负责生态污染防治、环境检测和管理等 16 项具体职责
渔业监管由农业部渔业渔政局管理	渔业船舶检验和监督管理由交通运输部承担	包括拟定渔业船舶检验政策法规及标准、监督管理和行业指导等职责
海洋维权决策由中央维护海洋权益工作领导小组负责	相关职责由中央外事工作委员会及其办公室负责	组织协调和指导督促各有关方面落实党中央关于维护海洋权益的决策部署，收集汇总和分析研判涉及国家海洋权益的情报信息，协调应对紧急突发事态，组织研究维护海洋权益重大问题并提出对策建议等
海洋资源管理、空间规划等由国家海洋局负责	在自然资源部继续履行，对外保留国家海洋局的牌子	其他相关职能在并入新组建的自然资源部后也将继续履行，根据自然资源部 2018 年 9 月出台的《自然资源部职能配置、内设机构和人员编制规定》，自然资源部有 21 项职责，25 个内设机构，3 类派出机构以及 691 名自然资源部机关行政编制

三、我国海洋行政管理体制的发展方向

近些年，我国海洋行政管理体制逐步调整和完善，相关政策和法律法规等也在分批颁布和修订中。根据《全国国土规划纲要（2016—2030 年）》，我

国海洋功能区划制度将进一步进行分类保护和综合整治，提升开发质量，规范开发秩序。在海洋环境保护方面，以遵守生态保护红线为前提用海和发展海洋经济。对于海岛保护，提倡“生态+”的保护理念，建立和完善海岛综合管理体系。海岸线保护与利用坚持保护优先、节约利用、陆海统筹、科学整治、绿色共享和军民融合。在逐步走向深海海底区域的大趋势下，我国将以可持续发展为出发点，深度利用和开发深海海底区域资源，为人类的共同利益开展科学技术研究；同时，依托《深海海底区域资源勘探开发法》，进一步探索、完善利用和开发深海海底区域资源的方式和方法。为推进海洋资源环境相关政策和法规的落实，在未来的一段时间内，职能部门将继续行使监督职能，依据《海洋督察方案》，对相关政府机关和部门实施检查和督促，通过该类制度的实行，确保海洋行政机关管理行为的规范化和政策法规效果的最大化。2017 年我国海事司法管辖权进一步调整和扩大，计划将逐步覆盖我国管辖的全部海域，并且赋予海事法院行政案件、刑事案件和民事案件的综合管辖权，以更好地推进涉海纠纷的解决，服务海洋强国战略。2018 年 7 月《船舶吨税法》开始施行，该法规定对于我国境外港口进入境内港口的船舶将依法征收船舶吨税，这是我国与国际接轨，调整船舶管理制度的一项重要举措。根据党的十九大和二十大精神，在“一带一路”倡议的大背景下，我国要加快发展现代服务业，创建交通强国；在陆海统筹的原则下，加快建设海洋强国的步伐，形成陆海内外联动，推进自由贸易港的建设，加快水污染防治，实施流域环境和近岸海域综合治理等。我国海洋行政管理体制以 2013 年国家海洋局重组为起始，正在逐步探索和完善适应中国发展模式的综合管理方案和体系，2018 年的国务院机构改革，再次打破海洋行政管理条块分割的模式，将同一事项划归同一部门管辖，相信在不久的将来，中国海洋行政管理制度也将成为他国效仿的典范。

第二节 国外海洋行政管理体制和制度

海洋对人类社会的存在和经济的发展至关重要，其中最重要的几项功能包括：海上运输、气候调节、水分循环、娱乐和旅游、垃圾存储和提供资源，如食物、水资源和油气等。世界财富的不均等是众所周知的事实，大约83%的财富集中在20%最富裕的人中。① 贸易是贫穷国家获得经济增长的方式之一，而海上运输对于这类国家尤为重要。由于通过海运运输产品和原材料是目前最经济的运输方式，因此航运对于国家经济发展的重要性愈加明显，航运贸易产业是各国GDP的重要组成，但是由于政策和经济结构变化等的影响，全球海运贸易增长的速度较全球经济发展波动频率和波动幅度更大，如图4－1所示。

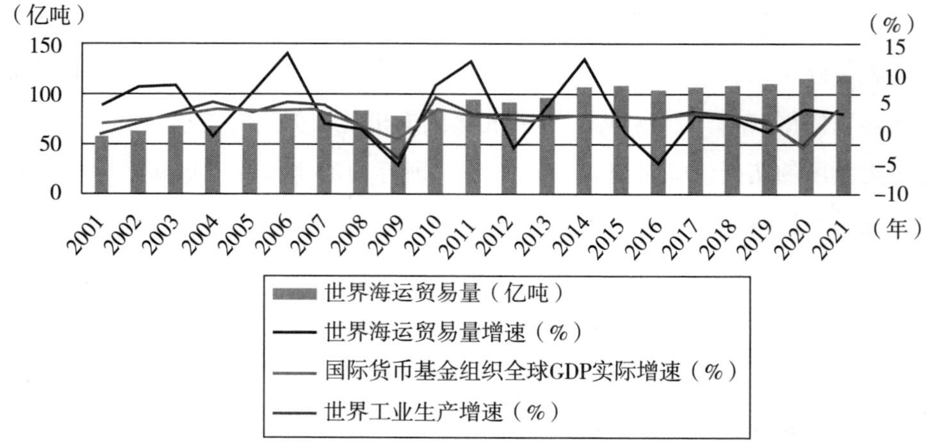

图4－1 世界海运量与世界经济发展关系

数据来源：Alphaliner。

从图4－1中可知，2001年至2016年世界海运贸易量主要呈逐年上升趋势，除了2008年和2009年，由于亚洲金融风暴和美国次贷危机的影响，这两年内海运贸易量较前一年明显降低了。近年来，海运贸易中心持续向新兴和发展中经济体转移。根据克拉克森报告，2008年至2016年，亚洲在大宗干散货海洋运输上的地位凸显；中东、南半球和区域集装箱贸易快速增长。② 尽管如此，海上贸易规则的制定权和话语权仍然主要集中于少数发达国家。海上贸易和航运经济的发展对于国家整体和区域政策的制定具有深远影响，这一点在欧盟等区域表现得尤为突出。海运欺诈和海盗问题随着海上贸易的发

① Gunnar Kullenberg, *Marine Resources Management: Ocean Governance and Education*, Ocean Yearbook, Vol. 18: 1, p. 580 (2004).

② 《世界海运贸易格局出现趋势性新变化》，载航运界2017年7月26日，http://www.ship.sh/news_detail.php?nid=26232。

展也愈加突出。非法捕捞、偷渡、虐待船员、有毒有害物质泄露、保险欺诈等都为海上贸易的管理带来了新的挑战。

海洋为人类提供了丰富的食物资源，但由于过度捕捞、开发和污染等，部分海洋资源锐减甚至消失，未来如何维持海洋资源的可持续性开发和利用是全世界面临的挑战和亟待解决的课题。在非洲等贫穷国家，由于缺乏有效的管理体系和管控措施，丰富的鱼类资源被来自外国的船只肆意捕捞和开采，造成了严重的社会问题。海洋对于全球气候变化至关重要，它与大气层之间的热量传递决定了全球气候的稳定性和生物适宜性。例如，经研究证明，北大西洋环流的变化是引发欧洲 2008 年和 2012 年极端气候变化的重要因素。[①] 全球气候变化是目前最重要的环境问题，尽管科学技术的发展使人类对于海洋和气候变化的互动关系有了更为详细的了解，但是如何保护海洋环境、降低人类活动对于海洋生态环境的负面影响仍是各国科学家和政府决策人士需要解决的问题，保护海洋生态环境平衡也是当代各国海洋管理的重要目标之一。

随着人类活动的增加，海洋成为人类活动产生的垃圾的储存场，这对海洋物种的生存以及人类自身的食品卫生等具有直接或者间接的负面影响。除了海上活动，其他陆地活动也对近海环境产生了诸多负面影响。这些负面影响包括栖息地的破坏、生物多样性的减少和水资源有毒有害物质含量的增加等。为了避免和控制人类活动对于近海环境的影响，各国政府纷纷提出了海岸线综合管理计划。例如，为防止陆源污染，20 世纪 80 年代在联合国环境规划署与联合国开发统计署的协助下，东亚海周边国家成立了以保护区域性海洋环境、防控陆源污染为目的的组织——东亚海协作体（COBSEA）和东亚海域环境管理区域合作组织（PEMSEA）。《东亚海海洋和海岸带的保护与可持续发展行动计划 1994》明确了通过海岸带综合管理与区域间的合作等方式来实现陆源污染防治的目的。[②] 东亚海各国海岸带与海洋政策、法规或管理机制概况如表 4－3 所示，东亚海区域保护海洋环境免遭陆源污染的国家行动计

① 韩哲、李双林等：《2008 年和 2012 年冬季欧洲气候的差异及成因》，载《地球物理学报》2014 年第 3 期。

② 戈华清、宋晓丹、史军：《东亚海陆源污染防治区域合作机制探讨及启示》，载《中国软科学》2016 年第 8 期。

划如表4－4所示。

表4－3 东亚海各国海岸带与海洋政策、法规或管理机制概况①

国家	海岸带与海洋政策或水治理策略	海岸带与海洋法规或水治理法规	海岸带与海洋治理或水治理机制	陆源污染防治政策或法规
柬埔寨	√		√	
中国	√	√	√	√
朝鲜			√	
印度尼西亚	√	√	√	√
日本	√	√	√	√
老挝	√		√	
菲律宾	√	√		
韩国	√	√	√	√
新加坡	√	√	√	
泰国	√	√	√	
东帝汶			√	
越南	√	√		

信息来源于：1. PEMSEA. PEMSEA Accomplishment Report ｛2014－2015｝［EB］. p. 2. http：//www. pemsea. org/publications/reports/pemsea－accomplishment－report－2014－2015；2. PEMSEA. REGIONAL REVIEW Implementation of the Sustainable Developnent Strategy for the Seas of East Asia（SDS－SEA）2003－2015［EB］，http：//www. pemsea. org/publications/rports/regional－review－implenentation－sustainable－development－strategy－seas－east－asi－0。

表4－4 东亚海区域保护海洋环境免遭陆源污染的国家行动计划一览表

国家	已制定或已实施	制定中	修订中	对应的政策、措施或法规
柬埔寨	无			与海洋（或海岸带）相关的国家可持续发展战略
中国	已完成			海洋环境保护法、防治陆源污染物污染损害海洋环境管理条例
印度尼西亚	已完成			

① 戈华清、宋晓丹、史军：《东亚海陆源污染防治区域合作机制探讨及启示》，载《中国软科学》2016年第8期。

续表

国家	已制定或已实施	制定中	修订中	对应的政策、措施或法规
日本	无			1967 年环境污染防治法及其修正案，闭锁性海域污染防治对策或项目
韩国	已完成			
马来西亚	已完成		是	
菲律宾	无			海岸带综合管理及相关海洋政策
新加坡	无			《海洋污染防治法》及相关法规
泰国		是		
老挝	无			
朝鲜	无			
东帝汶	无			
越南		是		
文莱	无			

注：此表资料部分来源于 UNEP/GPA. Progress in Implementing the Global Programme of Action for the Prtection of the Marine Environment from Land – based Activities at the National Level，部分资料来源于 COBSEA 与 PEMSEA 两个组织官网。新加坡不属于 GPA 成员，因此，相关文献中未将新加坡所参加的行动纳入其中。泰国是 GPA 成员，也参加了 COBSEA 与 PEMSEA 所组织的一些项目，但 UNEP/GPA 的相关文献资料中未统计。

1967 年联合国大会上，阿维德·帕多（Arvid Pardo）提出了“海洋是相互关联的，应该作为整体来管理”的理念，并同时提出，深海海底资源应该是人类共同继承遗产。[①] 1982 年《联合国海洋法公约》在一定程度上体现了此种观点，该公约提出了诸多倡议，包括在领海问题上达成共识避免争议以及将人类共同继承遗产（Common Heritage of Mankind）作为国际法新原则之一等。[②] 该公约是世界海洋管理历史上的重要里程碑，通过调整相关经济活动，以确保人类经济活动的稳定性和食品的安全性；通过对于海源产品和涉海活动的管控，实现对于海洋的保护和可持续利用。和平解决海洋领土争端也是海洋管理的重要组成部分。1992 年联合国环境与发展大会取得了丰硕成

① E. Mann Borgese, *Ocean Governance and the United Nations* , Halifax: Centre for Foreign Policy Studies, Dalhousie University press, 1995, p. 246.

② E. Mann Borgese, *The Oceanic Circle: Governing the Seas as a Global Resource*, Tokyo: United Nations University Press, 1998, p. 240.

果，直接影响了后续至少七项重要文件的颁布，包括《21 世纪议程》《联合国鱼类种群协定》《生物多样性公约》《联合国气候变化框架公约》《负责任渔业行为守则》《保护海洋环境免受陆上活动污染全球行动纲领》《小岛屿发展中国家可持续发展行动纲领》。其中，《21 世纪议程》是全球范围内各国政府、联合国组织、发展机构、非政府组织和独立团体就环境影响问题达成的最重要文件之一。上述文件构成了国际海洋管理的基础，确立了海洋、海岸线等综合管理的基本原则和方针，对各国国内海洋管理政策的制定和推出产生了重要影响。

纵观历史，在海洋管理问题上，国际组织、各国政府机构和其他相关机构都做出了大量规划、出台了大量文件，但是如何协调各方之间的合作，使上述规划和政策落入实处，保证实施效果是目前急需解决的问题。为此，各国政府通过教育、科技、融资、监控和执行机构的建立等确保海洋管理政策在国内的实行。本书将主要介绍美国、加拿大、韩国、澳大利亚和日本等国的海洋行政管理体制和制度。20 世纪后半叶，海洋综合管理的呼声逐渐高涨，各国国内法层面和国际法层面都受到了此种理念的影响。美国斯特拉顿委员会（Stratton Commission）产生了美国国家海洋和大气管理局（National Oceanic and Atmospheric Administration，NOAA）和《海岸地区管理条例》（Coastal Zone Management Act），美国的此种措施开启了各国海洋和海岸带系统管理的序幕。澳大利亚和加拿大等国也纷纷调整海洋管理措施，建立以生态系统考量为基础的管理体系。

一、美国

美国领土陆地面积约 916 万平方公里，内陆水域面积约 20 万平方公里，五大湖中美国主权部分约 17 万平方公里，河口、港湾、内海等沿海水域面积约 10 万平方公里，领海约 20 万平方公里。美国有海岸线 22680 公里，居世界第四位，专属经济区 972 万平方公里。[①] 美国拥有广阔的水域和绵延的海岸线，这为海洋行政管理提出了诸多难题。美国是游离于 1982 年《联合国海洋法公约》之外的国家，在确定领海范围等方面区别于国际公约。美国是联邦

---

① 百度百科，https：//baike. baidu. com/item/% E7% BE% 8E% E5% 9B% BD/125486？fr = aladdin。

制国家，联邦政府和州政府在海洋事务上具有各自的专属管辖权划分。例如，沿海各州政府管辖3海里范围内的海域，联邦政府对于3海里以外的海域制定法规和政策，由各相关行政机构执行。据统计，美国涉海行政机构多达50多个，包括国家海洋和大气管理局、内政部、运输部和能源部等。为加强对海洋事务的综合管理和协调，美国较早设立了以国家海洋委员会为主导的高层次协调机制。

美国海洋行政管理体制也经历了几个明显的阶段式变化，主要是行政区划管理、部门管理和行政区划管理交叉以及现代海洋综合管理。

（一）行政区划管理

从美国建国起至第二次世界大战前，美国海洋行政管理体制主要采取行政区划管理。美国建国之初，联邦政府和州政府对于海洋事务管理就有明确的权限划分。例如，美国《1953年水下土地法》将州水域的所有权和管理权赋予了沿岸各州，但是特别保留了几项联邦政府的某些监督权限，即领海内的水下土地和资源控制权以及管理权归属于沿海各州，但涉及海洋运输、贸易、税收和港口发展等方面的事项属于联邦政府管辖。联邦政府和州政府多年来颁布了多项法律和规则来管理州水域内的各项资源和活动。多年来联邦政府制定的海洋和沿岸法律笼统地将上述州管辖范围内的水域划归其中，忽略了对当地不同海洋环境的考量。① 行政区划管理就是依托国家行政区域划分制度对于涉海事务进行管理的方式。在第二次世界大战前，美国的涉海事务管理权限实质主要集中于各州，每个州各自为政。只有有限的几类事项由联邦政府管辖，主要是与国家安全、外交、海洋运输和渔业等相关的事项。这种依托行政区域划分对于海洋进行管理的方式可以给予各州州政府最大限度的自治权，结合地方特色发展。但是问题也是明显的，由于缺乏联邦层面的统筹规划，各地方各自为政限制了美国海洋经济的整体发展，对于海洋环境和生态系统也造成了诸多负面影响。鉴于此，美国各界呼吁海洋行政管理体制的调整，重新确定管理方式。

---

① Courtney B. Johnson, *Advances in Marine Spatial Planning: Zone Earth's Last Frontier*, J. Envtl. Law and Litigation, Vol. 29, p. 191－246 (2014).

（二）部门管理和行政区划管理交叉

第二次世界大战后，美国联邦内政部对于海洋事务管理权限得到扩张，[①]这主要是基于《杜鲁门公告》的影响。《杜鲁门公告》是指1945年由杜鲁门总统发布的《美国关于大陆架的底土和海床的自然资源政策第2667号总统公告》（后文简称为《大陆架公告》）和《关于某些公海区内美国近岸渔业政策的第2668号总统公告》（后文简称为《渔业公告》）。[②]《大陆架公告》首次将地质学的大陆架与海洋法相结合，该公告宣称处于公海下但毗邻美国海岸的大陆架底土和海床的自然资源均属于美国所有，受美国的管辖和控制。这样单方面宣称管辖权的做法是20世纪蓝色圈地行为的延续，并引起各国纷纷效仿。由于科学技术的发展和对海洋了解的加深，各国对于海洋资源的争夺也出现了升级，体现之一就是另一项《渔业公告》的出台。该公告声称，美国将在与美国海岸相邻的公海区域内建立渔业保护区。这项公告使美国渔业资源管辖权延伸至领海之外的公海区。

《杜鲁门公告》不仅在世界范围内引发连锁反应，在国内也对海洋政策、法律和海洋事务管理部门的权限和设置产生了重要影响。美国于20世纪60年代至70年代先后通过了《海洋资源和工程发展法》、《国家海洋补助金学院计划条例》、《12海里渔业经济区法》、《国家环境政策法》（NEPA）和《渔业养护与管理法》等。《海洋资源和工程发展法》确立了美国20世纪70年代海洋管理的基本方针和政策，统筹协调管理海洋事务成为大势所趋。依据该法，国家海洋资源和工程委员会得以设立，其作为海洋事务政策协调机构，负责推进海洋事务的综合管理方案的落实。该机构于1969年发布了《我们的国家与海洋》的报告，为美国海洋行政管理制度的发展指明了方向。为了增加对于海洋和环境的研究和了解，以更加科学地指导用海，《国家海洋补助金学院计划条例》确定了持续资助海洋教育和科研的方案。补助金主要由国家海洋补助金办公室、国家海洋补助金评审小组委员会和州海洋补助金管理者

---

① 夏立平、苏平：《美国海洋管理制度研究——兼析奥巴马政府的海洋政策》，载《美国研究》2011年第4期。

② Truman Proclamation（Policy of the United States with Respect to the Natural Resources of the Subsoil and Sea Bed of the Continental Shelf, and Policy of the United States with Respect to the Coastal Fisheries in Certain Areas of the High Seas）. https：//www. trumanlibrary. gov/library/proclamations.

办事处三个机构管理。该条例同时确定了海洋补助金优先资助的重点领域，包括海水增养殖主题、海洋生物技术、沿海社区和经济、沿海自然灾害、数字海洋、生态系统和生境、渔业、海洋科学和水科学文明、海产品科学与技术、城市海岸和入侵物种等领域。该计划后经几次修订，不断调整资助方案和领域等。《12 海里渔业经济区法》确定了美国的专属渔业区范围，1977 年又通过《渔业养护与管理法》把渔区扩展至200 海里。《国家环境政策法》将环境保护确定为美国国家政策，成立了环境质量委员会，确立了“极尽可能”（to the fullest extent possible）准则、环境影响评价制度和相关程序规则等，该法因其效力和重要性，被学者称为美国环境法领域的“谢尔曼法”。

1970 年，国会按照尼克松总统的计划，创设了国家海洋和大气管理局以管理海洋事务。两年后，国会通过了《海岸带管理法》，将国家海岸带资源进行统一管理。美国国家海洋和大气管理局的成立，标志着美国联邦政府更广泛地参与到海洋事务的管理中，与州政府在涉海事务的管辖区产生了交叉，并随着相关法律和政策的颁布，联邦政府部门管理逐渐成为海洋行政事务的主导。[①] 1972 年颁布了《海洋哺乳动物保护法》（Marine Mammal Protection Act）、《联邦水污染控制法修正案》（Federal Water Pollution Control Act Amendments）、《海洋保护、研究和保护区法》（Marine Protection，Research and Sanctuaries），其中包括了《海洋倾倒法》（Ocean Dumping Act）和《海洋保护区计划》（Marine Sanctuaries Act），这些法规与之前存在的航运法律等构成了美国海洋和海岸带资源管理的核心法律文件。[②]

海洋行政管理体制的变化实则是联邦政府与州政府权力博弈的结果，但是部门管理与行政区划交叉管理的模式确实在一定程度上解决了之前州政府各自为政的状态，有利于海洋事务的统一协调管理，推进美国海洋经济的整体发展，为之后美国海洋行政管理模式向现代综合管理方式过渡奠定了基础。

（三）现代海洋综合管理

尽管部门管理和行政区划管理交叉模式对于美国海洋事务的管理起到了

---

① 夏立平、苏平：《美国海洋管理制度研究——兼析奥巴马政府的海洋政策》，载《美国研究》2011 年第 4 期。

② Courtney B. Johnson，*Advances in Marine Spatial Planning：Zone Earth's Last Frontier*，J. Envtl. Law and Litigation，Vol. 29，p. 191 – 246（2014）.

一定效果，但是随着海洋经济的发展，涉海事务的复杂程度增加，依靠部门管理和行政区划管理已难以满足涉海事务实际所需。

1966 年乔治滩渔场爆炸事故、1969 年圣巴巴拉海峡石油泄漏事故等环境事件的发生，引发民众加强海洋事务综合管理的呼声，也促使美国《海岸带管理法》的诞生。经过多次修改，该法成为美国海洋管理的法律基石。为加强对于海岸带的综合统一管理，增加联邦政府对于海洋事务的管理权限，该法通过赋予联邦政府监督州海岸带管理计划实施的方式，确保“联邦一致性”；通过专项基金的建立，应对意外事件、表彰优秀机构及援助调查机构；确立了“公众听证”程序，以号召公众参与海洋环境的治理中。美国提出了“海洋和海岸带综合管理”的概念，并得到了国际社会的普遍认可和效仿。《海岸带管理法》是由美国国家海洋及大气总署（National Oceanic and Atmospheric Administration）负责管理执行事务，管理沿海各州和大湖区沿岸国家的海岸资源。该法包含了三个国家方案：（1）国家海岸管理计划旨在通过领海与海岸管理方案，平衡水、陆之间相关的竞争议题；（2）国家河口研究保护区系统（National Estu arine Research Reserve System），借由河口保护区作为现场实验场所，以增进了解人类活动对河口的影响；（3）海岸与河口土地保育方案（Coastal and Estuarine Land Conservation Program，CELCP），提供州与地方政府为购买濒危海岸与河口土地，达到保育地役权（Conservation Easement）之配合款。美国海岸地区的划定以生态环境的完整性和行政管理的可行性为主要原则。海岸带管理的基本思维包括：第一，海洋与海洋政策必须基于生态的特点，充分考虑到陆地、海洋、空气、水以及人与海岸的紧密连接；第二，海岸政策必须追求海岸资源的恢复、保护及保存，以均衡使用和明智决策为目标；第三，各级政府必须在推定民众对海岸及资源的了解、使用和管理中扮演关键角色，对于今后海岸及海洋相关的计划，必须提供充裕经费，以实现上述目标；第四，认识到政府能力有所限制，个人与团体应共同肩负海岸未来的责任，加大对于海洋教育、海洋文明的研究和投入。《海岸带管理法》的立法充分结合了政策追求和立法价值，以维护海洋环境可持续发展为目标，坚持海岸资源国有公用原则、民众亲水权益保护和多元使用海岸带资源等原则。

美国国会于 2001 年通过了《2000 年海洋条例》，授权美国政府成立海洋政策委员会，制定海洋政策。该委员会在美国总统布什的带领下，于2004年发布了《21世纪海洋蓝图》，明确美国在国际新秩序下对海洋进行综合管理的目标。同年，美国总统布什签署命令，正式成立新的内阁级海洋政策委员会，以协调美国各个部门的海洋管理活动，推进全国海洋政策的实施。环境质量理事会主席担任新成立的海洋政策委员会主席，具体成员包括：国务卿、国防部、内务部、农业部、卫生和公共事业部、商务部、劳工部、运输部、能源部、国土安全部和司法部各部部长；环境保护局、行政管理与预算局、国家航空和航天局、国家情报局和科技政策局各局局长、国家科学基金会董事长和国防部参谋长担任联席会议主席；负责国家安全事务、国土安全、国内政策和经济政策的总统助理；根据需要随时任命的美国其他官员或职员。该委员会的具体职能包括：制定和实施涉及海洋事务管理活动的共同原则和国家海洋目标，定期评估国家海洋和海岸现状，评估国家海洋目标的实施情况；使管理更科学化、系统化，促进科学及技术在制定各个涉海政策中的应用；收集、开发、传播和交换有关海洋事务的信息。①

2009年奥巴马总统签署了国家海洋政策备忘录，成立了“联邦机构间海洋政策特别工作组”，提出和制定国家全面综合的海洋管理政策。2009年9月，奥巴马政府公布了《美国政府部门间海洋政策工作组中期报告》，正式开始逐步建立以生态保护为核心的海洋综合管理机制。② 以生态系统为基础的综合管理模式主要包含两个原则：第一，发展海洋科技是海洋行政管理的基础。海洋科技研究包括针对海洋、海岸带的基础研究，数据和信息管理的改善以及挽救生命和财产等具有重大社会利益的研究等。第二，突破行政区域界限的束缚，协调区域发展。这项原则最重要的影响是确定涉海事务管理模式不再仅仅依靠行政区划，从生态系统的整体保护和利用角度出发，鼓励区域合作，促进海洋经济发展的同时，避免对生态环境造成进一步的危害。

2010年，美国总统奥巴马签署行政命令，采纳了《美国政府部门间海洋政策特别工作组最终报告》的建议。根据该命令，整合海洋政策委员会，成

---

① 石莉：《美国的新海洋管理体制》，载《海洋信息》2006年第3期。

② The White House Council on Environmental Quality, *Interim Report of the Interagency Ocean Policy Task Force*, September 10, 2009. https://www.federalregister.gov/documents/2009/12/18/E9-30071/interagency-ocean-policy-task-force-interim-framework-for-effective-coastal-and-marine-spatial.

立新的国家海洋委员会，以发挥更强的综合协调和管理职能。国家海洋委员会的成员包括：国务卿、国防部长、内政部长、农业部长、商业部长、交通部长、能源部长、国土安全部长、国家环保署署长、环境质量委员会主席、国家航天与航空管理局局长、国家科学基金会主任、负责国家安全事务的总统助理、国家海洋与大气管理局局长等。职能主要是统筹和协调联邦各部门的涉海工作，以便有效地贯彻落实国家海洋政策。该委员会自此成为美国海洋行政管理的高层次决策机构，协调其他涉海事务部门和区域的管理。[①] 2013年，美国国家海洋委员会发布《国家海洋政策实施计划》，强化联邦政府涉海部门间的协调。为了实现这一目标，该计划制定了六项具体措施：第一，为保护沿海民众与消费者生命和财产安全，建立和完善海洋环境以及灾害预测系统和机制；第二，扩大有关风暴潮和海平面上升等重要数据资源的共享范围和深度；第三，鼓励和支持区域、地方政府相关部门参与联邦政府海洋保护与发展计划，共同实施和推进涉海事务相关政策；第四，简化联邦政府涉海审批事项的程序和费用，为相关涉海事务参与者提供便利；第五，为保护海洋资源和生物种群，逐步恢复重要的海洋生物栖息地；第六，积极开展极地环境科研项目，维护人类共同生存空间和利益。

2004年至今，美国政府先后组建了海洋政策委员会、内阁级海洋政策委员会、联邦机构间海洋政策特别工作组和海洋委员会。上述工作机构实质是联邦政府综合管理涉海事务模式的体现。美国的海洋管理政策通过渐进方式对联邦涉海机构进行重组，以突出综合管理和区域协调管理的目标，主要措施方面采取三部曲：第一步是加强现有联邦涉海机构的职责；第二步是合并现有各联邦机构的同类海洋计划，形成合力，减少重复；第三步是待时机成熟后再考虑组建统一的海洋管理部门，加强对海洋的统一管理。至此，美国海洋行政管理体制主要形成了以下模式：高层决策与协调部门—国家海洋委员会，主管海洋事务的部门—国家海洋与大气局，其他主要涉海部门：内政部、国防部、能源部、环境保护署、农业部、运输部、国务安全部、国务部。[②]

---

① 夏立平、苏平：《美国海洋管理制度研究——兼析奥巴马政府的海洋政策》，载《美国研究》2011年第4期。

② 李景光主编：《国外海洋管理与执法体制》，海洋出版社2014年版，第3－12页。

目前美国联邦政府层面针对海岸带管理实施的计划主要有三大法案，即《净水法案》（Clean Water Act[①]）、《海岸屏障资源法》（Coastal Barrier Resources Act[②]）和《海洋保护、研究和禁猎法》（Marine Protection，Research，and Sanctuaries Act[③]，MPRSA）。《净水法案》旨在“通过控制（如果不能消除）向该水域排放的污染水，恢复和维护国际水域的化学、物理和生物完整性”。美国环境保护署（Environmental Protection Agency）主要负责制定水质标准，批准并监督各州制订符合联邦标准的州计划。《净水法案》第404节[④]规定，美国环境保护署和美国陆军工程兵团（U. S. Army Corps of Engineers，USACOE）共同管理在美国水域（包括领海和沿海湿地和沼泽地）排放疏浚物和填料的行为。1982年美国国会通过了《海岸屏障资源法》，旨在尽量减少生命牺牲、降低联邦政府收入的损失以及海岸屏障相关的自然资源损害。依据该法案，国会限制用于发展海岸屏障的联邦支出，建立海岸屏障资源系统（CBR）。最初，海岸屏障资源系统由位于大西洋和海湾沿岸的尚未开发的海岸屏障岛屿组成，后来，根据《〈大湖区规划援助法〉的1988年救灾和紧急援助修正案》（Disaster Relief and Emergency Assistance Amendments of 1988 – Great Lakes Planning Assistance Act of 1988[⑤]），国会增加了五大湖沿岸地区。由于联邦法律不得授权给与在CBR中的任何海滩提供财政支出的援助，联邦政府为此削减了在这些地域修建道路、机场、划船设施和其他相关项目的资金。但该法案也规定了一些例外情况，例如为应对紧急情况而建造的项目、某些能源设施、维护项目、军事活动、研究项目和其他紧急项目等。《海洋保护、研究和禁猎法》严格限制向海洋倾倒任何会对人类健康、便利设施、海洋环境、生态系统或经济发展造成不利影响的材料。美国环境保护署已颁布了相关条例[⑥]来实施该法。依据MPRSA的规定，向海洋倾倒污水污泥和工业废料需要得到环境保护署的许可；海洋倾废疏浚物需要获得美国陆军工程兵团依据美国环境保护署颁布条例签发的许可证。根据1988年对于MPRSA的

① 33 U. S. C. § § 1251 – 1387.
② 16 U. S. C. § § 3501 – 3510.
③ 33 U. S. C. § § 1401 – 1405.
④ 33 U. S. C. § 1344.
⑤ Pub. L. No. 100 – 707, Title II, § 204 (c) (1).
⑥ 40 C. F. R. § § 220 – 229.

修订，禁止倾倒放射性、化学和生物制剂、高放射性废物和医疗废物。在美国，船舶倾倒工业废物已几乎全部停止。MPRSA 还创建了联邦海洋保护区计划。[①] MPRSA 第三章提出了与其他监管机构协调，保障和维护海洋资源的目标。该第三章没有限制人类的所有用海活动，鼓励用海行为与资源保护共同发展。商务部部长提出了国家海洋保护区的指定区域，NOAA（商务部的一个机构）通过国家海洋局（National Ocean Service）、海洋和海岸资源管理办公室（Office of Ocean and Coastal Resource Management）以及海洋和海口管理司（Marine and Estuarine Management Division）来管理该计划。如果指定了某个保护区，那么 NOAA 将在该州内建立保护区办公室。

在海洋能源开发和利用方面，美国形成了针对传统能源管理和海洋可再生能源（如风能和波浪能）的管理体系。传统的和现有的法律将海洋中的能源作为矿产资源加以管理，因为这些能源主要来自实体矿物（天然气、甲烷、石油）的直接开采，因此其与其他不用于能源生产的矿物（砂、砾石、锰、矿砂和黄金）的处理方式相同。由于一些严重的溢油事故的发生，例如 1989 年的埃克森瓦尔迪兹（Exxon Valdez）漏油事件、2010 年深水地平线重大漏油事件等，许多近海地区已经封闭。但是，考虑到人们对于化石燃料资源的依赖，重新开放外大陆架地区等的压力一直存在。根据《外大陆架土地法》（Outer Continental Shelf Lands Act，OCSLA），联邦政府调整州领海以外的大陆架石油和天然气。目前，海洋能源管理规划执法局（the Bureau of Ocean Energy Management）负责在外大陆架上租赁石油和天然气。1974 年《深水港法》（Deepwater Port Act of 1974）规定了位于专属经济区美国领海以外的深水港结构物的所有权、建造、运营和退役许可制度。该法授予交通部部长签发许可证，但必须经相邻沿岸州州长的批准。可再生能源与石油和天然气的开采方法不同，但它们涉及一定程度的勘探和开发。这些勘探和开发技术将会占据海洋一定空间，它们的存在可能与其他海洋资源的消耗和管理或其他海洋区域的潜在用途相冲突。1980 年，国会通过了《海洋热能转化法》（Ocean Thermal Energy Conversion Act，OTECA）。海洋热能转化主要利用不同深度的海水的温度差来产生电能。美国国家海洋和大气管理局称，这项技

① 16 U. S. C. § § 1431 – 1445.

术可能适用于热带地区，在热带地区，深冷和温暖地表水之间的全年温差超过 20 度。OTECA 要求国家海洋和大气管理局负责人简化海洋热能转化的管理系统，海岸警卫队负责制定规则，保护环境免受热转换设施的不利影响，并确保其安全运行。海洋和海岸资源管理办公室是国家海洋和大气管理局的组成部分，负责海洋热能转换项目的审批。但根据国家海洋和大气管理局的信息显示，该局没有接收到海洋热能转化设备的申请。可能是因为该项技术开发的高风险，加之化石能源价格相对较低，各方对于推进 OTEC 项目兴趣有限。1966 年国家海洋和大气管理局撤销了其实施《海洋热能转化法》的规定，海洋热能管理的历程对于监管机构和新兴的可再生能源行业从业者来说都是有值得吸取的经验和教训的。州水域内的海上风力开发由美国陆军工程兵团进行监管。根据《河流和港口法》的规定，美国陆军工程兵团负责审批大陆架上风力发电站的建设工程项目。审批包括部门间的审核以及公众利益的审核。在联邦管辖水域内，海洋能源管理局（Bureau of Ocean Energy Management）是主要的审批机构。美国能源管理委员会（Federal Energy Regulatory Commission）拥有对于所有美国水域内流体动力项目审批许可的专属管辖权。美国能源管理委员会对流体动力项目的管辖权受到与美国能源管理规划执法局（Bureau of Ocean Energy Management，Regulation and Enforcement）协议的限制：美国能源管理委员会负责对流体动力项目的审批和豁免，美国能源管理规划执法局负责大陆架区域租赁和非流体动力能源生产及运输项目的专属管辖权。此外，也有很多其他的联邦机构负责对能源项目的监管和控制等。目前，关于海上可再生能源项目的诉讼较少。新的用海方式的出现，包括非矿物能源的开采，缺乏法律管理体系，也就是说，诸多联邦机构都具有管辖权，但没有一个机构享有对于一类用海方式的综合管辖权。海岸和海洋空间规划是国家海洋政策实施战略中确定的 9 个国家优先目标之一。海岸和海洋空间规划是一个综合的、基于生态系统的、透明的空间规划过程，用以安排海洋、沿海和海岸带区域当前和预期的用途。通过海岸和海洋空间规划确定最适合各种类型或类别活动的区域，以减少用海活动之间的冲突，减少环境影响，促进兼容使用，以满足经济、环境、安全和社会目标的需要。实际上，海岸和海洋空间规划为社会大众提供了参与公共决策的通道，以便更好地保证海洋、海岸等资源的可持续使用和保护。

特朗普执政时期，强化海上安保力量是其海洋政策的主要内容。2017 年特朗普签署了“重建”美国军队（包括海上力量）的行政命令。这是继奥巴马政府的《21 世纪海上军事力量合作战略》、《亚太海上安全战略》和《水面部队战略》等计划后，再次巩固美国海上霸权地位的又一举措。特朗普政府于 2018 年 1 月 4 日发布了一份海洋能源钻探 5 年计划草案，依据该草案，美国计划将大部分沿海水域，租赁给能源开发商，用于石油和天然气钻探。能源政策也是特朗普政府海洋政策的重大转变。

尽管各国对于海洋空间管理的具体监管方式不同，但是区别现有海域的资源用途和开发机制，减少新的用海形式与旧有方式的冲突这样的理念是共通的。美国海洋行政管理中，最重要的三项原则是注重预防、适应性管理（adaptive management）和公益信托原则：（1）美国很少有环境法律强调预防，尽管许多法律都运用了这个理念。例如，《濒危物种法案》（Endangered Species Act）的生态系统方案，即指定关键物种的栖息地保护区，基于的理念是：保护一个物种的最佳方法是保护其栖息地范围内的所有事物，因为该区域内的每个事物的具体行为都有可能引发未知的后果。《濒危物种法案》要求使用最佳可行的科学方案来评估每个事物将要采取的行动，可以说是预防性质的。因为法律要求审查机构必须将一切合理怀疑的有利性归于物种。但是，目前为止，美国没有一部法律明确将注重预防这样的原则规定在法律中。（2）美国现有的所有海洋管理方案基本都包含了不同版本的适应性管理。适应性管理是一种自然资源管理类型，该管理方案的决策是作为正在进行的科学过程的一部分作出的。适应性管理包括测试、监控和对应用策略的评估，并且将给予社会需要和科学发现的新知识融合进管理方式中。实验结果用于修改管理策略和实践。适应性管理是由两个要素组成的系统：一个是监测系统，用于测量关键指标和当前条件；另一个是响应要素，用于修改关键指标。C. S. Holling1978 年就已经讨论过适应性管理方案，联邦政府将这一概念纳入资源环境管理中，但是适应性管理的实践并不顺利，甚至没有取得预期结果。例如，切萨皮克湾项目（Chesapeake Bay Program）的适应性管理措施缺乏全面计划，实现项目目标的单一策略以及将这些部分组成一个有凝聚力的整体的框架。再如，西北森林计划的适应性管理区域（Northwest Forest Plan’s Adaptive Management Areas）设立于 1994 年，是较为长久的，供管理人员监控的区域之一。监控对于任何计划的成功和适应性管理计划都是至关重要的，正如明确的基线对累计影响的分析至关重要一样，310 个基线和比较数据是适应性管理概念的核心。因此，为了验证保护策略的成功，必须进行严格的监测数据审查。各州的计划包括监测和适应性管理，由负责机构审查数据，并要求对收集的信息作出有意义的回应。（3）“公益信托原则”在《马萨诸塞州海洋法》中有所规定，目的是加强对海洋资源的管理。同样，俄勒冈州的目标“保护海洋资源和生态功能，为子孙后代提供长期的生态、经济和社会价值和利益”，也是基于公益信托的海洋资源保护原则。各州和联邦政府将为后代保存和保护海洋资源的这一理念是海洋空间规划工作的核心。上述这些过程使人们意识到海洋资源和利用对沿海国家及其经济的健康的重要性。无论是旅游、娱乐还是捕鱼，海洋资源都必须得到长期的保护。①

如此庞大而复杂的海洋资源对应庞大而复杂的监管和管辖系统的主体，不足为奇。海洋空间规划为州和联邦机构提供了一个工具，以绘制海洋和沿海水域的现有用途和资源，以期为这些资源的共同治理和负责任发展创造更清晰的道路。正如在陆地上一样，相邻的用途并不总是兼容的，所以在海洋中，我们必须解决潜在的冲突用途，以便最好地长期保留优先资源。海洋空间规划开始设想人们未来的海洋用途，并朝着这样一个未来努力：传统海洋使用者可以与新的可再生能源发展并肩支撑，同时保护我们赖以生存的栖息地和野生动物。

二、加拿大

加拿大地处北美洲，是世界上海岸线最长的国家，具有丰富的海洋生态环境。加拿大海岸与三大海洋接壤，即北冰洋、大西洋和太平洋，并且以五大湖为边界。加拿大北极区拥有世界较大的沿海群岛，海洋环境脆弱，正在受到全球气候变暖等因素的影响。地理因素致使海洋利益对于加拿大至关重要，正因如此，加拿大在开发和利用海洋实践中逐步形成了一套科学的海洋行政管理体系。

加拿大海洋行政管理的历史上有多个世界第一：全世界第一个制定海洋

① 关于美国海洋空间管理法律体系的内容，节选翻译来自 Courtney B. Johnson，*Advances in Marine Spatial Planning*：*Zone Earth's Last Frontier*，J. Envtl. Law and Litigation，Vol. 29，p. 191 – 246（2014）。

法的国家（1996 年第一部《海洋法》出台）；全世界第一批实行海洋综合管理的国家。1996《海洋法》的出台是加拿大海洋管理历史上的里程碑，是加拿大海洋管理的第一个法律武器。《海洋法》的目的是重申海洋对于加拿大的重要意义，依据长远发展、综合管理及预防原则，制定海洋管理策略，落实整合管理计划，建立海洋保护区，以确立加拿大在全球海洋事务的领先地位，维护加拿大海洋权益，包括对其专属经济区的主权权利、管辖权和责任。加拿大《海洋法》共计三部分，109 条[①]：第一部分是加拿大的海域，第二部分是海洋管理战略，第三部分是部长的权力、责任和作用。首先，该法第一部分划定了加拿大海洋区域，依据《联合国海洋法公约》宣布了本国海洋领土区域。《联合国海洋法公约》中的原则性条款成为加拿大海洋管理的基本法律依据。其次，该法赋予了加拿大海洋与渔业部（DFO）在海洋管理事务中的领导地位，即指导和协调全国海洋管理方针政策的制定。该部门成为海洋事务综合管理部门，而非其他机构职能的重组。加拿大海洋与渔业部自成立后，经历了多次预算削减，在一定程度上限制了其作用的发挥。最后，该法第三部分明确了部长的权力和具体权限，强调其与其他部门和机构的合作和协调工作。该法确定了海洋管理的原则和方向，主要是三项：可持续发展原则、综合管理原则和预警原则，被称为加拿大海洋宪法。《1979 年政府机构法》（Government Organization Act of 1979）将渔业管理职能从环境部剥离，授权给海洋和渔业部负责。[②] 该法同时赋予了加拿大海洋与渔业部广泛地管理涉海事务的权限，包括在加拿大议会权限范围内，与没有依法授予其他部门管理的一切涉海事务的沟通和协调。1995 年 4 月，加拿大海岸警卫队并入了海洋与渔业部。《海洋法》通过立法的方式，构建了基于生态环保、统一整体的海洋管理架构，为加拿大海洋综合管理规划提供了必要的法律基础。该法将保护海洋环境、确保海洋的可持续利用上升为国家战略地位，制定了诸多保护海洋生物及环境的具体规定，并将风险预防的原则纳入加拿大联邦法律中。《海洋法》针对各类海洋违法事件设定了详细的处罚机制和规则，从而确保该

---

① Oceans Act（S. C. 1996，c. 31），https：//laws - lois. justice. gc. ca/eng/acts/O - 2. 4/page - 1. html.

② David Vander Zwaag，*Canadian Fisheries Management：A Legal and Administrative Overview*，Ocean Development and International Law，Vol. 13：2，p. 177（1983）.

法的可执行性。鉴于上述原因，加拿大《海洋法》被认为是加拿大综合性海洋与海岸带管理的法律典范。

针对渔业，加拿大建立了完备、系统的法律法规体系，先后颁布了《渔业法》《沿海渔业保护法 C－33》《渔业发展法》《渔业与海洋部法》《濒危物种法》《加拿大国家海洋区法》等法律，同时为渔业市场提供了良好的商业氛围。加拿大海洋渔业管理主要内容有：一是管理工作更加重视海洋渔业资源评估，通过财政支持构建了完备的可视化数字信息系统，为渔业资源的评估与预测提供技术支持，加强对全国沿海渔业生态环境的监测；二是加强与渔业组织和国家的交流与合作，加入国际大西洋金枪鱼养护委员会、国际海洋考察理事会、国际太平洋鳙鲽委员会等国际组织；三是采取“临时许可证”制度，更加灵活地依据渔业资源变动情况进行捕捞配额的调控；四是加拿大部分渔业采取了预防性方法，依据生物量参考点设立 3 个鱼类种群状态区：关键区、谨慎区和健康区。①

继《海洋法》实施后，加拿大政府于 2002 年颁布了海洋管理政策。② 此时的政策强调海洋管理要高度重视领土主权，并划分了海洋管理大区（Large Ocean Management Areas）和沿岸管理区（Coastal Management Areas）。③ 该政策确定了加拿大河口、海岸和海洋生态系统未来管理的前景、原则及目标。但值得注意的是 2002 年的政策属于高度概括的纲领性文件，并没有对具体事务的执行作出详细规定。

在执行层面，2005 年加拿大政府制定了《国家海洋行动方案》（National Ocean Action Plan）。④ 该方案指出：当前海洋管理方式不足以迎接现代海洋管理的挑战，现在的方法仍不够系统、过于复杂、缺少透明度，而且仅着眼于解决事后的问题。这种方式将导致海洋环境恶化，包括渔业资源减少、濒危物种

① 王波、翟璐、韩立民：《美国、加拿大和日本“蓝色粮仓”发展概况与经验启示》，载《世界农业》2018 年第 2 期。

② Peter Ricketts & Peter Harrison, *Coastal and Oceans Management in Canada: Moving into the 21st Century*, 35 Coastal Magementt , Vol. 35：1, p. 5－22（2007）.

③ Fisheries and Oceans Canada, *Policy and Operational Framework for Integrated Management of Estuarine, Coastal and Marine Environments in Canada*, http：//www. dfo－mpo. gc. ca/oceans/publications/cosframework－cadresoc/page01－eng. html.

④ Fisheries and Oceans Canada, *Canada's Oceans Action Plan: For Present and Future Generations* (2005), available at https：//publications. gc. ca/site/eng/279921/publication. html.

增加、外来物种入侵、海洋生物多样性减少等问题，产生越来越多的海洋冲突。因此，加拿大政府希望通过《国家海洋行动方案》充分利用和发展海洋科技、建立海洋保护区、完善综合海洋管理计划，来促进海洋生态系统的健康和相关渔业法规的实行。但是资金匮乏一直是制约加拿大联邦政府相关海洋行动方案执行效果的重要因素。为了更好地执行加拿大联邦政府的政策，联邦政府和各省之间逐步展开了各项合作。例如不列颠哥伦比亚省与联邦政府签订协议，建立定期协商议事制度，确保各项海洋政策的顺利执行和效果。[①] 但是该类合作协议由于涉及事项的复杂程度和其他因素，在实际执行过程中进展缓慢。

为了实施海洋综合管理，加拿大建立了五个大型海洋管理区域。2007 年发布的《苏格兰东部大陆架综合管理倡议》（Eastern Scotian Shelf Integrated Management Initiative，ESSIM）是五个大型海洋管理区域中最为发达的区域的政策。虽然该倡议提出了基于生态系统的管理方式和目标，但是事实证明，由于缺少可操作的行动方案，各部门的沟通和协调仍然取决于其自愿性，该战略未得到有效实施。2011 年加拿大渔业和水产养殖部部长理事会通过了《海洋保护区国家框架方案》，但是由于资源的有限性和框架内容的原则性，该方案的实施注定艰难。

加拿大通过立法、政策等方式，建立了集中管理和部门协作的海洋行政管理模式。同时，加拿大是联邦制国家，联邦政府和省政府在海洋管理上具有不同权限。加拿大宪法规定，联邦政府拥有对低潮线以外以及近海的管辖权，负责管理航海、海运、内陆和海洋渔业以及为保障加拿大政府的和平秩序和利益而开展的任何活动；低潮线以外按照不同的行业分别由各个相关的联邦政府部门管理，这些部门主要有海洋渔业部、运输部、环境部、自然资源部、国防部、印第安事务及北方发展部等。各省拥有低潮线以内的资源利用和管理的管辖权；但农业和洄游鱼类由联邦和省政府共同负责。加拿大北部无地方政府，因此，无论海洋还是陆地都由联邦政府负责管理。[②]

加拿大海洋行政管理体系如下表所示，表 4 －5 －A 为涉海管理部门和部

---

① *Memorandum of Understanding Respecting the Implementation of Canada's Oceans Strategy on the Pacific Coast of Canada*, Can. – B. C,（Sept. 2004）, https：//www. dfo – mpo. gc. ca/oceans/publications/mpabc – cbzpm/index – eng. html.

② 宋维玲、赵鹏：《浅议中国与加拿大海洋经济发展条件差异》，载《海洋经济》2012 年第 2 期。

门职责，表 4－5－B 为相关议事协调机构。

表 4－5－A 加拿大海洋行政管理体系

部门	主要职责
海洋渔业部 海岸警卫队	渔业海洋事务的综合管理部门，制定和执行有关海洋和淡水水域的政策法规，综合性海洋事务的统筹和协调，制定综合性海洋政策和规划，管理渔业资源保护海洋、生态环境等
外交与国际贸易部 国际开发署	管理外交和国际贸易事项，国际开发署负责处理与发展中国家的外交事务和项目，尤其是环境保护问题，2013 年并入外交部
环境部	环境和野生动植物、海洋环境的保护和防止海洋污染等
交通部	交通政策法规的制定和执行，负责海运安全、船舶管理、船员管理
公共安全部	协调联邦政府各部门工作，并确保国内安全
国防部 加拿大皇家海军	管理国防事务，负责海上安全
司法部	处理法律事务，代表政府处理涉海法律问题
能源矿产资源部	管理陆地和海洋矿产资源开发
印第安北方发展部	开发管理西北和育空地区，保护环境，参与水产事务
国际大洋开发中心	协助、支援发展中国家对海洋资源实行综合管理
国际发展研究中心	资助促进发展中国家经济和环境发展等研究活动

表 4－5－B 协调机构和职责

协调机构	职 责
海洋学机构间委员会	协调加拿大海洋行动计划的实施工作
海上安全工作组	制定海上安全综合性政策，协调相关部门的工作
海洋事务机构委员会	协调与海洋有关的政策和规划
地区海洋委员会	协调地区海洋事务的政策和执行

从表 4－5－A 和表 4－5－B 中可以看出，加拿大形成了较为健全的海洋行政管理体系，部门分工合作，通过多种议事机构的组建协调海上行政管理政策的制定和实施等。除此之外，为保证上述部门和机构的正常运转，加拿大形成了一系列法律、政策和战略文件，如《海洋法》《国家海洋保育区法》《加拿大海洋战略》《加拿大海洋行动计划》《海洋健康计划》。加拿大和美国

尽管在政体上存在差异，但是在海洋事务的管理上具有相通之处，即在国家层面都存在部门式工作结构，负责处理涉海事务。由于管辖权、部门协调和政策缺失等原因，分散式管理方式取得的效果不尽如人意。加拿大政府在意识到部门分散式管理方式的弊端后，也在逐步调整管理结构，强调陆地活动与海洋事务之间的关联。1996 年《海洋法》的出台是加拿大进入海洋综合管理阶段的标志，被称为现代海洋管理体制。该法既有先进的海洋管理理念，也有具体可供执行的操作规范。该法强调跨部门、跨层级的协调合作，共同实现加拿大海域的综合管理，并首次将海洋生态系统纳入法律统筹考量的范围内，而非仅针对特定物种或者资源作出规定。尽管《海洋法》显示了立法者对海洋生态进行系统管理的雄心，但其在采取实际改革措施时还是非常谨慎的。例如，该法授予海洋与渔业部协调其他政府各部门合作的权限，海洋与渔业部部长是联络人和协调人的角色，而非其他部门的监督者和管理者，其有权依照法律授权范围制定和执行有关海洋综合管理的方针和政策，而有些权限在《海洋法》颁布之前事实上已经在海洋与渔业部了。尽管《海洋法》的初衷是针对海洋实施综合性管理，但是由于种种因素制约，经过近二十年的实践表明，《海洋法》实际实施效果与预期仍有较大差距。因此，有建议指出，应该由政府明确海洋与渔业部在涉海事务管理上的权限和领导地位，以督促相关负责人积极履职。① 事实上，这也是加拿大在海洋管理上的突出问题之所在，即法律的预期效果和实践之间的差距。由于海洋事务的复杂性和多样性，为管理者所制定法律的适用带来了巨大的挑战。

除了政府层面的政策外，加拿大非政府机构在海洋管理上也扮演着至关重要的角色。例如，加拿大北极资源管理委员会（Canadian Arctic Resources Committee，CARC）和加拿大自然联合会（Canadian Nature Federation，CNF），一直致力于海洋生物、法律、政策、社会等方面的研究和推广工作。CARC 和 CNF 开展了为期两年的国际海洋保护战略计划。该计划得到了多家基金会、公司和政府部门的资助，该计划的目的主要是三个方面：一是提高公众对海洋问题的认识程度；二是收集民众对于海洋管理的意见；三是从非政府组织层面提出既符合民众要求又有利于保护海洋环境的政策建议。为实

---

① Canada, House of Commons, Standing Committee on Fisheries and Oceans, Report on the Oceans Act (October 2001), www. parl. gc. ca/InfoComDoc/37/1FOPO/Studies/Reports/fopo01 – e. htm.

现上述目的，该计划举办了一系列的工作坊，收集以海为生、从事与海相关工作或者关注海洋的人士的意见。CARC 和 CNF 的一系列项目的实施有效地吸引了加拿大民众对于海洋管理和海洋政策法规制定的关注，并引起了社会的广泛议论。非政府组织的工作和努力促使加拿大政府通过了以可持续发展和生态系统保护为宗旨的国家《海洋法》。可持续发展即保障每一代人都有权利和机会享受自然资源的利益，当代人有责任将自然资源毫无损害地交给下一代人。非政府组织为加拿大政府管理海洋也提出了诸多建议和方案，例如追求多重价值和开展多功能用海、整体规划、提高预防意识、加强国际合作、建立国家和地区标准、公开透明的决策过程、全成本核算（Full – Cost Accounting）和环境绩效审计（Auditing Performance）等。

三、韩国

韩国三面环海，半岛海岸线全长约 1.7 万公里（包括岛屿海岸线）。海洋经济的发展对韩国国家经济的增长有着非常重要的影响，因此韩国较为重视海洋行政管理。韩国现代海洋行政管理长期以来采用行业分散式管理，涉海事务管理部门多达 13 个，如水产厅、海运港湾厅、警察厅、通商产业部等。行业分散式管理的弊端逐渐显现，引发了 20 世纪 90 年代的改革。1989 年韩国成立海洋开发委员会，由国务总理作为委员长，其他 15 个部门的部长、厅长和专家等作为成员，主要负责审议和调整韩国海洋开发基本计划的重要决策。总理府设立的“整合性海洋政策工作组”（Working Group for the Integrated Marine Policy，WGIMP）提出了八项海洋议题，包括：（1）海洋科技与研究调查；（2）改善航运与造船竞争力；（3）维护近海渔业最大生产量以及积极签署多边渔业协定；（4）建立大陆礁层油气开采新方向，并在海洋法生效前取得有利投资地位；（5）管理海岸地区，达到多目标使用；（6）通过污染防治与应变计划以保证海洋环境；（7）强化海洋外交以应对海洋法通过后的国际新形式；（8）重组政府机关，以执行海洋政策。该工作组同时建议，应该设立专门负责海洋事务的部门即海洋产业部（Ministry of Ocean Industry），以增强涉海事务管理部门之间的沟通、提升涉海事务的重要性。该部门至少应该包括下述职能：（1）海洋产业之推动与国际竞争力的提升；（2）克服海洋污染与灾难的应变规划；（3）近海及远洋渔业和养殖发展；（4）港口、船员与船只的管理；（5）航运；（6）造船；（7）海洋监测与科学研究；（8）海洋科技发展；（9）海岸巡防等。该新增设的部门应该统筹制定海洋政策规划、协调海洋事务和海岸地区管理等事项。尽管工作组提出了上述建议，但是海洋产业部一直未成功设立。直至 1996 年，海洋与水产部（Ministry of Maritime Affairs and Fisheries）的设立，才使工作组的建议在一定程度上付诸实践。韩国传统涉海行为主要围绕着渔业和国防进行，但是随着现代多种新兴用海行为和活动的出现，如油气开采、航运建设、海上娱乐服务等，对以此为管理对象的韩国政府提出了新挑战。如何科学用海、发展海洋经济、解决涉海纠纷和事务，成为韩国政府相关部门和人员面临的考验。

正是在此种背景下，为加强对海洋事务的统一管理，韩国于 1996 年成立了海洋与水产部，统筹管理涉海事务，其具体内容主要包括以下四个方面：海洋权益、海洋立法、海洋规划和海洋执法。这意味着，该部门将渔业、海事和港湾行政进行了整合，统一进行管理。但由于上述措施只是韩国政府在涉海事务管理上的初步尝试，并不彻底、全面，实践中仅能针对特定类型的涉海行为进行管理和干涉，因此被相关学者批评为被动性的方案。韩国需要更为全面、科学的海洋政策，以统筹管理涉海事务。①

李明博总统于 2008 年重组政府，成立了国土与海洋部替代了原来的海洋与水产部，负责涉海事务的统筹管辖，该方案体现了韩国对于大部制管理方式的探索。2009 年《海洋与水产发展基本法》修改，韩国依据该法成立了海洋与水产发展委员会。该法于 2012 年再次修订，对海洋与水产发展委员会的职责作出了明确规定，该委员会被外界解读为韩国涉海事务管理的高层次协调机构。2013 年韩国总统职务交接委员会宣布恢复海洋与水产部，国土海洋部改名为国土交通部。海洋与水产部的职责主要是执行韩国海洋政策，管理海洋、海洋产业发展和港口相关等涉海事务。该部门的目标是在 2017 年前，将占 GDP 6.3% 的海洋水产业发展至 7%，就业人口由 2013 年的 2200 人增至 2017 年的 34595 人；同时，积极拓展蓝色经济模式，发展多种海洋娱乐服务等新兴产业，保护海洋环境，传承海洋文明与海洋文化等。2014 年，世越号惨案发生后，韩国解散了原属国土海洋部的海洋警察厅，其职责由新成立的

---

① 邱文彦：《海洋与海岸管理》，台北，五南出版社 2017 年版，第 153 – 154 页。

国民安全处下属的海洋警备安全部门负责。从上述发展历程中看，韩国海洋行政综合管理选择了集中型管理模式。

其中，韩国主要涉海部门和职责如表 4-6 所示。

表 4-6　韩国主要涉海部门和职责

涉海部门	职　责
海洋与水产部	拟定和实施国家海洋政策、维护海洋权益与海上安全、促进海洋与海岸带综合管理、保护海洋环境等
土地、基础设施与运输部	维护海上交通安全、保护海洋环境、调查海上事故等
科学、信息和通信技术及未来规划部	海洋科技规划与发展
农业、食品与乡村事务部	渔业事务管理
环境部	观测海洋气象、陆源污染控制、自然保护等
战略与财政部	打击海上走私
贸易、产业与能源部	负责海洋能源管理与开发、发展涉海产业
文化、体育与观光部	管理海上旅游、研究海洋文化
外交部	处理涉海对外事务、海洋领土争端、海域划界
法务部	海上出入境管理、打击海上偷渡

为确保海洋行政综合管理体系的建立和实施，韩国相继颁布了多部重要政策和法律，包括 1987 年的《韩国海洋开发基本法》、1998 年的《海岸带管理法》、1999 年的《21 世纪海洋发展战略》和 2009 年的《海洋与渔业发展基本法》。20 世纪韩国滨海湿地遭受到非常严重的破坏，作为《拉姆萨尔公约》（Ramsar Convention on Wetlands）缔约国之一，韩国在湿地保护方面也做出了大量努力。自从 1997 年加入该公约后，韩国国内颁布了一系列法律文件以确保公约义务的履行，例如《1999 年湿地保护法案》（Wetlands Conservation Act of 1999）。韩国政府还与澳大利亚、俄国等签订了双边候鸟协定等，以保护相关生物资源。1996 年海洋与水产部的成立对于沿海和海洋水域的管理至关重要，在上述水域具有综合管理权限。

四、澳大利亚

澳大利亚海岸线长达 36735 公里，海域广阔，海洋经济占据澳大利亚整体经济的重要部分，澳大利亚海洋资源丰富，是具有超生物多样性的几个国家之一。《联合国海洋法公约》确定了政府对于专属经济区的管辖权，澳大利亚专属经济区的面积比陆地区域更广阔，① 远远超过其他国家。澳大利亚对于海岸带、海洋资源和海洋环境等都设置了较为完整的综合管理方案，但也经历了漫长的探索阶段。由于澳大利亚是联邦制国家，联邦政府与各州政府在海洋事务上均具有管辖权，根据 1983 年生效的《离岸宪法解决协议》（Offshore Constitutional Settlement），领海基线起向海 3 海里由沿海各州和领地管理，自 3 海里以外至 200 海里专属经济区为联邦政府管辖水域。

1998 年，澳大利亚颁布《澳大利亚海洋政策》，提出海洋生物区域规划的重大行动计划，通过对主要管辖海域开展海洋区域规划，制定相应的配套政策，按照“大海洋生态系统”分别制定东南（2004 年完成）、西南（2007 年完成）、西北（2011 年完成）、北部（2011 年完成）和东部（2012 年完成）五个联邦的海洋生物区域规划。各州和领地根据实际需要出台海岸带和沿海水域管理规章和政策，以保护海岸带和沿海水域的环境和资源，如维多利亚州依据《1975 年国家公园法》，建立维多利亚海洋公园和海洋保护区体系，覆盖其整个海岸带范围的一般地域和重点地域，并于 2016 年立法建议开展州海洋空间规划工作；南澳大利亚州于 2007 年研究编制海洋生态分区管理规划。②

在管理海洋上，澳大利亚政府最初与其他国家类似，采用分部门、分级管理方式，被批评为“对于海洋资源的暴行和管辖噩梦，造成了过度开发、交叉管理和管辖冲突等问题”。③ 公众对于推出全面统一的综合管理海洋方案呼声越高，以协调各海洋活动开展者、政府各部门之间的冲突，保护海洋生态环境。澳大利亚国民和相关管理者在利用海洋的问题上经历了重要的思想变迁，从最初的盲目开发和分散管理，到逐步意识到海洋生态环境、海洋物种多样性、海洋资源的可持续利用等问题的重要性。同时，这些问题上升到

---

① Commonwealth of Australia, *Australia's Oceans*: *New Horizons* (*Canberra*: *Environment Australia*, 1997), www. oceans. gov. aulaop/develop/horizons/ consult. html#Introduction.

② 方春洪、刘堃等：《海洋发达国家海洋空间规划体系概述》，载《海洋开发与管理》2018 年第 4 期。

③ Commonwealth of Australia, National Oceans Office, *Australia's Ocean Policy*: *Oceans Planning & Management*, Issues Paper 1 (June 1997), https: //webarchive. nla. gov. au/awa/20000416130000/http: // www. erin. gov. au/marine/ocepoly/issue1/index. html.

国家政治层面即是对于传统部门分散式管理方式的反思，对于综合管理模式推出的期待。1998 年，在政府、组织和其他相关人士的努力下，澳大利亚政府发布了《澳大利亚海洋政策》，其中构建了完整的、以生态系统保护为基础的海洋管理框架。[①] 该政策指出，良好的海洋管理方案应该建立在保护海洋健康和完整性的基础上，即为了海洋的可持续利用，政府的管理方案不应该影响海洋生态系统的正常循环，这是海洋管理的前提。该政策的核心是建立以海洋生态特点和海洋生物地理为依据划分的海洋管理大区，而非单纯依靠行政区域的划分进行海洋管理。为了实施该方案，澳大利亚政府在 3 年期间拨付了 5000 万美元予以财政支持。澳大利亚环境和遗产部（Australian Minister for Environment and Heritage）部长被指派负责这项政策的推进和实施。

澳大利亚临时海洋和沿岸划界战略小组（Australia's Interim Marine and Coastal Regionalisation for Australia Technical Group）以及联邦科学与工业研究组织（Commonwealth Scientific and Industrial Research Organization）提出将澳大利亚海洋划分为 13 个大型海洋区域（large marine domains），依据科研调查和最新进展确定各区域的界限。但是上述划区方案的实施有赖于各联邦政府部门的共同努力。第一个海洋大区划分工作开始于 2000 年 4 月，计划三年内完成。该计划旨在使各相关主体在管理方式上达成共识，即划分大区管理是建立在海洋生态系统的特点和最新管理理念发展基础上形成的方案，较之传统的分部门式管理更为先进和科学。《澳大利亚海洋政策》建议建立多个理事会，其中之一是国家海洋部长级理事会（National Oceans Ministerial Board of Commonwealth Ministers），主席由环境和遗产部部长担任。该理事会负责监督和批准大区划分方案以及跨部门协调事项，同时该理事会要为《澳大利亚海洋政策》的推进和落实融资并开展相关研究。理事会每年将该政策的进展和工作计划向总理汇报。理事会主要由联邦政府各部门负责人组成，主要包括：环境和遗产部部长、工业部部长、自然资源部部长、旅游部部长、交通部部长和渔业部部长。另一个理事会是国家海洋咨询组（National Ocean Advisory Group），负责向国家部长级理事会提供关于跨部门、跨行政区域涉海事务建议以及大海洋区域政策实施的有效性和其他非政府机构组织利益等

① Commonwealth of Australia, *Australia's Oceans Policy*（Environment Australia, 1998）, http://www.environment.gov.au/net/oceanspo.html.

问题的建议。

国家海洋部长级理事会下属成立了区域海洋规划指导委员会（Regional Marine Plan Steering Committees），负责协助部长级理事会监管区域海洋规划的实施和推进工作。国家海洋办公室是部长级理事会的秘书机构，负责协助部长级理事会完成各项任务的文件和技术支持。《澳大利亚海洋政策》在一定程度上修正了传统的部门分散式管理方式，而且并未设置新的机构来彻底代替原来的行政机构。

近年来在海岸带管理上，联邦政府和州政府的合作共管模式发展良好。澳大利亚对海洋实行综合管理，体现在各部门的分工合作和高层次议事协调机构的建立上。澳大利亚政府中主要涉海部门和职责如表4－7所示。

表4－7　澳大利亚主要涉海部门和职责

部门	职　责
总理和内阁部	海洋管理决策
外交贸易部	处理与国际海洋法律、地区海洋安全合作条约和海洋边界协定相关事务
司法部	海洋安全危机防范和处理，提供海洋法律和政策建议
国防部	维护国家海上安全
农业部	管理公海渔业
渔业管理局	管理海洋渔业，保护海洋渔业环境
联邦警察局	执行联邦法律，检诉与海洋管辖权有关的罪行
基础设施与地区发展部	制定航运与港口管理政策，监督管理海洋环境的政策
海事安全局	维护航运安全、防止近海海域船舶污染
运输安全局	调查海运安全事故
环境部	关于管理海洋事务，保护海洋生态系统
工业部	开展海洋科学和技术研究，保障海上采用工作的安全
教育部	培育海洋管理、海洋工业和相关专业人才

除了上述政府机构参与涉海事务管理外，为实现海洋事务的综合管理和协调，澳大利亚还存在一系列议事协调机构，主要如表4－8所示。

表 4-8　澳大利亚议事协调机构及职责

机构	职　责
政府委员会	商议与促进国家或涉及多部门合作工作的开展
国家海洋部长理事会	实施联邦政府涉海政策及规划等
国家海洋咨询组	向国家海洋部长理事会报告工作，就跨部门和区域涉海问题提出建议和处理办法，就有关区域海洋规划程序的范围和有效性提出意见
国家海洋办公室	执行国家海洋部长理事会决策，协助完成其他涉海事务政策和指令的实施
区域海洋规划指导委员会	监督区域海洋规划的制定
新环境与资源保护理事会	协商联邦和州执行《澳大利亚海洋政策》的规定

事实上，澳大利亚政府推出的一系列政策和法规的实施并不是一帆风顺的。1998 年的《澳大利亚海洋政策》，实质是将海洋空间规划管理理念付诸实践，但是它的有效实施依赖于各州、相关负责部门和人员的支持，而现实缺乏这样的支持，收效甚微。2002 年该政策不得不将海洋空间规划管理理念缩小为在海洋环境领域实施。为保障涉海事务管理机构和部门职能的正常运转，澳大利亚近些年制定和通过了一系列政策和法律、法规等，如《澳大利亚政府间环境协议》《澳大利亚海洋政策》《环境保护与生物多样性保护法》《海岸带综合管理国家合作办法框架 》《国家生态可持续发展战略》《海洋产业发展战略》《1973 年海洋和水下陆地法》《近海问题的宪法解决办法》《大堡礁海洋公园法》等。

五、日本

日本海岸线长达 35000 公里，鱼类产品为日本国民提供主要营养元素，因此日本是世界第二大渔业国，被称为“海洋之子”。日本政府于 1993 年通过了《二十一世纪议程国家行动计划》（National Action Plan for Agenda 21），该计划确认了日本关于保护海岸环境、开发沿海地区的承诺，即在保护海岸地区环境的前提下，探索沿海地区多用途开发模式，鼓励地方公私部门合作，建立长远规划和可执行的分阶段目标。根据《二十一世纪国土综合开发计划》，日本政府于 2000 年公布了《沿海地区综合管理计划开发纲领》（The

Guideline for the Development of Integrated Coastal Zones Management Plans）。该纲领确立了地方公私部门合作管理沿海地区资源的方案，在该纲领规定的原则和方法的基础上，开展管理事务。这一时期日本海洋政策具有明显的特点，可归纳为三个方面：第一，此阶段的政策和方案主要围绕沿海地区的管理问题，缺乏对于海洋、海岸带整体的综合规划，同时对于专属经济区等海洋权益问题态度模糊；第二，此阶段的方案重视海洋技术的运用和发展在管理海洋问题上的重要性；第三，关于海洋事务管理主要采用分部门管理方式，未关注到同一事务部门职责之间的交叉和关联性。

然而，21 世纪之初，海洋资源的重要性已经得到了世界各国专家、民众的认可，尤其是临海而生的日本国民，分散的海洋管理和含混不清的海洋政策无法满足新时期日本涉海事务管理的需要，2000 年的《21 世纪海洋大计划》（The Grand Plan for Oceans in the 21st Century）正是在这种背景下制定并颁布的。该计划指出，作为世界上主要的海洋国家，日本在 21 世纪需要明确海洋战略和政策，高效利用海洋国土、海洋资源，通过海洋科学技术的发展和人才的培养，发展海洋经济。该计划确立了涉海事务管理的原则和思路，即知海、用海和护海。只有在充分了解海洋的基础上，才能最大限度地开发利用海洋资源，并且保护海洋环境在此过程中不受到污染和损害。这一理念符合现代涉海事务管理的基本方向，因此受到了普遍的认可，产生了重要的影响。该计划从整体关注海洋开发出发，将海洋空间分为海面、海中和海底，这是另一进步。海洋空间管理的提出既是科学技术发展的结果，也是海洋管理理念进步的体现，不再局限于沿海地区涉海事务问题上。该计划强调了产、官、学和政府合作管理涉海事务的重要性，并提出海洋资源和能源可持续开发的理念，保护海洋环境等建议。

海洋为日本国民提供了食物、生存环境和国防安全保障等。日本依靠航运业进口食材、原材料和其他物资，其航运力主要由散货船和油轮组成。日本在商业造船、捕捞业、航运和海军等方面都领先于其他国家，在人工岛屿的建造技术、海洋工业技术等领域也取得了举世瞩目的成就。由于海洋对于日本的兴衰存亡息息相关，因此如何管理海洋一直是日本政府面临的重要问题。日本海洋管理体系是由公共和私人部门相结合组成的。公共管理部门主要指政府机构，主要负责交通运输、矿产和能源、生物资源、废物处理污染、战略和国防、海洋科学研究、海洋娱乐、海洋生态管理和保护等事务。自 20 世纪 60 年代，私人组织也积极参与进了海洋事务的管理，例如经济组织联合会（Federation of Economic Organization）在政府涉海事务管理上扮演着重要角色，其活动在实质层面影响了日本海洋管理政策的制定和实施。海洋发展理事会（Council for Ocean Development）负责研究海洋管理策略，并向总理报告。总理指定来自学术界、海洋事务行业实践人士以及其他主体，总共不超过 20 名，作为海洋发展理事会的成员，每届任期 2 年。日本科学技术厅（Science and Technology Agency）作为其秘书处，与其他部门一起处理涉海事务。海洋发展理事会（Council for Ocean Development）较之其他政府部门缺乏法律授权，其提出的建议对于其他部门和机构不具有法律约束力。因此，海洋发展理事会主要扮演政府智库的角色，其报告和工作成果对于政府海洋管理政策的影响力受到了限制。日本财团（Nippon Foundation）在日本海洋政策的制定过程中，起到了重要的影响。例如在 2002 年，隶属于日本财团的海洋政策研究财团提出了一份政策建议书——《海洋和日本：二十一世纪日本海洋政策建议书》（Ocean Policy of Japan：A Proposal on the Ocean Policy of Japan for the 21st Century）。该建议书的提出者包括 11 名日本海洋与海岸带委员会的委员和海洋政策研究财团会长等长期研究涉海事务管理的资深人士。《海洋和日本：二十一世纪日本海洋政策建议书》包括了三个部分，分别是海洋政策大纲的制定、海洋基本法的制定与行政机构的改革、扩大海洋国土的管理与国际合作。1982 年《联合国海洋法公约》生效后，世界各国都调整了本国海洋政策，基于两年多的调研，该建议书提出制定日本海洋政策的六大建议：第一，制定综合性海洋政策。海洋管理需要通过政策、法律和其他手段共同配合完成。建立海洋讯息机制、确立海洋安全保障体系、建设海岸带管理系统、推进防灾减灾工作等。第二，根据综合性海洋政策制定配套实施的法律法规。该建议提出，《海洋基本法》是海洋管理的基本法律规范，需要尽快制定和颁布。《海洋基本法》包括总则、推行海洋政策的基本策略、国家推行海洋政策的组织机构三章，在总则部分需要规定立法目的、基本理念和国家、地方公共团体、事业单位以及国民的责任和义务；在第二章中，需要规定海洋调查、保护、开发利用以及管理的施政方针，海洋基本计划以及方略等。第三，根据综合性海洋政策改革行政机构。这部分内容主要体现在

《海洋基本法》的第三章中，即国家海洋政策的实施需要以《海洋基本法》为核心，需要组建承担政策制定和实施的行政机构，避免纵向切割和过细分工，建议实施合作和协调机制，管理海洋事务。第四，重新制订海洋资源开发和使用方案，关注渔业生产和其他水产资源的发展。第五，制订针对专属经济区和大陆礁区域综合管理方案及具体执行计划。第六，积极开展有关海洋文化、海洋教育和研究的相关活动和计划。该计划在 2005 年提交给内阁官房长官安倍晋三，2006 年海洋政策研究财团在东京举行发表会，在日本社会各界引起了巨大反响。2007 年，日本参议院国土交通委员会审议并通过了《海洋基本法》《海洋构筑物安全水域设定法》和新的海洋立国决策。通过的《海洋基本法》共四章，确定了一系列优先推行的下列事项：（1）确立海洋空间的开发、利用以及保护的综合管理制度；（2）保护海洋环境；（3）确保海上运输；（4）确保海洋安全；（5）推动海洋科学技术研究与发展；（6）振兴海洋产业，强化国际竞争力；（7）确保国际合作；（8）培育海洋人才；（9）为进一步推行海洋政策做准备。

日本地方政府在海洋管理问题上扮演着重要角色，特别是在海岸带管理上。日本《地方政府自治法》（Law on Local Government Autonomy）和《国家财产法》（Law on National Property）授权地方政府可以根据当地情况制定海洋和海岸带利用的相关法令。这类法令大多数主要是要求海洋设施的建设、获得海域的专属使用权需要向政府申请审批，一些其他法令还规定了海岸带综合开发利用的规则。在海岸带管理中的港口管理上，地方政府是唯一有权管理的主体。在海洋环境和保护问题上，地方政府基本是按照国家制定的有关海洋环境保护的政策执行，只是一般在水污染防治等领域标准较国家标准更为严格。在渔业管理方面，地方政府单独管理，但是与农业省等相关部门一起合作。日本渔业管理不仅有国家和地方团体根据法律实施的行政管理制度，同时也有渔业者自行组织实施的自主管理制度。具体而言，一是建立了完善的海洋渔业行政管理体系，以农林水产省水产厅为主体，配置 4 个专业部门，如渔政部、资源管理部、增殖推进部和基础设施建设部。同时，为提高管理部门的有效决策与工作效率，专门设立了水产政策审议会，并在北海道、仙台、新鸿、九州等地建立渔业调整事务所，分别在各都道府县和部分市共设立 66 个海区渔业调整委员会。二是充分发挥渔协的作用。渔协是由渔民参与的具有独立事业法人资格的自律性组织，拥有管理和经营“渔业权”的双重职能。日本渔协管理体系按地域分为全国渔协联合会、都道府县渔协联合会和市渔协组合三个层次，下级渔协联合会在上级的指导下开展业务。日本的渔业管理体制比较完善，同一海域利益相关者自主管理成为地方渔业管理的基础。具体包括以下三个方面：一是强化渔业资源管理。远洋渔业方面，除了正在实施的捕捞许可证制度，开始改变对外渔业政策，积极参与国际渔业管理活动。以渔业权制度为基础，促进渔业管理模式由以渔场资源开发利用为主的传统渔业管理转向以生物资源管理为主的现代管理。2011 年后开始实施由国家行政机关、研究机构和渔业经营者全体参与的“资源管理指针”，到 2014 年 3 月，共实施了 1694 项渔业资源管理计划。二是健全海水养殖业发展的管理体制。通过建设与完善养殖生产体制，构建持续的供给体制；依靠近海水养殖和陆地循环水养殖技术的研发与创新，逐步优化海水养殖模式；引进农业生产工程管理与良好生产规范，向生产全过程的综合检查体制转变。三是强化水产品区域品牌建设。通过利用商品品牌知名度塑造区域品牌，提高地区知名度与区域产品竞争力；通过法律制度建设，构建起完善的水产品加工制度体系，保障水产品加工品的质量。①

日本海洋管理既是地方政府的责任，也是国家层面政府机构的义务。日本海洋管理由宪法、国际公约、其他法律文件和政策文件共同调整。1996 年日本批准了《联合国海洋法公约》，为了更好地履行公约承诺，日本国会于 1996 年推出了 8 项法律文件，主要涉及国家领海、毗连区、专属经济区和大陆架等的管辖问题。日本 20 世纪涉海的法律主要包括如表 4－9 所示。

表 4－9　日本 20 世纪涉海的主要法律

文件名	生效时间
《船员法》	1947 年
《鱼类资源保护法》	1951 年
《国家公园法》	1957 年
《水污染防治法》	1970 年

① 王波、翟璐等：《美国、加拿大和日本“蓝色粮仓”发展概况与经验启示》，载《世界农业》2018 年第 2 期。

续表

文件名	生效时间
《自然环境保护法》	1972 年
《航行安全法》	1972 年
《油污损害赔偿法》	1975 年
《环境基本法》	1993 年
《领海和毗连区法》	1996 年
《专属经济区和大陆架法》	1996 年
《海洋生物资源保护和管理法》	1996 年

日本涉海管理法律文件主要形成于 20 世纪 70 年代，尤其是海洋环境相关问题，这主要是由于 20 世纪 50 年代至 60 年代日本迅速增长的经济引发了严重的环境问题。日本的海洋管理工作最初分散在各部门，以国土与交通省和经济产业省为主。由于涉海部门众多，涉海事务管理政出多门，效率低下。2007 年《海洋基本法》的出台，标志着日本海洋管理工作从分散型转向由高层次协调机构与部门分工负责相结合的模式。2007 年日本国会国土交通委员会提交了《海洋基本法》草案，该草案得到了通过。同一时间，日本新的海洋立国决议也得到了通过，主要要求政府充分考虑下列事项：第一，为实施《海洋基本法》设定的新的海洋立国政策和计划，政府应该在内阁设置综合海洋政策本部，以落实推动各项政策的实施；第二，综合海洋政策本部内应设立由海洋领域问题专家组建的机构，以充分发挥专家议事、建言献策的途径；第三，尽早根据《联合国海洋法公约》，建立本国相应履约规范，以充分履行公约义务，并保障日本海洋利益；第四，鉴于日本地理环境特点，如何保障海上运输安全、充分开发利用海洋资源，是日本政府需要考虑的重要问题，建议海上保安厅建立健全危机管理体制，探索与其他行政机构的议事协调机制；第五，通过外交措施，进一步维护国家海洋权益，构建新型海洋秩序。《海洋基本法》和《海洋构筑物安全水域设定法》在这样的背景下同时得到了通过。《海洋基本法》共分为四章，立法宗旨是在《联合国海洋法公约》以及国际相关约束的前提下，实现海洋立国的政策目标，提升国民经济和生活水平。

日本综合海洋政策本部的设立，旨在调查、审议、制订海洋计划，对海洋事务进行综合管理。综合海洋政策本部设立部长 1 位，由内阁总理大臣担任，2 位副本部长。综合海洋政策会议机制下，由内阁总理大臣为议长，海洋政策大臣为副议长，国务大臣以及其他成员组成。日本涉海事务协调机构和职责主要如表 4－10 所示。

表 4－10　日本涉海事务协调机构和职责

机构	职　责
综合海洋政策本部	推进与海洋基本计划的制订及与其实施有关的工作；综合协调有关行政机构基于海洋基本计划而实施的政策；综合处理上述两条规定之外的与海洋政策有关的重要规划和事项
海洋权益相关阁僚会	协调与沟通各部门政策和信息的共享和实施
海洋开发审议会	调查、审议有关海洋开发的综合性事项和制定海洋开发规划与政策措施
大陆架调查及海洋资源协议会	开展大陆架调查工作

除了上述议事协调机构，日本其他涉海管理部门及职责主要如表 4－11 所示。

表 4－11　日本其他涉海管理部门及职责

部门	职　责
国土交通省	海洋测量、气象观测、海事、海运与船舶、海上保安、港口建设与维护、海洋利用等
文部科学省	规划制定与海洋科学技术、地球科学技术、环境科学技术等有关的研究开发政策等
农林水产省	渔业和水产养殖等
经济产业省	负责与《联合国海洋法公约》《涉海底矿业临时措施法》等有关的法律法规业务；与海洋资源、海洋产业相关的业务则由资源燃料部矿物资源课负责
环境省	处理与海洋污染及其相关的国际事务
外务省	负责与海洋和渔业相关的事务，承担与国际海事组织等机构相关的事务

从表 4－10 和表 4－11 中可知，日本除了官方政府层面的涉海事务管理机构之外，也注重吸引社会各界力量共同加入涉海事务管理。通过各类议事协调机构，将多方意见呈递给决策制定者，以确保涉海管理政策制定的科学

性和全面性。这也是为什么日本即使没有政府高层次涉海事务协调部门，也可以正常运转的原因。各涉海事务管理部门注重与学术界和其他社会机构合作，在通盘考量海洋问题后才作出相应政策，避免了以偏概全或者部门之间的冲突。但是这种管理模式是依靠强大的文化理念和工作习惯支撑的，单纯地移植于其他不同的文化背景下，并不一定能够发挥作用。

通过前文对世界主要海洋大国，例如美国、日本、加拿大、韩国、澳大利亚等国有关海洋管理及海洋经济管理体制的介绍，这些国家在海洋管理方面的特点可以归纳如表4－12所示。

表4－12　各国在海洋管理方面的特点

管理模式（代表国家）	特点	优点	缺点
分散管理（大多数发展中国家）	1. 海洋管理权限分散在各政府部门 2. 缺乏海上统一执法队伍	1. 部门和行业分散式管理适应行业特点 2. 部门管理与行业管理交叉并存，互为补充	1. 部门之间易于发生职能不清、权力冲突和效率低下的情况 2. 难以处理复杂突发状况和综合性海洋问题
综合管理（美国、加拿大、澳大利亚、日本、韩国等）	1. 设立高层次政府议事协调机构或同性质的组织 2. 一般有统一的海上执法队伍 3. 海洋管理职能较为集中或者设有专职的海洋管理职能机构	1. 处理复杂综合性海洋事务效率更高 2. 便于海洋管理综合政策的落实和推进 3. 将海洋管理放在与陆地管理同一层次，从意识上改变民众海洋观念	1. 改革成本和阻力大 2. 新旧部门之间权力、人事等的交叉冲突 3. 易于产生行政机构臃肿等官僚问题

在过去的一个世纪中，人类对海洋的利用主要集中于捕捞、海上运输和其他新兴产业，如近岸石油和天然气开采等。但人口的增长、对食物和资源索求的增加以及污染物的大量囤积破坏了海洋生态系统，引发了多种类型的自然灾害等。这种矛盾的凸显使公众对于海洋综合管理模式的呼声愈加高涨。20世纪60年代后，以综合治理方案为依托成立协调机构并推出政策支持等，成为多数国家的选择。在对海洋生态环境更加了解的基础上，系统化管理模式逐步替代了传统以行政部门划分为基础的分散管理模式。传统上，无论是发达国家还是发展中国家，涉海管理政府机构和部门都被依据部门职能授予了管理海洋的权限和责任，也就是针对某些特定种类的行为和活动赋予管理

权限以期获得某种产品的更高产量，如采矿和捕捞等。在资源无限、不存在生态系统之间和不同群体的相互关联时，此种管理方式或许是有效的，但实践证明，现有海洋资源利用的外部效应和不同行业、群体间的紧密关联性，使部门管理方式失灵，这也是多用途管理模式（multi – use management）出现的原因。但是多用途管理模式仅仅强调了事物之间的关联性，忽略了人为因素对于自然环境的影响。① 这种管理模式的出现体现了人类在海洋管理问题上，逐步了解生态系统特点、调整人类行为和管理模式以和谐共处的过程。② 海洋环境的恶化使采用更加合理的海洋管理模式势在必行。此种管理模式需要考量不同资源之间的相互关联、人类和海洋环境共存的整体高度以及人类活动与自然环境的互相作用关系，而这些需求都是传统海洋管理模式，即分散式管理方式所不能满足的。因此，海洋管理系统性变革产生了。理论界纷纷提出海洋综合管理建议，在实践中逐渐得到认可和不断完善。③ 例如，20 世纪 60 年代末 70 年代初，美国推出的一系列海岸带综合管理方案即是此种理念影响的产物。④ 从国际层面分析，第三次联合国海洋法会议对于海洋管理产生了重要影响。这次会议耗时 9 年，要求各国政府重新审视海洋管理问题，该会议的整个过程即是推动海洋综合管理理念发展的过程。除此之外，该会议的最终成果《联合国海洋法公约》也对海洋管理的调整发挥了重要作用。首先，该公约承认国家领海、大陆架和专属经济区，极大地扩大了国家管理海洋的区域。在大陆架和专属经济区国家有专属管辖权，因此各国对于该领域的管理具有极强的自主性。其次，该公约不仅赋予了沿海国家海洋权益，同时也施加给其保护海洋环境和资源的义务。例如，针对专属经济区的捕捞行为，沿岸国家需要制定措施防止该区域内的渔业资源的过度捕捞。⑤ 如果同一种群或有关联的鱼种的几个种群出现在两个或两个以上沿海国的专属经济

---

① Jean – Pierre Lévy, *A National Ocean Policy: An Elusive Quest*, Marine Policy, Vol. 17: 2, p. 75 – 80 (1993).

② Lawrence Juda, *Considerations in a Functional Approach to the Management of Large Marine Ecosystems*, Ocean Development and International Law, Vol. 30, p. 89 – 125 (1999).

③ Edward L. Miles, *Concepts, Approaches, and Applications in Sea Use Planning and Management*, Ocean Development and International Law, Vol. 20, p. 213 – 238 (1989).

④ U. S. Congress, Senate Committee on Commerce, *Legislative History of the Coastal Zone Management Act*, 94th Congress, 2d session, 1976, Committee Print.

⑤ 《联合国海洋法公约》第六十一条第二款、第三款和第四款。

区内，这些国家应直接或通过适当的分区域或区域组织，设法就必要措施达成协议，以便在不妨害本部分其他规定的情形下，协调并确保这些种群的养护和发展。[1] 最后，公约要求各国在利用海洋资源时，需要以人类种群发展和海洋环境的相互关系为出发点，作出决定和措施。《联合国海洋法公约》和其他国际公约文件共同为各国设置了开发和利用海洋资源以及管理海洋时的义务和责任，如《21 世纪行动计划》等。

上述理念的发展共同影响了国际和国内海洋管理体制的变迁，美国、澳大利亚和加拿大正是在此种理念的影响下，将海洋综合管理模式付诸实践。上述三个国家传统的部门管理模式都饱受诟病，因此开始了探索更有效、科学的管理海洋的道路。海洋水域的管理可以依据地点或者活动进行，例如有管理海岸带事务的法律，也有管理其他事项的，如海洋生物资源、陆源污染、矿产和海洋能源开发和勘探、水下遗产保护等。以美国法为例，表 4 – 13 是美国海洋资源管理相关法律的汇编[2]。

表 4 – 13　美国海洋资源管理相关法律

文件名	管理事项
《外大陆架法》（Outer Continental Shelf Lands Act）[3]	该法调整在外大陆架区域进行的石油、天然气和矿产的开发和提取活动
《环境应对、赔偿和责任综合法》（Comprehensive Environmental Response Compensation and Liability Act）[4]	该法要求对危险废物处置、排放或泄露等造成的自然资源损失和损坏进行赔偿，并且设置了针对上述事件的处置方案
《净水法案》（Clean Water Act）[5]	该法调整在美国可航水域、毗连区、某些情况下的专属经济区范围内影响水质的活动和行为
《海洋倾废法》（Ocean Dumping Act[6]	该法调整所有类型的倾废行为，该法 1988 年修正案专门针对向海洋倾倒污水污泥和工业废料的行为

---

① 《联合国海洋法公约》第六十三条第一款。

② 关于美国海洋空间管理法律体系的内容节选翻译来自 Courtney B. Johnson, *Advances in Marine Spatial Planning: Zone Earth's Last Frontier*, J. Envtl. Law and Litigation, Vol. 29, p. 191 – 246（2014）。

③ 43 U. S. C. § § 1331 – 1356（2012）.

④ 42 U. S. C. § § 9601 – 9675（2012）.

⑤ 33 U. S. C. § § 1251 – 1377（2012）.

⑥ 33 U. S. C. § § 1401 – 1445（2012）.

续表

文件名	管理事项
《美国油污法》（Oil Pollution Act）①	该法是依据《环境应对、赔偿和责任综合法》和《净水法案》制定的，包含许多相似的条款，扩大了溢油或者向可航水域倾废造成损害行为的法定责任。该法于 1990 年通过，主要为了应对埃克森瓦尔德溢油事故（Exxon Valdez Spill）
《河流和港口法》（Rivers and Harbors Act）②	该法授权美国陆军工程兵团控制在州水域和外大陆架区域潜在的航行障碍的权利
《海洋哺乳动物保护法》（Marine Mammal Protection Act）③	该法严格禁止携带、进口或持有海洋哺乳动物或海洋哺乳动物产品；该法保护的动物包括：海獭、北极熊以及所有鲸鱼、海豹和海狮
《濒危物种法》（Endangered Species Act）④	该法于 1973 年生效，该法主要规定了濒危和受威胁的物种，濒危物种主要指其种群或者主要群体处于灭绝危险中的物种。受威胁的物种指在可预见的未来一段时间内将面临灭绝危险的物种。该法调整影响上述物种的人类行为
《美国马格努森渔业养护和管理法》（Magnuson – Stevens Fishery Conservation and Management Act）⑤	该法通过针对具体物种的规定方式，管控离海岸 3 至 200 海里联邦水域范围内的捕捞活动。该法保留了州政府在其州水域范围内的管理权，除非该区域是联邦捕捞项目所管辖范围内的，或者州政府的管理方案将违背联邦政府的管控计划

根据《国家海洋保护区法》（National Marine Sanctuaries Act）的规定，商务部部长可在与联邦机构、州和地方相关的政府协商后，经过《国家环境政策法》（National Environmental Policy Act）的公共审查后，制定国家海洋保护区域。“具有重要意义的海洋环境区域”的资源受到《国家海洋保护区法》的保护。保护区资源是指国家海洋环境保护区内任何有助于保护、娱乐、生态、历史、教育、文化、考古、科学或美学价值的生物或非生物资源。海洋保护区指联邦、州、领土、部落或地区法或者法规对其自然和文化资源提供

① 33 U. S. C. § § 2701 – 2762（2012）.

② 33 U. S. C. § § 401 – 467（2012）.

③ 16 U. S. C. § § 1361 – 1423h（2012）.

④ 16 U. S. C. § § 1531 – 1543（2012）.

⑤ 16 U. S. C. § § 1801 – 1891d（2012）.

持久保护的区域。海洋保护区是以行政命令的方式确定的，旨在保护对于国家的自然和文化资源具有重要影响的海洋环境区域。

上述现存的法律文件并非将海洋生态整体全部作为法律的调整对象，而是每部法律针对特定的行为或资源。这样立法的问题是，一些新出现的用海行为和方式在一定时间段内处于无法可依的状态。这样立法的效果是促使不同部门和机构共同协作，审批用海行为和相关活动。对于一些新型用海行为，例如波浪能项目（wave energy projects），需要更多的联邦政府机构的审批和管理。《国家环境政策法》要求相关联邦机关提供对于所有严重影响人类生存环境的重大行为的详细说明，这里的“重大行为”一般指的是将会花费大量时间、费用、资源或者规划的项目。该法的目的是要求联邦机构在采取行动前向公民披露关于环境影响的重要信息，包括直接的、间接的或累计的影响。面对上述错综复杂的法律规定，2000 年，美国国会颁布了《海洋法》（Oceans Act），呼吁建立美国海洋政策委员会（U. S. Commission on Ocean Policy）。该委员会的目的是调查研究，为制定新的全面的国家海洋政策提供建议。①

海洋综合管理在一定程度上需要行政权力的集中、机构的整合和系统海洋管理方案的制订以及其他一系列程序性事项，在不同国家内部，由于具体国情和海洋环境的情况不同，产生了诸多变体和具体制度，同时形成了一系列经验。

第一，海洋综合管理模式的建立需要法律保驾护航。海洋综合管理将诸多涉海事务、活动参与者等纳入管理体系中，单纯通过行政手段是无法实现管理目标的，法律作为行政手段的有机补充，将政策转化为系统化的操作模式，依据规则和制度逐步实现。因此，法律是海洋政策得以实施和推进的有力保障。

第二，海洋综合管理需要以生态保护为出发点，从顶层出发统筹考量。随着人们对海洋认识的加深，人们越来越意识到海洋问题不是孤立的，海洋环境之间是相互联系、相互影响的。以此为管理基础的科学需要尊重客观规

---

① 关于美国海洋空间管理法律体系的内容，节选翻译来自 Courtney B. Johnson, *Advances in Marine Spatial Planning: Zone Earth's Last Frontier*, J. Envtl. Law and Litigation, Vol. 29, p. 191 – 246 (2014)。

律，以生态保护作为制定一切政策和法律措施等的出发点，并且整体系统地考量海洋管理中的问题，将海洋管理形成嵌套式的体系，层层递进，互相衔接。

第三，海洋综合管理的调整对象不仅是海洋开发等涉海行为，也包括海洋管理者之间的关系问题。例如中央与地方在海洋事务上的权限划分、各部门各机构之间在具体问题上的职责以及如何协调多部门工作等问题。通过对上述管理主体的关系进行调整，间接达到管理海洋的目的。

第四，海洋综合管理应该强调全民参与，突破传统行政管理的主体限制。海洋是人类的共同资源，具体到各国，海洋环境和资源将会直接或者间接影响每个民众的生活，从这一点上说，参与海洋管理是每个民众的权力。同时，以行政机关为主体的管理活动存在一定局限性，尤其在海洋管理问题上，主要以采用引导性政策和规则为主，很难制定具体的实施细则，这需要将更广泛的主体纳入管理者的团队中，以主人翁意识参与进管理活动中，既是被管理者，也是管理者，以最大限度地实现海洋管理的目的。从这一点上说，全民参与海洋管理，保护生态环境是每个公民应尽的义务。因此，海洋综合管理应该打破传统行政管理主体的限制，将更多的主体吸引进管理事务中。

Chapter

第五章

海洋行政执法体制

05

导入案例

黄某良等与舟山市定海区农林与海洋渔业局渔业行政赔偿上诉案

原告黄某良系金塘镇穆岙社区村民，历来在近海以捕鱼为生。为推进市重点项目金塘木岙集装箱港区项目建设，2012年2月18日，原舟山市定海区海洋与渔业局等五家单位发布通告，要求自该通告发布之日起10日内，必须自行清理“无证船只”，该通告所称“无证船只”系指无船名船号、无船舶证书、无船籍港的各类船只。同年2月20日起，原舟山市定海区海洋与渔业局委托相关工程人员对穆岙社区及大浦社区黄泥坎村的400余艘无证渔船开展集中清理，原告拥有的两艘无证机动船只在同年2月25日至27日被拆解，该两艘船只被拆解前系用于捕捞，原告在诉讼中提出该两艘船只马力分别为22匹、27匹。拆解后遗留的残值及网具、渔具等物品均交还原告，事后未获经济赔偿。原告不服，提起行政赔偿诉讼。原审法院另查明，2013年8月30日，舟山市定海区实施行政体制改革，根据此次行政机构改革方案，将区农林局、区海洋与渔业局、区委区政府农业和农村工作办公室的职责整合，组建区农林与海洋渔业局，挂区委渔农村工作办公室牌子，不再保留区农林局、区海洋与渔业局。

典型意义

为了加强渔业资源的保护、增殖、开发和合理利用，维护渔业生产者合法权益，保障水产品质量安全，促进渔业的可持续发展，我国对渔业捕捞业实行船网工具控制指标管理和渔业捕捞许可证制度。渔业船舶证书是渔业船舶非常重要的身份证明，详细记载了船舶的各项信息。从事捕捞作业的单位和个人，都应按照捕捞许可证关于作业类型、场所、时限、渔具数量和捕捞限额的规定进行作业，并遵守国家有关保护渔业资源的规定，我国《渔业法》

第四十一条明确规定，未依法取得捕捞许可证擅自进行捕捞的，没收渔获物和违法所得，并处十万元以下的罚款；情节严重的，并可以没收渔具和渔船。渔业行政执法部门作为渔业管理的重要执法部门，其职权即依法打击各类涉渔违法违规行为，有效发挥渔政执法活动的制裁、教育和指引功能，从而预防和制裁各类非法捕捞行为，规范从业人员行为，维护渔业生产秩序，强化海洋资源环境保护。

第一节　海洋行政执法的基本内涵

海洋行政执法也常被称为海上执法，海洋行政执法是对涉海事务进行管理的重要方式。海上执法权是指海上综合行政执法主体依照法律、法规和国际条约的规定，对在国家主权海域以及国际法所规定的管辖海域内的船舶、人员的海上行为及活动进行管理的过程中，所具有的实施法律管理相对人的权力。

关于行政执法存在广义说和狭义说。广义说认为，行政执法是国家机关行使政权的一切活动，包括行政组织管理活动、贯彻执行国家法律、根据宪法和法律制定经济、社会发展规划、设置和调整行政机构、确定所属部门的职权等。[①] 从上述阐释中可以发现，广义说中的执法主体既包括行政机关，又包括司法机关。上述机关的行为中有可能是抽象的管理行为，也可能是具体的管理行为。狭义说认为，行政执法仅是国家行政机关做出的适用法律进行管理活动的行为，主要是具体行政行为。在现代社会分工精细化的趋势下，以管理活动为依托的科学研究应该愈加精准。行政执法应该仅限于国家行政机关的行为，其他机关例如审判机关和检察机关的行为应该界定为司法行为，区别于执法行为，但这不影响海事行政机关在行政执法的同时具有司法权限。海洋行政执法是基于管理活动的客观对象对于执法行为的划分，主要指国家行政机关，对于涉海事务依据法律法规的授权，实施法律和适用法律的过程。海洋行政执法具体可以分为两类行为：国家行政机关依据法律法规授权作出的具体直接影响行政相对人权利义务的行为以及监督和检察个人、组织的权利和义务履行情况的行为。海洋行政执法是国家行政机关具体行政行为的主要表现形式之一。[②]

海洋行政执法主要涉及三方面内容，海洋环境、资源和海域的开发和利用相关事项、对于违法行为的制裁和维护国家海洋权益和海上安全等。上述

---

① 胡增祥等：《论海洋行政执法的几个问题》，载《青岛海洋大学学报（社会科学版）》2002 年第 4 期。

② 高艳：《海洋行政执法的理论探讨与改革取向》，载《东方法学》2012 年第 5 期。

海洋行政执法内容又可以细化为多种途径和方式，如海洋行政规划、海洋行政命令、海洋行政许可、海洋行政指挥、海洋行政沟通、海洋行政协调、海洋行政调查、海洋行政处罚、海洋行政诉讼、海洋行政复议和海洋行政强制等。

海洋行政执法除了具有一般行政执法的特点外，其涉及较强的规范性和技术性，要求相关执法人员具有丰富的涉海事务管理经验和知识，海洋行政执法主体既包括管理海洋事务的专业性行政机关，如国家海洋局、海事局和渔政等，也包括管理涉海事务的职能性行政机关，如海关和军事部门等。同时，海洋行政执法管理我国内水、领海、毗连区、专属经济区、大陆架甚至某些情况下公海的区域，包含海洋资源的开发利用、海洋环境的保护和其他海洋活动的管理等，其涉及面非常广泛。除此之外，由于海洋的开放性和海洋活动的国际性，海洋行政执法活动常会有涉外因素，这就要求海洋行政执法活动的主管机关和相关人员时刻依法行动，以避免引发外事纠纷。

第二节　我国海洋行政执法体制

由于我国海洋行政管理体制长期处于行业管理与部门分散式管理的模式下，我国海洋行政执法体制在此影响下也属于交叉分散式。在计划经济体制下，涉海产业和事务的发展也是其中重要的一部分。改革开放之前，中国海军的设置主要是从政治需求角度发展而来的，这和当时的政治环境息息相关。1953 年，毛泽东主席曾在中央政治局会议中指出，为了肃清海匪的骚扰，保障海道运输的安全；为了准备力量适当时机收复台湾，最终统一全部国土；为了准备力量，反对帝国主义从海上来的侵略，我们必须在一个较长时期内，根据工业发展的情况和财政的情况，有计划、逐步地建设一支强大的海军。

在 20 世纪 60—70 年代，由于社会经济、科学技术的发展有限，中国对于海洋空间和资源的利用程度较小，海洋管理问题并不明显，此时国家海洋局是我国海洋行政执法工作的主要机构。

1982 年国务院赋予国家海洋局负责组织协调海洋有关工作的新职能。1998 年国务院机构改革后，明确国家海洋局的职责，是国土资源部管理的监督管理海域使用和海洋环境保护、依法维护海洋权益和组织海洋科技研究的行政机构。国家海洋局的主要职责包括如下内容：

1. 制定海岸带、海岛、内海、领海、毗连区、大陆架、专属经济区及其他管理海域的海洋基本法律、法规及政策；编制其海洋功能区划、海洋开发规划、海洋科技规划和科技与海战略；管理海洋基础数据、海洋经济与社会发展的统计工作。

2. 监督管理海域（包括海岸带）的使用、海底电缆和管道的铺设，负责海域勘界。

3. 负责海洋环境保护与海洋政治，监督管理海洋生物多样性和海洋生态环境保护、海洋自然保护区和特别保护区；负责海洋和海洋工程项目的环境影响报告书的核准。

4. 监督管理涉外海洋科学调查研究活动，涉外海洋和海底工程设施及其他开发活动，研究维护海洋权益的政策、措施，对与周边国家海洋纠纷化解提出对策建议，维护公海、国际海底中属于中国的资源权益。

5. 管理中国海监队伍，依法实施巡逻监视、监督管理，查处违法活动。

6. 组建海洋基础和综合调查科研活动，发布海洋预报、海洋灾害警报和公报以及公益服务活动。

7. 管理极地和大洋考察工作等。

中国港监建立于50年代，1998年中华人民共和国港务监督局（交通部安全监督局）与中华人民共和国船舶检验局（交通部船舶检验局）的部分管理职能合并组建中华人民共和国海事局（交通部海事局）。作为交通部直属机构，实行垂直管理体制。依据相关法律、法规的授权，海事局主要负责行使国家对水上安全和防止船舶污染的监督、船舶及海上设施的安全检查、航海保障管理和行政执法，并履行交通部安全生产等管理职能，海事局成为仅次于公安边防海警的重要海上执法力量，主要职责如下：

1. 监督检查船舶和船上设备及人员的技术证书和文书。

2. 对船舶在航行、停泊和作业活动中，是否遵守国际公约、中国有关法律、行政法规和规章进行监督、检察和各种海事事件的调查处理。

3. 发布航行警告和公告，及时为海上航行或其他活动的船只提供海区安全航行的信息及需要注意的事项，避免海难事故的发生。

4. 组建、实施海难救助，采用各种可行手段探寻、打捞，尽可能减少人员与财产的损失。

5. 为航行安全进行航道整治以及潜在爆炸危险的沉积物、漂浮物或其他航行障碍物的打捞、清理和疏浚，维护港口和航道及航行海区的航行状态。

6. 负责船只或其他海上机动污染源污染海洋环境的监视、监测和调查处理，以及事后的清除工作等。

1978 年成立了国家水产总局，下设渔政局，主管水产资源繁殖保护、渔航安全、渔船检验和渔业电信工作。这才有渔政、渔港监督和渔船检验等真正渔政管理意义上的工作内容，渔政管理体系初步形成。中国渔政由农业部渔政局管理，成立于 20 世纪 50 年代。其作为另一只海上重要的执法力量，其权限主要来自《渔业法》《海洋环境保护法》和其他相关规范性文件的授权。中国渔政的主要职责包括以下几点：

1. 监督、检察海洋渔业法律、法规、规章的贯彻执行。

2. 监督、检察国际渔业协定、公约的履行，协助有关部门处理渔政管理方面的涉外事宜；对外国渔船非法侵入管辖海域，依法采取取缔措施维护中国海洋渔业资源权益不受侵犯。

3. 负责渔业许可证的审核和颁发。检查渔船的海上作业、渔获物、捕捞技术与方法，渔业海域的生产秩序，查处违章捕鱼活动，及时处理海上渔业纠纷和其他事故。

4. 管理渔业船只和渔船上的主要设备产品的技术检验，并进行渔船证件、文书的检查。

5. 监督管理渔港、渔业专用港区的安全生产活动。负责渔业船舶船员的考试和发证。

6. 维护渔业水域环境，保护海洋珍稀濒危水生动植物。

7. 对海洋渔业资源状况以及与资源有关的问题，向本级或上级行政部门提出报告和建议等。

1982 年，海军抽调一部分人，组建海上公安巡逻队，1988 年更名为海警，归公安边防领导。作为公安部直接领导的一支海上武装执法力量，主要担负维护国家领海主权和海洋权益，行使国家行政管理权，维护海上治安秩序，服务经济建设发展等职能。鉴于其所担负的任务，并在中国海上执法体系中所占的地位和能力也是首屈一指，故也被称为中国的“海岸警卫队”，在对外交流中常常扮演协调和牵头的角色。1983 年，三警合并成武警总部，各省成立武警总队，海巡大队随边防归属其建制。1985 年以后，各省区海巡大队相继改称为海巡支队，中队改称为大队。1987 年 6 月，公安边防体制调整后，海巡支队归建省公安厅边防局，改称为海警支队。1998 年，中央机构编制委员会办公室下发了《关于国家海洋局船舶飞机调度指挥中心更名为中国海监总队的批复》，国家海洋局将各分局的海监大队和局机关船舶飞机调度指挥中心整合成立中国海监总队。此时的中国海监总队是国家海洋局直属单位，参照国家公务员制度进行管理。其主要职能如下：

1. 为维护国家管辖海域的主权权益，进行全海域的巡航监视；对违法进入中国管辖海域的境外船只、平台或其他运载工具等，进行调查、取证，依法进行海上应急现场处理，或将有关情况，按主管部门的管理分工及时报送。

2. 负责全海域的环境状态的巡航监视，发现海域污染损害事件和环境异常情况，及时通报有关主管部门调查处理，并进行现场的拍摄、取样、取证，提供有关部门查处。

3. 对确认在中华人民共和国内水或者领海内违反中华人民共和国法律、法规和规章的外国船舶，以及在毗连区内违反有关安全、海关、财政、卫生、环境保护或者入出境管理等法律、法规和规章行为的船舶，中国海监船作为中华人民共和国政府授权的为政府服务的船舶、航行器实施紧追权。

4. 负责海上倾废区的倾倒活动的监视，倾废区周围资源、环境影响监视；海洋石油勘探、开发活动和陆源排污口附近水域的监视，发现污染事故，进行调查取证、取样分析，既为事故的处理提供证据，也要协助主管部门进行处理。

5. 进行海域使用和海底电缆、管道铺设的海上监视，监督其使用中、施工中对法规的遵守，如有违法、违规问题，在制止的同时，通报主管部门处理。

6. 监督检查获批准的外国和中外合作在中国领海及其他管辖海域的科学调查或研究活动，是否按批准区域、时间与地点、批准项目内容和方式及船只和装备实施作业。

7. 参与海难救助，以及其他海上执法协同活动等。

1998 年，党中央和国务院组建由海关和公安双重垂直领导，以海关领导为主的海关缉私警察队伍，实行“联合缉私，统一处理，综合治理”的反走私斗争。缉私警察既是海关的一支专职缉私队伍，又是公安部门的一个警种。在这个阶段，缉私局主要职责是：

1. 协同、会同有关部门和其他海上执法力量，依法维护中国主权和海洋权益。

2. 对中国管辖海域，特别是近海、沿岸的各种走私违法犯罪案件，行使管辖。

3. 实施例行和经常的近岸海上巡逻，维护海上进出口经济治安秩序。

4. 参与海上救助和其他海上治安与防卫工作等。

2003 年，全国各海关走私犯罪侦查机构更名为“缉私”机构。2013 年国务院机构改革后，缉私局海上缉私队伍和职能划入中国海警局。在 20 世纪末至 21 世纪初，中国的海上执法事务主要由国家海洋局作为行政主管部门进行管理。国家海洋局负责海洋权益维护、海域使用管理和海洋环境保护监督管理等工作。交通部海事部门负责沿海水域的海上交通安全监督管理工作；农业部门作为渔业行政主管部门，负责全国的渔业工作；国土资源部作为地质资产主管部门，主管全国矿产资源勘查、开采的监督管理工作；涉外海洋科学研究和海底电缆与管道的铺设由国家海洋局负责管理，海上走私行为由国家海关部门负责查处。上述各自拥有海上执法队伍，即中国海监、中国渔政、中国港监、海上武警、海上缉私队等，而这些队伍又分属国家海洋局、产业部、交通部、公安部、海关总署等不同部门。1999 年，海关总署走私犯罪侦查局成立。同年，海关总署联合最高人民法院等五部委下发了《最高人民法院、最高人民检察院、公安部、司法部、海关总署关于走私犯罪侦查机关办理走私犯罪案件适用刑事诉讼若干问题的通知》，该通知是海关缉私部门适用刑事诉讼法的基本规定。至此，我国在海上拥有行政执法权力的部门框架形成，包括海监、海事、海关、渔政和公安边防等，这一局面被戏称为“五龙闹海”。各个涉海机构分别隶属海洋、交通、海关、农业、公安、环境等系统，各自管辖的领域包括海洋的使用、海上船舶和建筑物安全、渔业、环境保护等。多部门负责海上执法，主要引发两方面问题：首先，海上行政执法资源浪费严重，多部门执法可能需要国家对多部门进行重复投资和建设，影响海上执法力量的实际效果，部门分割、专属管辖导致其他执法队伍即使在海上发现违法行为，也会因缺少权限而无法发挥监管职能；其次，涉海活动往往是复杂的，涉及多部门的职责和权限，此时我国的海洋管理体制是某一个部门专门负责某一方面事务，造成实践中问题处理低效、部门推诿等现象。

2013 年《国务院机构改革和职能转变方案》之前，我国海洋行政执法体制如表 5 - 1 所示。

表 5 - 1　2013 年以前我国海洋行政执法体制

机构	职　责
中国海监总队	依照有关法律和规定，对中国管辖海域（包括海岸带）实施巡航监视，查处侵犯海洋权益、违法使用海域、损害海洋环境与资源、破坏海上设施、扰乱海上秩序等违法违规行为，并根据委托或授权进行其他海上执法工作
公安边防海警	主要负责近海安全，处理近海治安、刑事等案件的调查处理，打击走私、偷渡、贩毒等海上违法犯罪活动
缉私警	依法查缉涉税走私犯罪案件，对走私犯罪案件和走私犯罪嫌疑人依法进行侦查、拘留、逮捕和预审工作。承办国务院、海关总署、公安部交办的重大走私案件和其他事项等
海事局	水上交通安全监督管理、船舶及相关水上设施检验和登记、防止船舶污染和航海保障等行政管理和执法职责
渔政	负责渔业行业管理和职责范围内的渔政管理。拟订渔业发展和渔政管理战略、政策、规划、计划并指导实施；起草有关法律、法规、规章并监督实施；编制渔业渔政基本建设规划，提出项目安排建议并组织实施；编制渔业渔政财政专项规划，提出部门预算和专项转移支付安排建议，并组织或指导实施

2013 年，依据国务院机构改革方案，国家海洋局实现了重组。规定国家海洋局及其下属中国海监总队、原农业部中国渔政、原公安边防海警和原海关总署缉私警察整合为新的国家海洋局。重新组建的国家海洋局，以中国海警局的名义开展海上维权执法，同时接受公安部业务指导。中国海警局负责维护海上安全与秩序、海洋资源的开发和利用、海洋生态环境的保护等。中国海警局海事执法权是一种具有国家强制力保障的公权力，是国家执法权在海上的延伸，是我国在未来一段时间内海上唯一具有武装执法权的机构。中国海警的执法权实质包含了司法性和行政性，同时行使国家司法权和行政权

力。经过这次机构重组，海事行政执法体制主要由以下机构组成，其职责如表5－2所示。

表5－2　海事行政执法体制

机构	职　　责
中国海警局	打击走私与海盗、保护海洋环境、管理海域使用、监督管理渔业生产、维护海上安全和秩序等
海事局	水上安全监督和防止船舶污染、船舶及海上设施检验、航海保障管理和海上行政执法，同时履行国家交通部安全生产管理等职能

此次改革，在一定程度上缓解了我国“五龙治海”的交错局面，使中国海警取得了相对集中的海事执法权限。但是问题依然存在，中国海警局尽管取得了海事执法权限，但由于其职权涉及面广、部门分散，在协调和处理实践问题时依然需要漫长的探索和完善之路。同时，中国海警局和海事局海上执法机构等在权限上有诸多交叉部分，如何更好地明确各自权限，并在需要时互相配合完成海事行政执法任务，仍然需要进一步的政策、法律法规方案的调整。

2018年3月国务院进行了第8次机构改革，在此次改革后，我国海洋行政执法体制也发生了相应变化，按照不同类型事务不同治理方案的原则，主要有以下三方面的变化：

表5－3　我国海洋行政执法体制变化

	原负责部门	现负责部门	备注
海洋生态环境执法	环境保护和国土、农业、水利、海洋等部门	生态环境部	生态环境保护执法得到统一
海上自然资源执法	国家海洋局	自然资源部	对外保留国家海洋局的牌子
海上涉外行政执法	国家海洋局（中国海警）等	中国海警局	

2013年和2018年的机构改革描绘了未来我国海事行政执法体制的宏伟蓝图和发展方向，即将海上执法力量统一，区分不同事务，按照事务类型划归管理部门的方式重新调整海上执法体系。但此种调整方式是否能够符合实践需求，执法过程中会否有权限交叉、模糊地带等仍需要实践检验。

第三节 国外行政执法制度对我国的启示

一、美国

州政府对于潮水之下覆盖的陆地（包括可航水域和非可航水域）行使管辖权。1953 年《美国水下土地法》（The Submerged Lands Act）赋予每个州对于州界内、在可航水域之下的陆地和自然资源所有权，创设了州管辖水域边界。“公益信托原则”（public trust doctrine）来自罗马法和英国普通法，它要求政府保护公共利益。传统上公共利益主要包括航行、捕捞和商业；现代，该原则还要求政府承担在娱乐、环境保护、研究和保护风景名胜和文化遗产方面的义务。例如，在一个案件中，原告要求政府在气候变化问题上采取行动，以保护作为公众信托资源的大气。

大多数情况下，州水域管辖权为海岸线向外延伸 3 海里。在州水域管辖区域，联邦政府保留在商业、航行、发电、国防和国际事务方面的管辖权。州政府保留管理、开发和租赁整个水域资源的权利，包括海底和底土。州政府必须在符合公共信托原则的前提下，为了公共利益行使上述权力。根据《美国水下土地法》的规定，州政府管理州水域海底区域的行政许可事项，包括铺设水下电缆、移除或填充海岸线区域等。各州政府的野生动物机构负责管理州水域内的海洋生物资源。但是，《美国海洋哺乳动物保护法》（Marine Mammal Protection Act）禁止州政府针对有关海洋哺乳动物制定法规，除非得到了明确的授权。目前只有加利福尼亚和阿拉斯加两个州曾经申请授权，但都未成功。[①]《美国濒危物种法》（Endangered Species Act）规定了州政府保护濒危物种的协议方案。如果一个州的保护方案达到了《美国濒危物种法》的要求，那么联邦政府必须与州政府达成合作管理协议。

根据《美国海岸地区管理法》（Coastal Zone Management Act，CZMA），州政府在联邦政府管辖区域内也需要扮演角色。鉴于 CZMA 旨在“保护、开发和发展以及在可能的情况下恢复和增加国家海岸带资源”，该法鼓励沿海州

---

① 470 F. Supp. 423, 424 – 25 (D. D. C. 1979).

自愿开展和实施海岸管理计划。该法规定，联邦政府的行为和活动，除了例外情况，将符合州政府制定、联邦政府批准的可行的海岸带管理方案。该内容的规定被称为联邦政府一致性条款（federal consistency provision）。该条款要求联邦政府实施的、可合理预见将会影响海岸带区域土地使用、水域使用或者自然资源的行为，必须符合经联邦政府批准的，州制定的海岸带管理方案的要求。该条款适用的标准是“效用原则”（effects test），即联邦政府的行为是否对海岸带区域产生影响。

联邦政府一致性条款的争议出现在 Secretary of the Interior v. California 案，该案中最高院法官认为外大陆架租赁销售不受 CZMA 中联邦一致性条款的约束。当时，CZMA 中条款规定的活动是“直接影响沿海地区的”。由于该案的判决，1990 年 CZMA 的修订进一步界定了条款的适用范围和情形。修正案取消了一致性的类别豁免：“一项具体的联邦活动是否受到一致性条款的约束，将由该活动实际是否影响了州沿岸地区自然资源、土地使用和水域使用这一事实因素决定。”“影响”这一因素的判定标准是较为广泛的。

美国海事执法体制主要由以下机构组成：美国海岸警卫队、国家海洋与大气局、内政部和环境保护署等。海岸警卫队是美国海事行政执法的主要力量，具有综合执法权限，美国海岸警卫队是世界上成立最早的海岸警卫队，规模最大，装备较为完善，与陆军、海军、空军和海军陆战队共同构成美国五大军种。但是美国海岸警卫队是唯一拥有执法权力的队伍。国家海洋渔业服务局隶属于国家海洋与大气局，其下属的 6 个地区渔业执法办公室，负责与各州协调海洋渔业执法问题。内政部中主要涉海执法部门是美国鱼类与野生生物管理局、国家公园管理局、海洋能源管理局、安全与环境执法局。环境保护署通过审批许可制度，防控海域污染，维护海洋生态环境。

美国海事执法体制中最需要说明的是海岸警卫队的构成和职责。因为海岸警卫队几乎覆盖了大部分美国海事执法内容。美国海岸警卫队前身是“海洋缉私局”，1915 年缉私巡逻艇局和救生局合并，成立美国海岸警卫队。之后美国海岸警卫队的主管部门几经变迁，包括财政部、海军部、商业部等。2003 年开始，海岸警卫队转隶新成立的国土安全部。美国总统奥巴马于 2010 年签署了美国海岸警卫队授权法案，赋予了美国海岸警卫队（USCG）加强美国港口和水域安全的权利，允许其获得相关船舶和飞机在美国水域巡逻的支援，新法案还增加了对拒绝认罪的船舶操作人员，特别是涉嫌药品走私及运输非法移民的船舶操作人员的犯罪惩罚的权力。根据2012年修订的《美国海岸警卫队法》和相关条例，美国海岸警卫队主要职责包括：在公海和美国管辖海域及其水下和上空执行或协助执行所有适用的美联邦法律；对海上的情况进行空中监视或拦阻，执行或协助执行美国的相关法律规定；在公海上和美国领海内管理相关法律规定，宣传和执行改善人员生命安全和财产安全的相关规定，涵盖法律未专门规定由其他执行部门承担的所有事务；在公海上和美国管辖海域内开发、建立、维护和运行航海导航、破冰设施和救助设施，恰当地考虑国防的相关要求；确保各种安全事务；在公海和美国管辖海域以外的地方，按照国际协议的规定，开发、建立、维护和运行破冰设施；在公海和美国管辖海域进行海洋学研究；保持待命状态，随时准备好在战争期间提供特种服务，其中包括履行海上防区的指挥职责。[①] 美国海岸警卫队的职能可以概括为五个方面：国土防卫、海上治安、海上安全、海上交通、海洋资源和环境保护。2015年3月美国发布的新版海上战略《21世纪海上力量合作战略》中，[②] 把美国海岸警卫队作为负责提供西半球安全的领导机构，再次扩大了海岸警卫队在海上安全中担负的任务。[③] 2008年至2015年美国海岸警卫队工作量细分如表5-4所示。

表5-4 2008—2015美国海岸警卫队工作分量[④]

职责名称	工作量占比（%）	备 注
国土防卫管理	15.30	其中保护伊拉克海上石油基础设施的工作量占2.35%，美国军用物资运输安全保障工作量占3.71%，这均与美国全球战略有关
海上治安管理	0.23	海上缉毒和防止非法移民
海上交通和安保管理	66.25	
海洋环境和资源管理	18.22	以环境保护为主，将设施安全和海洋污染检查（11.09%）也纳入该项职能中

① The Coast Guard Act.

② 王培：《印度学者研究美国新海上战略及其对亚洲的影响》，载《防务视点》2015年第8期。

③ 刘大海、刘芳明等：《美国海岸警卫队职能演变及工作量占比研究——基于2008—2015年美国海警官方数据》，载《海洋开发与管理》2016年第7期。

④ 韩依潼、贾世娜：《半集中式海洋执法模式在我国海洋执法领域的适用》，载《水运管理》2017年第7期。

从表 5－4 中可以看出，美国海岸警卫队过去几年中主要从事的工作是海上交通和安保管理。美国海岸警卫队对于突然事件的应急处理机制也是值得学习的。根据美国法律，在事件具有特定属性时，将成立联合指挥部，以协调和指挥突发事件的处理。这些属性包括：（1）跨越了地理界限（如两个州的分界线、国界线）时；（2）涉及多个不同的行政级别（如联邦、州、地区）时；（3）涉及功能性职责（如搜救、火灾、漏油、应急医疗服务）时；（4）以上情况有数个出现时。在联合指挥部下，设置参谋部和行动科、计划科、后勤科等基本部门。在处理突发事件时，美国海岸警卫队已经形成了一套固定的流程，通过短期应急措施、情况简报和会议等形式获得事件最新情况和进展，明确目标从而制订应急处置计划。协调各部门，为计划的实施和开展提供经费、人力和物力等的支持。按照事件的优先级确定分工和救援人员分组，调动多部门多力量的共同参与等。由于美国海岸警卫队严格按照流程和标准处置突发事件，提高了事件的处置效率，能够最大限度地挽回损失，并避免进一步损害的发生，在这方面积累了丰富的救援经验。美国海岸警卫队主要依据《美国法典》和《美国海岸警卫队法》执法，其体现出了较为集中式的海洋执法特点。

近年来，我国海上事故频发，尤其是海上作业溢油、船舶漏油等突发事件，对我国相关人员、环境等造成了不可估量的损害。2018 年 1 月 6 日，隶属伊朗光辉海运有限公司的巴拿马籍油船“桑吉”轮与中国香港籍散货船“长峰水晶”轮在长江口以东约 160 海里处发生碰撞。“桑吉”轮载有凝析油约 13.6 万吨，几千吨船用燃油，在我国海域沉没并发生了世界历史上罕见的凝析油泄漏事故。1 月 25 日中国、伊朗、巴拿马和中国香港特区海事主管机关签署了联合开展“桑吉”轮和“长峰水晶”轮碰撞事故安全调查协议，由四方联合组成的调查组开展调查。此次凝析油泄漏事故是对我国海上突发事件应急处理机制的一次考验，在此方面，美国海岸警卫队的突发事件应急处理机制值得我国借鉴。

二、加拿大

加拿大海洋执法体制由高层协调机构和部门分工合作组成，加拿大部际间海洋安全工作组，是加拿大海事行政执法中的高层次协调机构，其他涉海部门在协调机构的指挥和指导下开展涉海行政管理工作。这些涉海部门主要包括：加拿大海岸警卫队、加拿大海事局、渔业和水产管理局、边境服务署和皇家骑警。

在上述部门中，加拿大海岸警卫队是最重要的海上执法力量。加拿大海岸警卫队是世界上最早成立的海岸警卫队之一。加拿大海岸警卫队原称加拿大巡防船队，成立于1867年，1995年划归海洋渔业部。海岸警卫队主要任务是保证加拿大水域的交通安全及环境安全。通过海运领航服务、海运信息和交通服务、破冰作业、营救安全和环境保护管理五项工作来保证其主要任务的完成。① 加拿大海岸警卫队是海事综合执法部门，他们的权限来自多部法案，包括《加拿大海洋法》《加拿大航海法》《加拿大领海和渔区法》《加拿大渔业法》《加拿大沿海渔业保护法》《加拿大大西洋渔业管理区规定》《加拿大防止油类污染法》等。与美国海岸警卫队不同的是，加拿大海岸警卫队不是军事机构。加拿大海事局是隶属于交通部的派出机构，负责维持海上交通和安全，检查船舶，登记船舶和发放相关证书等。加拿大渔业和水产管理局隶属渔业和海洋部，主要负责渔业管理，捕捞规则的制定和执行，其他相关政策方案的施行等。边境服务署隶属公共安全部，加拿大海关也是边境服务署的机构。边境服务署主要职责包括：管理进出口事务，打击恐怖主义、战争犯罪等，食品和动植物检疫和海关相关职能等。皇家骑警隶属公共安全部，主要负责调查初犯联邦法律的犯罪行为、维护和平，骑警包括海洋警察舰队。海洋警察舰队主要负责海上运输和定期巡逻服务，维护海上治安，防止犯罪等。

三、韩国

韩国海洋行政管理体制在1996年之前主要是部门分散式管理。韩国国防部于1948年成立，其前身为成立于1945年的韩国军事局，是韩国最高军事机关，主要负责制订国防政策和军队建设计划。国防部指挥和控制武装部队，海军因此担负着维护海上安全和秩序，尤其是海岸警戒等工作。

1953年韩国成立了海洋警察队，1991年升级为海洋警察厅，维护海上安

---

① 刘少才：《加拿大海岸警卫队：海洋的保护神》，载《水上消防》2010年第4期。

全。韩国海警的具体工作包括海上巡逻警戒、经济海域与渔业维护、警戒驱逐不法侵入船只、防堵海上不法活动、海难救助、污染防制与海洋环境保护、海上交通安全维护；第一线处理韩国与邻近国家的经济海域、领土与渔业纠纷（包括经济海域重叠、岛屿争议以及越界捕捞等）等。因此，韩国海警具备准军事性质，堪称韩国的“第二海军”。

1996 年韩国海洋与水产部成立，海洋警察厅归海洋与水产部管理。海洋与水产部负责一般海事和渔业事务，促进海上安全保障，保护海洋环境，港口和渔业港口发展，管理极地问题，可持续利用研究和开发渔业资源，促进海洋休闲活动等。海洋与水产部具有广泛的海洋管理权限，强化了韩国海洋维权工作，主要执行下列事项。

1. 海洋权益维护和犯罪侦查。该机构负责维护朝鲜半岛东、西及南部海域，在领海及 200 海里经济区内，部署广泛人力，以对抗走私及非法出入境的犯罪行为。监控海上捕捞行为，维护本国民众利益以及韩国海洋权益。

2. 海事搜索与救助。该机构负责对突发海上事故的应急处理，通过信息技术设施的协助，搜索落难人员、财产、船舶，执行其他救助任务。

3. 维护海上安全。负责海上交通秩序的维护与管理工作，维护海上通航环境，确保民众出行的安全。

4. 保护海洋环境。负责海上油污泄漏等事故的处理、其他污染行为的防控和管制。

5. 国际交流。韩国与邻国，例如日本、中国、俄罗斯等国，及其他世界各国建立了密切的海上合作关系，涉外事务的处理主要由该机构负责。

2005 年韩国海洋警察厅升格为副部级，成为与韩国警察厅同级别的执法机构。2006 年 11 月 16 日韩国海洋警察厅与韩国国立海洋调查院签署了关于《保护国民生命财产安全和保护海洋主权的谅解备忘录》，由韩国国立海洋调查院接管苏岩礁海洋观测基地。2007 年 2 月 9 日，韩国国防部表示，将通过制定国防改革的法律施行令立法，2012 年年底之前将原国防部负责的海岸警戒任务移交给海洋警察厅。2007 年 6 月 15 日，韩国海军与海洋与水产部签署了《海洋安全综合信息合作协议》。2008 年 2 月 25 日韩国李明博总统组阁新政府后，韩国海洋警察厅挂靠在国土海洋部。2013 年恢复海洋与水产部后，海洋警察厅回归海洋与水产部，海洋警察厅总部设在仁川。[①] 海洋警察厅一度被誉为与公共安全警察和消防警察并存的韩国三大警察力量之一。

2014 年韩国总统朴槿惠因“世越号”沉船事件，宣布解散海洋警察厅。其职能分别移交给警察厅和新设立的国家安全处。由于海洋警察厅的解散，韩国海上现场管制、调查和情报人力大幅减少，随着滥捕水产资源、非法将废油倒入海里、贩卖毒品等犯罪的猖獗与海上犯罪案件的侦查量锐减的现实，2017 年以来，民众和相关党派人士纷纷呼吁重建海警，形成更为有效地管理海洋安全、行使海事执法权限的机构。2014 年在解散海洋警察厅的同时，新成立了由 1 万人组成的国家安全处，作为国务总理室直属机构，主要负责国家安全管理职能和防灾职能，扮演“安全指挥塔”角色。由于机构庞大，将海洋警察厅和消防防灾厅合并，如何更高效地发挥其现场监管和执法能力也成为学者和实务界人士关注的问题。

从上述发展历史来看，韩国海事行政执法体制主要由国防部、海军、海洋警察队（后并入国家安全处）、海洋与水产部等机构组成，其中海洋与水产部承担了多项海事行政执法工作，海洋警察厅也扮演重要角色。可以说，自 2014 年之前，韩国已经形成了较为体系化的海事行政执法体系，但是自从 2014 年海洋警察厅解散后，韩国海上安全执法体系出现了明显的漏洞，也成为朴槿惠政府饱受诟病之所在。2017 年 7 月，文在寅总统重设海警厅，并将其重新纳入海洋水产部。2019 年，韩国颁布了《海洋警察法》，《海洋警察法》明确规定了海洋警察厅的职责。特别是为了加强海警力量建设，提高行动效率赋予了海洋警察厅长极大的权限，明确规定“海洋警察厅长应监督海洋警察的事务，并指导和监督各级海洋警察机构的官员”，并在规划制定、装备保障、人员培训、技术创新、与私人组织和机构的合作等方面都具有主导权。

四、澳大利亚

澳大利亚在海洋事务执法体制上也经历了由分散式到逐步集中统一的过程。1999 年成立的统一海岸警备队是海事行政执法的主要力量。而 2005 年由澳大利亚海关与边境保卫局和澳大利亚国防部队联合组建的边境保卫指挥部，

---

① 李景光主编：《国外海洋管理与执法体制》，海洋出版社 2014 年版，第 185 – 186 页。

成为澳大利亚海洋权益与执法工作的高层次议事协调机构。澳大利亚海岸警备队主要职责包括随时监管、掌握并向上级汇报边境地区发生和潜在的违法行为，对保证国家边境完整是至关重要的。海岸警卫队是海关总署的行动部门，领导近60个下设机构。边境保卫指挥部是由多部门联合组成的特混队伍，执法对象包括：（1）非法开发自然资源；（2）在海洋保护区进行的非法活动；（3）人员的海上非法入境；（4）非法进出口；（5）海上恐怖主义活动；（6）海盗、海上武器抢劫或其他暴力活动；（7）危害生物安全的活动：（8）海洋污染活动。除了海岸警备队和边境保卫指挥部，澳大利亚其他涉海执法机构主要有：司法部、南极局、通信与媒体署、联邦警察、渔业管理局、海事安全局、检疫与检验局、农业、渔业与森林部、国防部、外交与贸易部、移民与运输部、总理与内阁部、资源、能源与旅游部、应急管理局、大堡礁珊瑚海洋公园管理局。[①] 其中，海事安全局负责维护海事安全、保护海洋环境、海空搜索与救援等工作。渔业管理局管理联邦渔业资源的开发和利用，打击非法捕捞活动。检疫与检验局负责对进入澳大利亚的国际旅客、货物等进行安全检验检疫，维护农业、工业和环境的安全。海关与边境保卫局的主要职责是维护澳大利亚边境安全，对于跨边境非法活动具有侦查权。国防军特遣部队处理在澳大利亚海域发生的突发事件。

五、日本

日本海事行政执法机构主要是海上保安厅，该机构具有海上综合执法权。由于成立时日本不允许拥有军事组织，因此英文译名为“Maritime Safety Agency of Japan”。随着海洋事务的发展和海洋与岛屿问题的日趋突出，日本海上保安厅职责范围不断扩大，装备日益增强。日本海上保安厅包括行政部、装备与技术部、警备与救难部、水道与海洋学部、海上交通部等5个职能部门，分为11个管区，还有海上保安大学和海上保安学校等培训机构。[②] 海上保安厅依据法律主要职责是海难救助、交通安全的维护和保护海洋环境等，占总工作量的80%以上。《日本保安厅法》是海事部门执法的主要依据，该法制定于1948年，主要调整日本海上保安厅的权限、执法程序和强制措施

① 李景光主编：《国外海洋管理与执法体制》，海洋出版社2014年版，第157页。
② 李景光主编：《国外海洋管理与执法体制》，海洋出版社2014年版，第171页。

等。日本海上保安厅设置的目的是“让美丽的大海永远安全”。日本海上保安厅任务主要包括如下事项。

（一）海上治安管理

日本海上保安厅最重要的一项任务是维护海上安全，具有广泛的管辖权，例如刑事犯罪的侦查、民事案件的调查、毒品等走私案件的稽查权等。近年来，日本海上犯罪率居高不下，包括不限于黑社会犯罪、偷渡、毒品贩卖和枪支走私等，日本海上保安厅据此配备了巡逻船艇、巡逻飞机等硬件设施，充分发挥其海上监视、收集情报的职责。

（二）海上交通管理和事故救助

日本海上保安厅负责东京湾等海域区域交通管理工作，以确保航行安全。海上保安厅的权限，不仅包括对于船舶航行、停泊的管制，还包括港内工作和作业的调度管理、助航设施的设置等工作，海上保安厅通过海上交通管理系统的配合，管理船舶航行，扮演海上交警的角色。除此之外，海上保安厅需要 24 小时监视海况，处理海上突发事故，包括采取措施进行救助等。日本海上保安厅的海难救助制度较为完整，包括收集信息、分析情报、联络救助资源、划分搜救区域、现场施救等环节。为了提高海难救助的效率，日本海上保安厅建立了海难咨询收集体制和响应机制，包括专属遇险频率负责 24 小时接收讯息，以及医疗人员、巡逻船艇等的配备，都是为便于尽快救助而设。

（三）海洋环境保护

日本海上保安厅负责监管海上活动和行为，包括对于海洋污染行为、海上灾难事故的监控。该机构对于海洋环境的保护和治理，至关重要。在海洋污染行为中，油污损害属于较为典型的事故。日本海上保安厅负责监管相关企业、船舶和其他海岸工程的行为和活动，防止其排放油污、含有油污的废水等。同时，海上保安厅还配备了针对重大溢油事故的污油回收装置等，24 小时待命，以处理突发海上污染事故。

（四）海洋科学研究活动

海上保安厅不仅负责海上相关管理活动，同时也在开展海上科学研究，例如对于海底地形、水深、潮汐特点等的观察、记录和信息收集，据此编制海图、航海指南、潮汐表等文件，供航海相关人员使用。日本海洋资料中心（JODC）是日本唯一的权威海洋资料库，其隶属于海上保安厅，该机构承担了日本国内主要的海洋科学研究工作。

（五）国际交流

日本是《联合国海洋法公约》的缔约国，在海洋管理和海洋事务上，通过海上保安厅的工作，与世界各国进行业务交流。

2007 年 7 月 20 日，《日本海洋基本法》正式实施，日本实现了由海岛国向海洋国家的战略转变。该法设立了由首相主持的海洋政策本部，设置了海洋政策担当大臣，统一协调和管理日本海洋要务。同年，另一部被作为《海洋基本法》配套措施的法律《海洋构筑物安全水域设定法》也于 2007 年实施。日本海上执法体系具有明显的向外扩张性和主动性。[①]

对比上述国家的海事行政执法体制，可以归纳出以下几点结论：第一，各国海事行政执法体系可以分为分散式和集中式执法。分散式执法即由多个部门对于海上事务进行执法，集中式执法一般由统一执法机构或者协调机构调整海洋事务和实施法律。美国、澳大利亚、加拿大、韩国、日本都是集中式执法的典型代表。第二，集中执法也存在不同类型，主要可分为行政部门执法和军队执法。如美国是典型的军队执法，而加拿大等属于行政部门执法。

我国在构建和完善海上执法体系过程中，既要吸引国外先进经验，又要考量本国国情。首先，我国与邻国一直存在领土争端问题，我国在海上执法力量的构建过程中需要坚持和平共存、共同发展的主旨，以维持中国在国际上的地位和形象。其次，海上行政执法力量的统一和分散需要从有利于实践、提高成效和减少不必要的程序负担角度出发进行调整和完善。此外，在“一带一路”倡议下，尤其是在海上丝绸之路的契机下，海运安全、构建和谐的海上交通运输环境都是海上执法体系构建和完善时需要考量的。

---

① 李响：《国际法视野下的中国海事行政执法问题研究》，大连海事大学 2012 博士学位论文，第 95 页。

Chapter

第六章

海洋行政行为

06

导入案例

海南省海口市海洋非法倾废行政公益诉讼案

2019 年，海口市检察院经调查发现中汇公司无海洋倾废许可证，在海口市海甸岛美丽沙搭建临时码头，用船舶运输建筑垃圾，其倾倒垃圾的海域非指定的海洋倾废区域。故于 2019 年 1 月向海口市海洋与渔业局发出检察建议书，要求其依法履行职责，对非法倾废行为予以查处，对违法行为人追究生态损害赔偿责任。同年 11 月，向海口市海事法院提起了民事公益诉讼。法院经审理认为，中汇公司未就案涉建筑垃圾倾倒入海行为办理海洋倾废许可证，其海上倾废行为属于违法行为，对海洋生态环境造成了实际损害及持久影响，依法应对所造成的海洋生态环境损害承担责任。2020 年 3 月 26 日，一审法院判决被告支付修复费、鉴定费等 907 万元。

典型意义

本案是海洋生态环境检察公益诉讼与行政机关职能衔接的典型案例，对于海洋生态环境保护，海洋行政机关负有直接管理的职责，公益诉讼检察则起到补充作用。本案中海洋管理部门虽然对违法行为进行了处罚，但未能做到全面监管和要求违法企业对污染的海域进行生态环境损害赔偿修复。因此，检察机关继续通过行政公益诉讼督促行政机关履职并对违法行为人依法提起民事公益诉讼，从而共同发挥保护海洋生态环境、维护社会公共利益的职能作用。

第一节　海洋行政行为概述

一、海洋行政行为的概念和特征

（一）海洋行政行为的概念

行政法学最早源于行政学，行政法学上“行政行为”这一概念亦由行政学中的概念演变而来。行政行为理论作为行政法学理论的基石，历来为我国行政法学所重视。关于行政行为的概念内涵与分类，学界一直有不同的观点。早期关于行政行为的概念，多是从行政学的角度进行分析，应松年教授主编的《行政法学教程》从行政法学的角度对行政行为进行了定义，该书认为行政行为是“行政法律行为”的简称，是行政机关为实现行政管理的目标，行使行政权力，且具有法律效果的行为，区别于国家行为、事实行为和公务员的行为。[①] 总结而言，学者们关于行政行为概念的认识可以总结归纳为最广义、广义、狭义和最狭义四种。其中，最广义说认为，行政行为统指国家行政机关实施的一切行政管理行为。[②] 广义说认为，行政行为是指行政机关行使行政权力所实施的一切具有法律意义、产生法律效果的行为。[③]狭义说认为，行政行为是国家行政主体依法实施行政管理而直接或间接产生法律效果的行为。[④] 最狭义说则认为，我国行政法学上的行政行为指的是行政主体为实施国家行政目标，基于其行政职权而作出的能够直接或间接引起法律效果并受行政法所规制的，以作为和不作为两种形式表现的法律行为。[⑤] 但就行政行为的类型而言，学界基本达成共识，即按照不同的划分标准，可以分为具体行政行为和抽象行政行为、外部行政行为和内部行政行为以及单方行政行为、双方行政行为和多方行政行为这几种主要类型。

根据上述分析，海洋行政行为可以归纳为是由海洋行政主体依法实施的，

① 应松年：《行政法学教程》，中共中央党校出版社 2001 年版，第 119－121 页。
② 张尚鷟：《行政法教程》，中央广播电视大学出版社 1988 年版，第 125 页。
③ 张尚鷟：《走出低谷的中国行政法学》，中国政法大学出版社 1991 年版，第 137 页。
④ 许崇德、皮纯协主编：《新中国行政法学研究综述》，法律出版社 1991 年版，第 179 页。
⑤ 胡建淼：《行政法学》，法律出版社 2015 年版，第 124 页。

能直接或间接引起法律效果并受相关海洋行政法规制的法律行为。海洋行政行为的概念包括以下几层含义：一是主体特定，行为主体为海洋行政主管部门；二是范围特定，即行使的是海洋行政职权，进行海洋行政管理的行为；三是因海洋行政行为而产生法律效果。

（二）海洋行政行为的特征

海洋行政行为是能够直接或者间接引起行政法律效果的海洋法律行为。法律行为区别于事实行为的关键是在于法律行为能够引起当事人权利与义务的变化从而产生法律上的效果。海洋行政行为具有以下四个方面的法律特征。

1. 单方性。海洋行政主管部门可以独立依意愿自主作出行政行为，无须与行政相对方进行协商。即使是在行政合同行为中，在行政合同的缔结、变更、解除与履行等诸方面，行政主体均具有与民事合同不同的单方意志性。

2. 强制性。海洋行政行为一旦作出，行政相对方必须予以遵守或配合，无权以个人意志予以变更或拒绝。否则，作出行政行为的行政主体基于国家权力有权予以强制实施，进行行政制裁或强制执行。

3. 裁量性。海洋行政机关在法律规定的范围和幅度内，有权自行决定处理问题，作出行政行为。之所以赋予行政机关一定的自由裁量权，原因在于法律不可能对行政管理规定得事无巨细，再加上立法技术本身具有局限性，因此需要灵活应对行政管理的广泛性、变动性、应变性。

4. 无偿性。行政主体所追求的是国家和社会公共利益，海洋行政机关代表国家对海洋资源进行管理、维护和分配，职能行使和行政行为均属于法律授权的行为，目的在于提供公共管理和社会服务，并非以盈利为目的，因此具有无偿性。

二、海洋行政行为的种类

行政行为因为被赋予了行政权力而具有一定的法律效力，具有一定的强制性和约束力。海洋行政主体因行使行政职权和产生法律效果的不同，作出的行政行为主要可以分为海洋行政许可、海洋行政处罚、海洋行政强制、海洋行政复议等。

海洋行政许可是行政许可的一种，是指海洋行政管理机关根据申请，经依法审查，准予从事特定海洋事务的行政行为。海洋行政许包括海事行政许可、海域使用许可、渔业捕捞许可等。①

海洋行政处罚是海洋行政机关基于行政管辖关系依法作出的处罚行为。以涉海违法行为为前提，但属于一般性违法，情节较轻，尚不构成刑事处罚，主要包括单位和个人违反海域使用、海洋环境保护、铺设海底电缆管道、涉外海洋科学研究管理等海洋法律、法规或者规章。②

海洋行政强制包括行政强制措施和行政强制执行两种，其中行政强制措施是指海洋行政机关依法对公民、法人或者其他组织的人身或财物实施暂时性的控制；行政强制执行是指海洋行政机关对不履行行政决定的公民、法人或者其他组织，依法申请法院予以强制履行。

海洋行政复议是当公民、法人或其他组织认为海洋行政部门作出的行政行为侵犯其合法权益时可以依法向海洋行政部门申请复议。行政复议机关依照法定程序对被申请的具体行政行为进行合法性、适当性审查，并作出行政复议决定。海洋行政复议是公民、法人或其他组织通过行政救济途径解决行政争议的主要方式。

三、海洋行政行为的生效要件

生效要件是指产生法律效力的行为必要条件，缺少任何一项要件，该行为即是无效的或者是可撤销的。一般来说，海洋行政行为的生效要件包括主体、权限、内容、意思表示和程序。

1. 主体合法。主要包括：(1) 机关合法，即作出海洋行政行为的主体为依法设立，能以自己的名义行使行政职权的海洋行政机关；(2) 人员合法，即具体实施海洋行政行为的人员为有法定的行政职务，能对外行使行政职权的海洋行政公务人员；委托合法，海洋行政主体将其职权委托给其他组织和

---

① 《海事行政许可条件规定》第二条：本规定所称海事行政许可，是指依据有关水上交通安全、防治船舶污染水域等海事管理的法律、行政法规、国务院决定设定的，由海事管理机构实施，或者由交通运输部实施、海事管理机构具体办理的行政许可。《海关行政许可管理办法》第二条：本办法所称的海关行政许可，是指海关根据公民、法人或者其他组织（以下简称申请人）的申请，经依法审查，准予其从事与海关监督管理相关的特定活动的行为。

② 《海洋行政处罚实施办法》(自 2003 年 3 月 1 日起施行)。

个人时，应依法定程序和条件进行。

2. 权限合法。海洋行政主体是在法律规定的职权范围内实施一定的行政行为，所作出的行政行为应与法律的规定相符，受委托执行公务的组织和个人也应在委托权限内行使职权，否则即视为越权。

3. 内容合法。海洋行政行为对相对人权利、义务的影响或处理均应符合法律法规的规定和社会公共利益。裁量行为则不得超越法定范围和幅度，符合法律精神，不得滥用权利。

4. 意思表示完全真实。对于单方做出的行政行为，海洋行政主体应准确表达本意，不能在有重大误解和受欺诈、被胁迫的情况下作出。对于双方行政行为，行政相对人的意思表示也应符合上述要求。意思表示不真实的行政行为，不能产生合法的效力。

5. 程序合法。行政程序是为行政主体设立的行为准则和规则，程序合法能够保证并促使结果正当化，有助于体现行政决定的正当性和权威性，从而使行政机关与行政相对人的权利义务达到平衡。程序合法要求海洋行政主体必须依照法定的形式、标准、要求和流程实施行政行为。行政程序如果严重违法可能影响当事人合法权益的，应由有权机关依法撤销。

（一）行政行为的告知

行政行为告知相对人是海洋行政行为生效的要件，使相对人知悉海洋行政机关做出行政行为的事实、理由和相关的法律依据等。行政行为的告知并非独立行政行为，而是附随于其他行为。虽然告知本身并不能产生权利义务关系，但可能影响相对人作出决定或提出抗辩，因此法律规定了告知的多种方式。海洋行政机关在告知时，应尽可能选择对相对人有利的告知方式使其知悉行政行为的内容。为保证告知的合法性，首先告知应由海洋行政机关自己做出，不能由其他组织代为告知；其次告知要按照法律规定的程序采取法定的方式送达相对人，保证程序合法；最后告知要达到相对人知晓的效果，即相对人确实知道告知的内容或当事人虽不知晓但经过告知程序推定其已经知晓被告知的内容，如公告送达。

行政行为告知一旦作出，即对行政机关产生拘束力，不能随意变更或撤销。由于行政行为的作出和程序的进行取决于行政主体的意志，为了保护相对人对行政行为的信赖利益，也为了维护行政机关的权威，为相对人有效参与行政行为和提供救济提供条件，行政机关的告知行为应受到约束。海洋行政机关告知的内容应包括行政行为作出的依据、相对人享有的权利、履行的义务、陈述意见和抗辩方式、行政救济的期限和途径等。如果因告知瑕疵导致相对人的权益受到侵害，相对人有权要求进行救济和保护。

（二）行政行为生效的时间

行政行为在作出后能否立即生效，要根据实际的情况确定，具体分为即时生效、告知生效、受领生效以及附条件生效四种情形。

1. 即时生效。其是指海洋行政行为的作出时间和生效时间完全一致，即行政行为作出之时立即发生法律效力，除非存在无效情形，否则相对人无权拒绝履行或配合生效的行政行为。

2. 告知生效。其是指海洋行政行为须告知相对人后方能生效。告知的方式有多种，可以是口头告知，也可以是书面告知（如信函、通告、通报、公报或布告等）。对于要式行政行为必须采取法定形式告知；法规无特别要求的，原则上要采取书面形式。

3. 受领生效。其是指海洋行政行为在相对人受领后才能正式产生效力。这里的受领，指的是告知相对人后，相对人进行了领受。对于口头告知，告知之时即为受领之时；若为书面告知，则以书面通知到达相对人居所或交付于相对人为受领之时；对于多数人或住所不明的人的告知，受领的时间则以公报、公告等发表之时或发表一定时间后为准。

4. 附条件生效。海洋行政行为的附条件指行政行为效力的开始或终止取决于将来不确定事实的发生。附生效条件的自条件成就时生效，附解除条件的自条件成就时失效。

之所以规定行政行为可以附条件，目的是以所附的条件来确定或者限制法律行为的效力，以应对社会发展的要求，这是由海洋事务复杂性、多样性所决定的。

第二节 海洋行政许可概述

一、海洋行政许可的概念和特点

（一）海洋行政许可的概念

行政许可制度在我国古已有之，从春秋时期开始就有了食盐专卖制度，从事酿酒和铁等经营只有得到官府的特许才能进行。现代许可制度更是得到空前的发展，范围涉及企业经营、枪支持有、森林砍伐、渔业捕捞、锅炉使用、药品生产、进出口贸易、计划生育等社会的各个领域。[①]

新中国成立初期，我国在相关法律中即开始实施行政许可制度。例如，1954 年批准并于次年发布的《无线电器材管理条例》规定，凡是从事无线电管制器材相关经营的，都必须持有公安机关颁发的特种营业许可证。目前这一制度广泛应用于行政管理的各个领域。[②]

根据我国《行政许可法》第二条的规定，行政许可是指行政机关根据公民、法人或者其他组织的申请，经依法审查，准予其从事特定活动的行为。据此，海洋行政许可是专门针对海洋事务申请进行审查的许可形式，“海洋”是对这种行政职权范围的一种限定，以及对该行政许可行为（亦即该项具体行政管理活动）内容的描述。

（二）海洋行政许可的特点

1. 海洋行政许可的主体是广义的海洋行政管理机关，如海洋行政主管部门、海事管理部门、渔业行政管理部门、海关和公安边防管理部门等。除海洋行政管理机关外，其他国家机关、公民、法人和社会组织都不能成为海洋行政许可的主体。

2. 海洋行政许可是具体行政行为。它所指向的对象是特定的公民、法人或其他组织和特定的海洋事务，即就特定人的特定事项作出许可决定。

---

① 金伟峰：《海洋行政法学》，法律出版社 2015 年版，第 140 页。

② 梁津明：《行政许可制度要完善》，载《中国行政管理》1999 年第 9 期。

3. 海洋行政许可是权利性行政行为。其形式上表现为赋予被许可人以某种权利、资格或权能。但这种赋予以某种一般性禁止为前提，如渔业捕捞许可以禁止一般人捕捞为前提。因此，行政许可的反面即禁止，它常常被称为禁止的解除或义务的免除。

4. 海洋行政许可是依申请行政行为。海洋行政许可的作出必须以相对人的申请为前提，没有相对人的申请，海洋行政管理机关不主动为之。在某些情况下。海洋行政管理机关也可能主动要求相对人取得许可，但最终许可决定的作出仍以相对人提出申请为前提。

5. 海洋行政许可要遵循法定的程序。海洋行政许可行为对行政相对方的申请依法审查后，如果没有法律禁止的情形，即通过颁发许可证、资格证、资质证、执照等形式，赋予或确认行政相对方具有从事海洋活动的法律资格或法律权利。

二、海洋行政许可的范围

行政许可要满足法定的条件，按照法定的程序进行，对于许可的事项，我国《行政许可法》第十二条有明确规定，主要包括以下六项：

1. 直接涉及国家安全、公共安全、经济宏观调控、生态环境保护以及直接关系人身健康、生命财产安全等特定活动，需要按照法定条件予以批准的事项；

2. 有限自然资源开发利用、公共资源配置以及直接关系公共利益的特定行业的市场准入等，需要赋予特定权利的事项；

3. 提供公众服务并且直接关系公共利益的职业、行业，需要确定具备特殊信誉、特殊条件或者特殊技能等资格、资质的事项；

4. 直接关系公共安全、人身健康、生命财产安全的重要设备、设施、产品、物品，需要按照技术标准、技术规范，通过检验、检测、检疫等方式进行审定的事项；

5. 企业或者其他组织的设立等，需要确定主体资格的事项；

6. 法律、行政法规规定可以设定行政许可的其他事项。

由于海洋事务涵盖多个领域，因此行政许可的事项涉及海域使用、海洋科研、海洋环境和海洋渔业捕捞等多个部门。例如，自然资源部管辖的海域使用权审核、无居民海岛开发利用申请的审核与使用权登记核准和证书核发、涉外海洋科学研究审批、深海海底区域资源勘探开发许可；生态环境部管辖的海洋环境相关的海上排污许可，以及农业农村部管辖的围垦沿海滩涂审批、渔业船网工具指标审批、渔业捕捞许可等。

三、海洋行政许可的程序

我国《行政许可法》对行政许可的实施程序作出了明确规定，据此，海洋行政许可的程序主要分为申请与受理、审查与决定、期限、听证、变更与延续五个部分。

（一）申请与受理

1. 申请。申请是启动海洋行政许可程序的前提条件，相对人只有通过申请，才能获得从事特定海洋活动的资格。海洋行政机关也只有在相对人提出申请后才能进行合法性审查。申请可以通过各种方式提出，但应当在规定期限内依照海洋行政机关公示的办理海洋行政许可所需提交的全部材料和申请书范本如实提交相关材料。

2. 受理。在申请人提出申请后，海洋行政机关根据各自的受理范围和审批依据进行审查，并根据不同情况作出不同的处理，并告知申请人。一是不予受理，主要是针对申请事项依法不需要取得行政许可的以及申请事项依法不属于申请行政机关职权范围的；二是予以受理，经审查申请事项属于职权范围，申请材料齐全、符合法定形式的。如果发现存在申请材料有遗漏、填写错误等情形的，可以告知申请人更正、补正。

（二）审查与决定

1. 审查。行政许可审查对于确定行政行为的合法性有着重要意义，如果因审查程序不严或者疏漏导致许可事项被撤销，海洋行政机关也将承担相应的法律责任。行政许可审查根据申请事项和法律规定分为形式审查和实质审查，形式审查仅限于对提交的申请材料形式要件进行审查，证件比对、材料齐备、表格填写等；实质审查则需要对申请材料的内容合法性进行审查，具体包括是否属于行政许可事项、是否具备法定资质、是否符合法律规定等。

2. 决定。海洋行政机关经过行政审查的事项以后，对于能当场作出行政许可决定的，应当依法作出海洋行政许可决定，并告知相对人；如无法当场决定，应告知相对人期限。

（三）期限

为体现行政许可的高效便民原则，行政许可自申请之日起到决定的作出有时间的限定，具体时间除法律有明确规定外，由各主管部门根据业务办理流程自行决定，但应尽可能精简内部流转审批程序确定办理时限。如果有导致行政许可决定做出延长的情形，应告知申请人并说明理由，不得拖延履行法定职责。

（四）听证

听证是行政程序法中的一项重要制度，要求行政机关在其作出的决定可能影响相对人权利或义务时，应依法启动听证程序听取相对人及利害关系人的意见。在我国《行政处罚法》《行政复议法》中均具体规定了可以申请听证的情形，并对听证程序作了明确规定。听证制度是对行政相对人权益的保障，通过程序正义保证实体正义，也体现了政府管理的民主化。

（五）变更与延续

在海洋行政许可决定作出之后，由于许可持有人自身的原因或者客观情况的变化，往往需要对行政许可决定的内容进行部分改变或者进行续展。被许可人要求变更行政许可事项的，应当向作出行政许可决定的行政机关提出申请，对符合法定条件、标准的，主管的海洋行政机关应当依法办理变更手续；依据《行政许可法》的规定，被许可人需要延续依法取得的行政许可有效期的，应当在该行政许可有效期届满规定期限内向作出行政许可决定的行政机关提出申请（法律、法规、规章另有规定的，依照其规定），主管的海洋行政机关应当根据被许可人的申请，在该行政许可有效期届满前作出是否准予延续的决定，逾期未作决定的，视为准予延续。

以不涉及填海造地项目的海域使用权设立为例：

海域使用权设立的审批依据有《海域使用管理法》《国务院办公厅关于沿

海省、自治区、直辖市审批项目用海有关问题的通知》（国办发〔2002〕36号）、《国务院关于国土资源部〈报国务院批准的项目用海审批办法〉的批复》（国函〔2003〕44号）、《国家海洋局关于印发〈海域使用权管理规定〉的通知》（国海发〔2006〕27号）。

具体办理流程如下：

1. 申请人报送申请材料，自然资源部政务大厅进行材料审查。申请材料齐全、符合法定形式的，应当作出是否予以接件的决定；申请材料不全需补充完善的或不符合法定形式的，告知申请人补正。按照现行规定申请材料如表6－1所示。

表6－1　申请材料要求

序号	材料名称	原件/复印件	份数	纸质/电子	要求
1	项目用海申请函	原件	5	纸质及电子	
2	海域使用申请书（含宗海图）	原件	5	纸质及电子	宗海图包括宗海位置图和宗海界址图，应由具备海洋测绘资质的单位出具，统一采用规定的坐标系
3	海域使用论证报告	原件	1	纸质及电子	由用海申请人自主或委托开展编制
4	建设项目批准（核准或备案）文件	复印件	1	纸质及电子	属于国务院或国务院投资主管部门审批或核准的项目，可在项目取得批准或核准后补充提交
5	资信证明材料	复印件	1	纸质及电子	申请人为个人的，需要提交申请人的身份证复印件；申请人为单位的，需要提交法定代表人身份证复印件和营业执照复印件等，标注与原件一致字样并盖公司章
6	利益相关者处理协议或解决方案	复印件	1	纸质及电子	

自然资源部海域海岛管理司收到申请材料后，应作出是否受理的决定。海域使用权设立申请不属于本部门职权范围，或申请材料不符合相关规定，应作出不予受理的决定，并书面告知申请人。

2. 部内审核。自然资源部海域海岛管理司按照有关规定组织开展审查、征求意见、审核等工作，审核通过的，按规定程序报国务院审批。

3. 办理批复。国务院批准后，由政务大厅向申请人发送审批结果。

第三节　海洋行政处罚

一、海洋行政处罚的概念和特征

（一）海洋行政处罚的概念

海洋行政处罚是海洋行政执法行为的一种具体行政行为，是海洋行政管理活动中应用十分广泛和重要的手段。1996 年通过的《行政处罚法》，对行政处罚的主体、对象、内容和被处罚行为作了具体规定，是海洋行政机关和执法人员行使海洋行政职权的重要法律依据。

目前的法律文件中并没有对海洋行政处罚给予准确的界定，学界对此理解也不统一。有学者认为，海洋行政处罚，是指海洋行政主体为维护公共秩序和利益，依照法定权限和程序对违反海洋行政法律规范的行政相对人，实施的一种实质为具体行政行为的行政制裁。① 也有的学者认为海洋行政处罚是有关海洋行政管理机关基于行政管辖关系依法对有一般行政违法行为但尚不够刑事处罚的相对人所作的一种制裁性行政行为。② 以上概念基本都是参照《行政处罚法》对海洋行政处罚进行的界定，总体可以归纳为海洋行政主体对违反海洋管理规定的行政相对人进行行政制裁的行为。

（二）海洋行政处罚的特征

海洋行政处罚作为一种行政制裁方式，能够导致相对人权利被剥夺，因

---

① 李林、吕吉海等：《中国海上行政法学探究》，浙江大学出版社 2013 年版，第 157 页。

② 滕祖文、彭垣等：《论海洋行政处罚》，载《海洋开发与管理》2002 年第 6 期。

此对其有严格的法律规定，要求具有以下基本特征。

1. 海洋行政处罚以一般涉海违法行为为前提。海洋行政处罚所制裁的违反海洋行政法律规范的行为是尚未构成犯罪的行为。如果违反海洋行政法律规范的行为违反了刑法的规定构成犯罪，则行为人应承担刑事责任接受刑事制裁。例如，《海关行政处罚实施条例》第二条规定，依法不追究刑事责任的走私行为和违反海关监管规定的行为，以及法律、行政法规规定由海关实施行政处罚的行为的处理，适用本实施条例。

2. 海洋行政处罚的行政主体是特定的海洋行政主管部门，如海洋行政主管机关、海事管理机关、渔业行政管理机关、海关和公安边防管理机关等。其他社会组织在得到法律授权或国家行政主管机关委托的情况下，在授权或委托的权限内，也可以行使海洋行政处罚权。但是，无论是国家行政主管机关，还是其他社会组织，行使海洋行政处罚权，都必须有直接的法律依据。

3. 海洋行政处罚的对象是违反海洋行政法律规范的海洋行政相对人，包括个人和组织。无论是个人或者组织，只要违反行政法所规定的义务，都应受到相应的处罚。组织虽然是一个集体，其活动是通过代理人的行为实现的，但只要代理人在该组织的业务范围内，为执行该组织的事务而实施的违法行为，该组织也应受到处罚。至于处罚方式，可因违法主体性质的不同而不同。

4. 海洋行政处罚具有即时性。海洋是一个有别于陆地的“流动世界”，其边界模糊、物质难以固着、自然条件复杂多变，海洋行政违法案件往往“发现难、取证难、处理难、执行难”，因此，海洋执法时，证据容易灭失，须立即查处；对于不现场处罚事后难以执行的或当事人主动提出要求现场处罚的，除重大海洋违法案件外，可以现场作出处罚决定并执行。

二、海洋行政处罚的基本原则

（一）行政处罚法定原则

行政合法原则是行政法的基本原则，具体表现为处罚实施主体法定、处罚依据法定、处罚程序法定。

1. 处罚实施主体法定。根据《行政处罚法》的规定，可以作出行政处罚的主体包括三类：一是具有行政处罚权的行政机关，二是法律、法规授权的组织，三是受委托的组织。也就是说，只有国家明文规定可以行使海洋行政处罚权的机关或是通过法律、法规授权的组织才有权行使处罚权，其他任何组织和个人都不具有这种资格。例如，《海洋环境保护法》第七十三条规定，对于违反本法有关规定的，由依照本法规定行使海洋环境监督管理权的部门予以责令停止违法行为、限期改正或者责令采取限制生产、停产整治并处以罚款的处罚。

2. 处罚依据法定。行政处罚的目的在于通过对行政相对人的违法行为进行惩罚起到预防和警示的作用，制裁的手段包括对权利和利益的减损或者增加一定的义务，无论哪种方式都将对相对人产生重大影响，因此行政处罚行为必须有明确的法律规定。因此，海洋行政处罚只有在法律、海洋行政法规和海洋行政规章有明确规定的情形下，才应予以处罚，其他规范性文件无权设定海洋行政处罚权，也不能成为独立的海洋行政处罚依据。①

3. 处罚程序法定。程序是防止行政权力滥用的安全阀，是保障相对人合法权益的保护屏。行政合法原则要求海洋行政机关作出行政处罚时按照法律规定的程序履行告知、听证、说明理由、公示公开等义务，否则行政处罚无效。②

（二）行政处罚公正、公开原则

《行政处罚法》第五条规定，行政处罚遵循公正、公开的原则。据此，海洋行政处罚也应遵循公正及公开的原则。

1. 公正。公正要求违法行为与处罚程度、后果承担相一致，要综合考量违法情节、行为性质、社会危害程度等。设定和实施海洋行政处罚的目的是促使相对人认识到违法行为的后果，自愿接受行政处罚并避免再次实施违法行为，其主观感受至关重要。只有当其感受到受到公正对待，才不会逃避行政制裁，因此海洋行政处罚必须要客观、适度。

2. 公开。公开要求处罚依据公开、处罚内容公开、处罚程序公开；未经公开的，行政处罚无效或者被撤销。具体体现为：（1）行政处罚依据应向相对人公布。行政处罚的依据包括已生效并对外公布的法律、法规和规章，海洋行政机关内部文件并未对外公布，因此不能作为海洋行政处罚的依据。也

① 滕祖文、彭垣等：《论海洋行政处罚》，载《海洋开发与管理》2002 年第 6 期。

② 张宏声主编：《海洋行政执法必读》，海洋出版社 2004 年版，第 172 页。

就是说，海洋行政相对人能够通过正当渠道知悉处罚依据。（2）处罚内容应向相对人公开。海洋行政相对人作为被处罚的对象，有权了解处罚的内容，包括行政处罚的理由、拟作出的行政处罚决定以及相关的权利义务等。对于处罚决定不服的，据此可以依法采取法律手段维护自己的正当权益。（3）处罚程序公开。实施行政处罚时应遵守法定程序，出示工作证件，说明情况，告知对方处罚所依据的事实、理由和法律依据。总之，应把行政处罚行为置于“阳光”之下。

（三）行政处罚救济原则

《行政处罚法》对行政处罚当事人的权利救济方式加以了规定，主要包括陈述、申辩、行政复议、行政诉讼和要求赔偿等。《行政处罚法》中对当事人权利救济的规定同样也体现在海洋行政处罚中。行政救济制度是保护相对人合法权益、保障和监督行政机关依法行使职权的重要制度，涵盖了利益协调、诉求表达、矛盾调处、权益保障等多重功能，是解决行政争议、弥补行政行为过失的重要方式。

因此，为了保障海洋行政相对人的合法权益，海洋行政机关要遵循三个基本要求，即保障无辜之人免受违法处罚；保障当罚之人得到公正处罚；保障错罚之人得到应有救济。为使这一原则得以实现，法律赋予海洋行政相对人在处罚程序中享有相应的权利，海洋行政执法部门、执法人员应为海洋行政相对人行使上述权利提供便利，不得随意加以限制或剥夺。

（四）一事不再罚原则

一事不再罚原则，是指对同一行为人的同一违法行为，不得给予两次以上同类处罚，主要解决的是因处罚种类繁多、职权交叉重叠的情况下可能导致的多头处罚与重复处罚问题。行政处罚的目的，不在于为处罚而处罚，而是要让违法行为人引以为戒，以防再犯。对同一个违法行为一般只实施一次处罚，以达到惩戒的目的。在适用一事不再罚原则时应注意以下问题。

1. 适用的限制。原则中的“一事”仅限于违反行政法规范而非其他民事、刑事等法律的行为；仅限于一个独立的违法事实，而非存在多个违法事实；仅限于同一种类的行政处罚，而非不同种类的处罚。该违法行为可能违反了一个行政法规范，也可能违反了数个规范，但只能由其中一个行政主体给予一次行政处罚，不能多个主体同时进行相同的处罚。换句话说，只要相对人因该违法事实接受了处罚，在后的其他行政机关不能再进行同种类的处罚。

2. 适用的例外。一是可以并处的情形。如果违法行为违反的同一个行政法规规定可以并处两种以上的不同处罚，则可以同时并处；如果违法行为违反的数个行政法规规定的是不同的处罚，则可以同时并处；如果违法行为同时违反了多个法律规范，构成犯罪的，行政机关应将案件及时移交司法机关，追究刑事责任；构成民事违约或侵权的，应承担民事责任。[①] 二是双罚的情况。其是指法人或组织实施违法行为时，既处罚直接行为人或主管人员，也要处罚法人或组织。[②]

目前我国《行政处罚法》对一事不再罚原则作了明确的规定，其中第二十九条规定，对当事人的同一违法行为，不得给予两次以上罚款的行政处罚。根据该规定，同罚的种类仅限于罚款，并未对其他种类的处罚加以限制，也未对行政机关依据不同法律规范分别给予行政处罚作出限制。

（五）过罚相当原则

过罚相当原则，是指对行政相对人克以行政处罚时，处罚的种类、处罚的幅度应与违法情形相均衡，与违法过错程度相适应，实现处罚的公正、公平、合理。新修订的《行政处罚法》对该原则的规定见第五条第二款，即设定和实施行政处罚必须以事实为依据，与违法行为的事实、性质、情节以及社会危害程度相当。根据该规定，行政处罚的作出需要综合考量多个要素、具体情形、不同情节等。

对于海洋行政机关而言，在适用该原则时注意所采取的措施和手段应当必要、合理、适当，应选择造成最小损害或最小影响的措施，正确行使好自由裁量权，依法确定最适当的处罚种类和处罚幅度。全面了解和掌握行政相

---

① 朱新力：《论一事不再罚原则》，载《法学》2001 年第 11 期。

② 《治安管理处罚法》第十八条：单位违反治安管理的，对其直接负责的主管人员和其他直接责任人员依照本法的规定处罚。其他法律、行政法规对同一行为规定给予单位处罚的，依照其规定处罚。

对人的基本情况、违法事实、违法目的、行为动机、违法手段、危害后果以及在共同违法中的作用，同时结合认错态度、悔过表现、配合执法程度等。只有这样，才能真正达到处罚的目的，体现执法效果。①

三、海洋行政处罚的种类

由于国家行政管理的不同性质和内容，行政处罚形式也各不相同。根据《行政处罚法》和现有的海洋法律、行政法规和规章的规定，海洋行政处罚种类主要包括以下形式。

（一）警告

警告是行政主体对实施违法行为的相对人给予的谴责和警戒，是一种较轻的处罚，属于声誉罚之一。警告相较其他处罚方式是最为轻微的制裁措施，因此适用于情节轻微的违法行为。这种处罚虽带有教育性质，但也具有一定的强制性。警告既可以适用于公民，也可以适用于法人或其他组织。例如，2023 年修订的《海洋环境保护法》（2024 年 1 月 1 日起施行）第一百零五条规定，违反本法规定进行海洋油气勘探开发活动，造成海洋环境污染的，由海警机构责令改正，给予警告，并处 20 万元以上 100 万元以下的罚款。作出海洋行政处罚的警告，应以书面形式作出，并向当事人告知及送达。

（二）罚款

罚款即令违法行为人在一定期限内交纳一定数额金钱的处罚，是各种行政处罚中应用最广的一种。目前，我国有关海洋法律法规对罚款的规定主要有以下三种方式：

1. 规定惩罚的上限和下限。例如，2023 年修订的《海洋环境保护法》（2024 年 1 月 1 日起施行）第九十三条至第一百一十一条，都对惩罚幅度上下限做了明确的规定，如其第一百条规定：“违反本法规定，经中华人民共和国管辖海域，转移危险废物的，由国家海事管理机构责令非法运输该危险废物的船舶退出中华人民共和国管辖海域，处五十万元以上五百万元以下的罚款。”

① 陈太清：《过罚相当原则的司法适用》，载《法学》2021 年第 10 期。

2. 规定罚款的相对值。例如，《海域使用管理法》第四十二条规定："未经批准或者骗取批准，非法占用海域的，责令退还非法占用的海域，恢复海域原状，没收违法所得，并处非法占用海域期间内该海域面积应缴纳的海域使用金五倍以上十五倍以下的罚款。"这里规定了罚款的相对值为海域使用金5倍至15倍。

3. 规定罚款的上限。例如，根据《铺设海底电缆管道管理规定实施办法》第二十条的规定，对于海上作业者未持有主管机关已签发的铺设施工许可证的，或阻挠或妨碍主管机关海洋监察人员执行公务的，或未按本办法第十二条、第十九条的要求，将有关资料报主管机关备案的，罚款最高额为人民币1万元，该条款即对罚款的上限作了明确规定。

（三）没收违法所得、没收非法财物

没收违法所得、没收非法财物是指对违法行为人的违法所得予以强制剥夺的措施。没收的主体是行政机关，没收的违法所得是违法行为人实施违法行为所获取的金钱或者财物。就其性质来讲，这些金钱或者财物并不属于当事人所有，而是被其非法占有。如违法养殖获取的海产品、违法采砂获取的海砂等。非法财物，是指违法行为人所占有的违禁品，或者实施违法行为所使用的工具和物品。例如，《涉外海洋科学研究管理规定》第十三条规定："违反本规定进行涉外海洋科学研究活动的，由国家海洋行政主管部门或者其派出机构、其委托的机构责令停止该项活动，可以没收违法活动器具、没收违法获得的资料和样品，可以单处或者并处5万元人民币以下的罚款。"具体哪些属于违法所得或非法财物，要以法律、法规规定为准。

（四）责令停产停业

责令停产停业是指限制违法行为人从事生产经营活动的处罚措施。责令停产停业是对相对人在一定期限内从事某种特定生产经营活动的行为限制，并不是资格限制，也没有剥夺行政相对人的生产经营权。只要海洋行政相对人在规定期限内按照法律规定履行了法定义务、纠正了违法行为，期限届满后仍有权继续从事原有的生产经营活动。例如，《铺设海底电缆管道管理规定》第十四条规定："主管机关有权对海底电缆、管道的铺设、维修、改造、

拆除、废弃以及为铺设所进行的路由调查、勘测活动进行监督和检查。对违反本规定的，主管机关可处以警告、罚款直至责令其停止海上作业。”该条款中责令停止海上作业，即是责令停产停业的表现。

（五）暂扣或者吊销许可证

暂扣或者吊销许可证是指暂时扣留或者撤销违法行为人从事某种活动的凭证或资格证明的处罚措施。许可证是海洋行政相对人从事某种海洋活动、享有某种资格的证明文件，一旦被暂扣或者吊销，则意味着海洋行政相对人从事某种活动的权利被限制或被剥夺。

其中，暂扣是短期限制行政相对人从事某种活动的资格，吊销则是行政相对人永久丧失了原许可证或者其他执照上规定的权利，不再具有从事相关活动的资格。如果行政相对人仍然想继续从事原有活动，只能再次申请并获得许可方可。例如，《海洋环境保护法》第八十五条规定：“违反本法规定，不按照许可证的规定倾倒，或者向已经封闭的倾倒区倾倒废弃物的，由海洋行政主管部门予以警告，并处三万元以上二十万元以下的罚款；对情节严重的，可以暂扣或者吊销许可证。”

（六）其他行政处罚

为适应行政管理多变、实际情况复杂的客观需要，《行政处罚法》除了明确规定警告、罚款等六种行政处罚以外，还规定了“法律、行政法规规定的其他处罚种类”。据此，有关海洋法律法规根据海洋违法行为的特殊性，也设定了特殊类型的行政处罚。例如，《专属经济区和大陆架法》第十二条规定：“中华人民共和国在行使勘查、开发、养护和管理专属经济区的生物资源的主权权利时，为确保中华人民共和国的法律、法规得到遵守，可以采取登临、检查、逮捕、扣留和进行司法程序等必要的措施。”

四、海洋行政处罚的适用

海洋行政机关对海洋违法行为具有处罚权，但如何进行处罚、处罚的种类、处罚的幅度等均应当符合法律规定的海洋行政处罚原则、形式以及构成要件。

（一）行政处罚的构成要件

海洋行政处罚的构成要件是指当一个行为同时满足法律规定的要件时，才能够进行海洋行政处罚。海洋行政处罚一般包括四个构成要件。

1. 违法行为应客观存在。海洋行政处罚作出的重要前提是，行为人的违法事实被客观认定是真实存在的，而且违法事实能够被认定已经实施且尚未构成犯罪。违法行为已经产生并有实际行动是能否进行海洋行政处罚的判断标准。

2. 违法行为违反的是行政法。海洋行政处罚的实施限定在那些被明确认定是已经违反行政法规的违法行为。行政处罚的性质要求只有作出违反行政法规定的行为时，才会受到相应的行政处罚。违反的不是海洋行政法规定内容的行为，不适用海洋行政处罚。

3. 违法行为人具有行政责任承担能力。在海洋行政处罚的具体实施过程中，要求行为人须是具有实际履行行为责任能力的责任人。没有责任能力的行为人，不能对其适用海洋行政处罚。

4. 违法行为依法应当受到处罚。海洋行程处罚的适用原则是行为人的违法行为是在有相关法律的明确规定下才可以依法受到处罚。行为违法并不必然处罚，如果存在法律无规定、行为没有产生严重后果，存在减免法定情节时即无须进行海洋行政处罚。

（二）不予处罚或免予处罚

不予处罚，顾名思义不构成违法行为不需要进行处罚。行政处罚的行为需符合法律规定的构成要件，欠缺行政责任承担能力，例如精神病人、未成年人，行为不具有违法性；例如正当防卫、紧急避险，违法行为是因行政机关的原因导致的，以及违法行为情节轻微没有造成危害结果的，因为相对人主观无过错，无社会危害性，因此无须对其进行处罚。

与不予处罚不同，免予处罚是指行为已构成行政违法，但由于存在特殊情况不再进行行政处罚。

我国《行政处罚法》第三十条、第三十一条对不予处罚的主体进行了规定，第三十三条对轻微违法、主观无过错不予行政处罚加以了规定。

（三）从重、从轻与减轻处罚

行政处罚是国家机关的权威性和行使职权的体现，其具有强制性，任何个人、任何组织均无权干涉或妨碍行政权的行使。如果应当处罚而不予处罚，相关行政机关将构成渎职或玩忽职守，构成犯罪的将承担刑事法律责任。但同时由于违法行为的性质、情节、主观恶性、危害后果等均不相同，为了保证执法的灵活性和公正性，法律也赋予了行政主体在法定范围内的自由裁量权。

其中，从重处罚是在法定的处罚方式和幅度内，处以较重的处罚。从轻处罚是指在法定的处罚方式和处罚幅度内，对违法行为人处以较轻的处罚。减轻处罚则是在法定的处罚幅度最低限以下适用行政处罚。无论是从重处罚、从轻处罚还是减轻处罚，均需根据法律的明文规定，而不是由行政机关自行选择适用。

海洋行政相关法律一般会对海洋行政违法行为的处罚作一个范围性的规定，在范围内海洋行政主管部门有自由裁量的权利。例如，舟山市某公司非法占用海域行政处罚案，该市海洋行政执法部门便行使了自由裁量权。具体案情如下：

2019 年 9 月 2 日，根据《浙江省海域使用疑点疑区核查清单》，舟山市海洋行政执法局（以下简称“市海洋执法局”）执法人员前往疑点疑区所在用海位置开展现场核查，发现某公司在未取得《海域使用权证书》的情况下，自 2019 年 5 月 31 日起在舟山某海域实施了临时施工平台和施工便道工程，市海洋执法局依法对案件进行了调查，并委托第三方测量单位对非法占用海域面积进行实地测量。根据测量单位提供的《实际用海面积测量成果技术报告》显示：临时施工平台和施工便道用海面积共 0. 2578 公顷，其中临时施工平台用海面积为 0. 1948 公顷，施工便道用海面积为 0. 0630 公顷，用海方式均为构筑物用海中的非透水构筑物用海。

根据《海域使用管理法》第三条第二款、第四十二条及《关于做好海域使用金征收标准调整后相关执法工作的通知》的规定，同时参照《浙江省海洋与渔业行政处罚裁量基准》，对该公司处以责令退还非法占用的海域、恢复海域原状，并处罚款 154. 68 万元的行政处罚。

在处罚的裁量认定方面，《海域使用管理法》第四十二条规定："未经批准或者骗取批准，非法占用海域的，责令退还非法占用的海域，恢复海域原状，没收违法所得，并处非法占用海域期间内该海域面积应缴纳的海域使用金五倍以上十五倍以下的罚款。"为确定罚款数额，必须确定"用海时间""用海面积""海域使用金基数""罚款倍数"四个要件对应数据。根据业主单位、施工单位、监理单位的《询问笔录》及提取的《施工日志》，认定本案用海时间为 2019 年 5 月 31 日至发出《责令停止违法行为通知书》之日 2019 年 9 月 3 日止。根据第三方测量单位提供的《实际用海面积测量成果技术报告》显示，本案的用海面积为临时施工平台和施工便道用海面积共 0. 2578 公顷。根据案件项目工程的实施时间，结合中国海警局《关于做好海域使用金征收标准调整后相关执法工作的通知》规定，本案海域使用金实行一次性征收 100 万元/公顷的标准。根据中国海监总队《关于进一步规范海洋行政处罚裁量权行使的若干意见》《浙江省海洋与渔业行政处罚裁量基准》，该工程用海符合海洋功能区划，且用海面积在 20 公顷以下、用海时间在 1 年以内，经综合考量，确定本案罚款倍数为 6 倍。

（四）行政处罚单处与并处

单处和并处是指单独适用一种处罚方式还是同时适用两种或两种以上的行政处罚形式。行政机关在决定单处还是并处行政处罚时，要看具体法律、行政法规或者部门规章的规定。如果规定多种处罚应当并处的，则行政机关不得选择适用；如果规定可以并处的，则可以选择适用；如果规定可以单处也可以并处的，可以选择适用，但应分清主罚项和次罚项。

并处相对于单处而言，针对更严重的违法行为，是加重对违法者的处罚，在法律法规明确规定的情形下才可以适用。例如，《海域使用管理法》第四十二条规定，未经批准或者骗取批准，非法占用海域的，责令退还非法占用的海域，恢复海域原状，没收违法所得，并处非法占用海域期间内该海域面积应缴纳的海域使用金五倍以上十五倍以下的罚款；对未经批准或者骗取批准，进行围海、填海活动的，并处非法占用海域期间内该海域面积应缴纳的海域使用金十倍以上二十倍以下的罚款。其中，对并处的情形和处罚种类作了规定。

（五）行政处罚的追究时效

行政处罚的追究时效，是对违法行为追究行政责任的有效期限。根据《行政处罚法》第二十九条的规定，行政处罚的追究时效一般为两年，即在违法行为发生两年内行政机关有权给予行政处罚。如果超过两年一直未被发现，则行政机关不能再追究当事人的法律责任。期限起算时间一般从违法行为发生的当日起计算；如果违法行为是连续发生或者一直持续状态的，则从违法行为完成之日或者停止之日起计算。

五、海洋行政处罚程序

海洋行政处罚程序，是指海洋行政处罚机关在实施行政处罚过程中所要遵循的具体方式、方法和步骤，一般包括决定程序和执行程序。其中，决定程序又包括简易程序、一般程序和听证程序。

（一）简易程序

1. 行政处罚简易程序的定义

要明确行政处罚简易程序的定义，首先要对简易程序理论进行了解。行政执法的价值，不仅追求公正，也追求效率，这为简易程序的存在奠定了合理的基础。简易程序因其简便快捷的特性，能够节约资源，提升效率，已经为世界各国广泛适用。由于各国的法律体系有所不同，对简易程序的理解存在一定的差异，但万变不离其宗，对简易程序核心内涵的理解是一致的。《美国法律词典》将其解释为：为解决法律问题而产生的一种简便快捷的程序。① 对简易程序的普遍理解为比普通程序更有效、更迅速地解决争议的法律程序。

因此，行政处罚简易程序是通过简化程序在当场即时作出处罚决定，并按照法律规定当场予以执行的过程。

2. 海洋行政处罚简易程序的规定

《海洋行政处罚实施办法》对适用简易程序的条件作出了规定，一是从违

---

① ［美］伦斯特洛姆：《美国法律词典》，中国政法大学出版社 1998 年版，第 268 页。

法情节的角度，明确违法情节轻微、事实清楚、证据确凿的；二是从处罚额度，对个人和单位分别处以五十元以上一千元以下罚款或者警告的。

在适用简易程序予以处罚时应当注意以下两点：一是要避免执法随意，确保执法行为的严肃性；二是必须严格把关，不能将不该适用简易程序的案件作简化处理。实施海洋行政处罚简易程序的过程是：

（1）向当事人出示执法证件；

（2）当场查清违法事实，收集和保存必要的证据，作出笔录并交由当事人核对后签名或者盖章；

（3）告知当事人违法事实、处罚理由和依据，有权进行陈述和申辩；

（4）听取当事人的陈述与申辩，对当事人提出的事实、理由和证据进行复核，当事人放弃陈述或者申辩权利的除外；

（5）填写有预定格式、统一编号的当场海洋行政处罚决定书，由海洋行政执法人员签名或者盖章，并当场交付当事人签收。

（二）一般程序

海洋行政处罚的一般程序是行政处罚的普通程序，要经过调查取证、作出处罚决定、送达等完整过程。一般程序的适用范围，是除依据简易程序作出的行政处罚决定以外的其他行政案件。按照《海洋行政处罚实施办法》第十一条的规定，适用海洋行政处罚一般程序的案件是适用简易程序以外的案件，即对个人处以 50 元以上、对单位处以 1000 元以上罚款或者处以没收违法所得、没收非法财物、吊销许可证、停止经批准海上作业等处罚的案件，这些案件应当适用一般程序启动调查程序。

海洋行政处罚一般程序主要包括以下环节。

1. 立案。行政处罚立案是行政机关经初步审查，认为存在违法事实决定启动调查处理环节。关于立案程序，《行政处罚法》仅规定，符合立案标准的，行政机关应当及时立案。对于海洋类行政处罚案件，《海洋行政处罚实施办法》第十三条作了较为详细的规定，除可以当场作出的海洋行政处罚外，对其他海洋违法行为实施海洋行政处罚的，应当立案查处。海洋行政执法人员应当填写海洋违法案件立案呈批表，经批准后立案。

具体而言，行政处罚立案应当具备以下几个条件：一是确实存在违法行为或有确切的违法线索；二是属于行政机关的主管事项和管辖范围；三是违法行为未超过行政处罚追究时效；四是没有违反一事不再罚原则；五是未发现存在其他依法应当不予处罚的情形；六是不属于简易程序的适用条件。

2. 调查取证。《行政处罚法》当中对调查取证作出了相关规定，行政机关的调查和取证必须是全面、客观和公正的，要求执法人员依照法定的程序，采取法定的方式，符合法定的形式。调查取证程序，包括出示执法证件、表明身份、告知当事人权利义务等。

海洋行政处罚案件的调查取证，是在《行政处罚法》基础上的进一步细化，更符合海洋行政案件的特点，对此《海洋行政处罚实施办法》作了详细的规定，包括如何进行现场勘验、检查，如何询问，如何委托鉴定，如何证据保存等。

3. 告知与听取陈述申辩。《行政处罚法》和《海洋行政处罚实施办法》均规定，在作出处罚的决定之前，行政机关应当告知当事人作出处罚的依据，同时一并告知其享有的权利。当事人如有异议，有权陈述与申辩。听取陈述和申辩程序的设定力图保障相对人权利，兼顾权利保障和行政效能。因违反该程序对陈述和申辩权产生了实质损害，则行政处罚决定有可能被撤销。

听取陈述和申辩程序适用于对当事人权益不利，或者权利受限制，或者增加义务的行政处罚、行政命令、行政征收等情况。对于陈述和申辩的内容，应既包括事实问题也包括法律问题。也就是说，只要认为被认定的事实或适用的法律存在错误，都可以进行陈述和申辩。对于当事人的陈述和申辩，行政主体要认真对待，充分听取意见，及时做出回复，不能因此加重处罚或做出更为不利的行政行为。①

4. 作出行政处罚决定。根据《海洋行政处罚实施办法》的规定，海洋行政机关在进行调查核实和审查之后，依据案件的不同情况作出是否处罚的决定：对于违法事实成立，根据情节轻重及具体情况，给予行政处罚；对于违法行为轻微或违法事实不成立的，不给予行政处罚；对于构成犯罪的，移送司法机关处理。

5. 送达行政处罚决定。根据《行政处罚法》的规定：行政处罚决定书应

---

① 宋华琳、郑琛：《行政法上听取陈述和申辩程序的制度建构》，载《地方立法研究》2021 年第 3 期。

送达当事人。对此，《海洋行政处罚实施办法》第六章专门对送达进行了规定，包括送达的时间、送达的相关要求、拒收的情况、邮寄送达和公告送达。①

（三）听证程序

听证制度最早并非源于行政法学体系，而是来自英国普通法的“自然公正”原则，该原则的产生是随着社会发展历程和政府职能的转变。进入20世纪中叶以后，随着行政权的不断扩张，公民合法权益难以得到保障的情况下，政府职能和行政观念逐渐开始发生改变，行政听证制度由此产生。

在行政法领域，现代行政的发展趋势即是保证行政的民主化、公民的参与性，通过行政程序制度保障相对人的权益，实现行政管理目标，防范行政权力的恣意与滥用，在公权力与私权利之间找到平衡点。行政听证制度即是为相对人表达意愿，参与行政行为提供了可能性和制度保证，也有助于规范行政行为，提供程序保障。行政听证目前主要适用于行政处罚、行政决策和行政立法领域。其中，最早引入听证程序的是1996年颁布实施的《行政处罚法》，由此通过公开听证增加了行政处罚的公开和透明度，减少了行政机关及其工作人员滥用职权或玩忽职守的现象，避免了因处罚不合法或不合理引发的行政纠纷和国家赔偿。虽然从程序上来看增加了一个环节，但通过程序的公平公正保障了行政处罚合决定的易被接受性，最终有助提高行政效率，降低整体社会成本。但基于公正与效率、成本与收益的考量，目前各国行政程序立法对听证程序的适用范围均加以了限制，我国《行政处罚法》也仅规定责令停产停业、吊销许可证执照以及较大数额罚款这三种行政处罚决定适用听证程序。

为了规范听证程序，我国《行政处罚法》对听证程序作出了具体规定，包括当事人可以提出听证申请的行政处罚情况、听证的组织程序以及听证程序结束后行政机关决定。同样，《海洋听证办法》专门针对海洋行政处罚行为的听证作了规定，包括行政行为承办机构陈述、当事人质证辩论、询问等环节。

---

①《海洋行政处罚实施办法》第三十四条至第三十八条。

第四节　海洋行政强制措施

一、海洋行政强制措施的概念与特征

（一）海洋行政强制措施的概念

强制是国家权力的体现，维持社会秩序，实现政治、经济和社会目标的手段。行政机关代表国家管理社会事务，通过行政强制对违法行政管理相对人予以权利的限制或者处分，迫使其履行法律上的义务，从而实现管理的目的。1989 年我国颁布的《行政诉讼法》首次对行政强制措施加以了规定，但对其概念未作具体的界定。[①] 此后，学界对该概念的理解各有不同，涵盖的范围也不同。有观点认为，行政强制措施是行政机关施加的暂时性限制手段。[②] 有观点认为，行政强制措施是对相对人采取强制限制性措施的具体行政行为。[③] 有观点认为行政强制措施仅限于直接强制和即时强制；有的观点认为行政强制措施即是传统意义上的行政强制执行；也有相反观点认为行政强制措施包含于行政强制执行之中。[④]《行政强制法》第二条第二款对行政强制措施作了明文解释："行政强制措施，是指行政机关在行政管理过程中，为制止违法行为、防止证据损毁、避免危害发生、控制危险扩大等情形，依法对公民的人身自由实施暂时性限制，或者对公民、法人或者其他组织的财物实施暂时性控制的行为。"综合以上观点，行政强制措施可以理解为国家行政机关在行政管理过程中，为了维护和实施行政管理秩序，依法对当事人的人身自由或者财物实施暂时性限制或控制的行政行为。[⑤] 虽然，行政强制措施和行政处罚相比较不具有制裁性，但其对相对人会产生不利的法律后果，使其人身权

---

① 参见 1989 年《行政诉讼法》第十一条。
② 应松年：《论行政强制执行》，载《中国法学》1998 年第 3 期。
③ 方世荣主编：《行政法与行政诉讼法》，中国政法大学出版社 1999 年版，第 249 页。
④ 傅士成：《行政强制措施研究》，载《南开学报》2004 年第 5 期。
⑤ 胡建淼：《行政法学》，法律出版社 2015 年版，第 317 页。

益或财产权益受到限制，事实上受到损害。①

据此，海洋行政强制措施是指海洋行政机关为了查明事实，保全证据，依照法律规定，在调查案件过程中，经其行政负责人批准，所采取的一些临时性强制手段和对证据的保全手段，包括依法对公民人身自由进行暂时性限制，或者对公民、法人或者其他组织的财产实施暂时性控制的措施。②

（二）海洋行政强制措施的特征

对于行政强制措施规定，目前在我国主要是通过综合立法和单行立法的方式。综合立法是通过《行政诉讼法》《行政复议法》《国家赔偿法》等法律规定对行政强制措施作综合性、概括性的规定，对手段的适用、适用的程序、事后的约束加以限制。单行立法参见各个领域的单行法律、法规和规章，这些规范性文件中规定的行政强制措施形式多样，名称也不统一。但无论是何种形式的规定，都是为使用行政强制手段提供法律依据，都具有共性。在海洋行政执法领域，为应对海洋事务的特殊性，采取的行政强制措施具有以下特征。

1. 预控性。海洋行政机关对海洋行政相对人的用海活动要给予监督，对可能出现的问题或事故要具有预判能力，并及时采取行政强制措施控制事态的蔓延、防止危险的发生。例如，《海洋环境保护法》第十七条规定，因发生事故或者其他突发性事件，造成或者可能造成海洋环境污染事故的单位和个人，必须立即采取有效措施，及时向可能受到危害者通报，并向依照本法规定行使海洋环境监督管理权的部门报告，接受调查处理。

2. 具体性。海洋行政强制措施的行使应当针对特定的人、特定的行为、特定的事项、特定的物，措施明确，对于非行政相对人所为的事项或占有的物不能采取强制措施。例如，《海域使用管理法》第三十九条规定："县级以上人民政府海洋行政主管部门履行监督检查职责时，有权采取下列措施：（1）要求被检查单位或者个人提供海域使用的有关文件和资料；（2）要求被

---

① 温学鹏：《论行政强制措施的变异——从行政强制措施的事实损害性特征切入》，载《重庆理工大学学报（社会科学版）》2018 年第 4 期。

② 张惠荣、高中义等：《论海洋行政强制措施的适用与完善》，载《海洋开发与管理》2009 年第 2 期。

检查单位或者个人就海域使用的有关问题作出说明；（3）进入被检查单位或者个人占用的海域现场进行勘查；（4）责令当事人停止正在进行的违法行为。”

3. 强制性。海洋强制措施作为海洋行政机关行使职权的方式，体现的是国家意志，维护的是海洋管理秩序，因此有国家强制力做保证。被强制人应当配合并负有容忍的义务，否则将承担更为不利的法律后果。例如，《海上交通安全法》第九十一条规定，船舶、海上设施对港口安全具有威胁的，海事管理机构应当责令立即或者限期改正、限制操作，责令驶往指定地点、禁止进港或者将其驱逐出港。如果违反相关规定，还将导致行政处罚。

4. 即时性。海洋行政主管部门为了消除危险，避免损失，在紧急状态下，有权立即采取必要的措施。例如，《海洋环境保护法》第十九条规定，海洋环境监督管理权的部门在巡航监视中发现海上污染事故或者违反本法规定的行为时，应当予以制止并调查取证，必要时有权采取有效措施，防止污染事态的扩大，并报告有关主管部门处理。

（三）原则

1. 依法强制原则。由于行政强制措施的强制性，行政强制措施的行使不能来自一般授权，而必须经法律法规的特殊授权。行政强制主体无权自行创设行政强制手段，必须依照法定的程序，由法定的主体，针对法定的对象，采取法定的措施。

2. 比例原则。采取行政强制措施应选择以对行政管理相对人损害最小的方式进行，采取的强制手段是必要的、合理的，尽可能温和的，在自由裁量的空间里根据具体情形斟酌考量确定，实现目的和手段之间的平衡，行政权力与公民权利的平衡，兼顾国家、社会、相对人等各方利益。

3. 救济原则。行政强制措施是由行政机关单方行使的，对行政管理相对人的人身或财产权利加以限制或者处分。如果处分不当，因程序违法、对象错误、超越权限等，行政执法行为即可能转化为违法行为。因此，对相对人的法律救济是平衡的重要方式，各国对此均加以了规定，一般包括行政救济和司法救济两种途径。在行政强制措施实施过程中，如果行政管理相对人认为权益受到侵犯，可以依法向有权机关提出权利救济。在行政强制措施执行后，相对人可以提起行政诉讼，或者要求国家赔偿以得到救济。

二、海洋行政强制措施的种类

行政强制措施是在行政执法过程中采用的强制性手段，是排除妨碍的必要执法手段，其主要形态分为三种：执行性强制措施、即时性强制措施和一般性强制措施。

（一）执行性强制措施

执行性强制措施是针对不履行义务的相对人采取的必要手段，通过强制措施要求其履行义务，保证履行义务内容的实现。执行性强制措施适用的前提是存在实体性具体行政行为，相对人承担有具体的义务。在整个执法过程中，行政机关采取行政强制的方式保证义务的履行或实现义务的内容。

例如，环境影响评价是海洋工程项目建设开工的必要条件，是建设单位的法定义务，对此《防治海洋工程建设项目污染损害海洋环境管理条例》第十九条作了明确规定，如果违反了该义务，海洋行政主管部门有权采取行政强制措施，要求建设单位应当自该情形出现之日起20个工作日内组织环境影响的后评价，根据后评价结论采取改进措施，并将后评价结论和采取的改进措施报原核准该工程环境影响报告书的海洋主管部门备案；原核准该工程环境影响报告书的海洋主管部门也可以责成建设单位进行环境影响的后评价，采取改进措施。

（二）即时性强制措施

海洋具有流动性，事态瞬息万变，因此，海洋行政主体在事态紧急的情况下，会直接对相对人的人身、财产或行为采取断然行动，以排除紧急妨碍、消除紧急危险。这一类海洋行政强制措施被称为即时性强制措施。即时性强制措施往往是在决定作出的同时采取行动，两者没有先后之分，其过程较为短暂，程序也相对简单。行政即时强制措施并非常规化使用的措施，只有在法律有规定且确实面临紧急状态才可以使用，在行政法中属于较为特殊的具体行政行为。

由于海上环境复杂，海上作业风险较高，因此海洋行政法规规定了众多即时性强制措施，授权行政机关根据实际情况采取果断措施避免危险发生，避免因拖延而导致危害结果的发生或损失的加重。特别是因海上交通事故或者海上工程等造成的海洋环境污染，由此产生的海洋生态环境损失难以估量且难以修复，因此通过即时性强制措施加以预防，有助于避免更大损失的发生。

（三）一般性强制措施

一般性强制措施应用范围广泛，除了即时性和执行性强制措施以外采取的强制措施均属于一般性强制措施。其可能是为了调查事实、查清情况，可能是为了采取预防措施，可能是保证行政处罚等行为的做出，可能是保存证据等，由行政机关根据不同违法事实、拟采取的行政行为、要达到的目标所确定。采取一般性强制措施，无须以紧急和当事人存在义务为前提，而是在正常情况下根据行政管理和执法需要采取的行政强制措施。[①]

一般性行政强制措施同样具有强制性，无论相对人是否同意和接受，只要符合法定的条件，行政机关就可以采取强制措施。但其并非对相对人行为的最终处理，也并非对当事人的制裁，只是暂时性的约束或限制，因此无论是对财产的限制还是人身的限制，一旦查明情况应当立即解除强制措施或采取进一步的其他措施，而不能无限期地使用，否则就可能给当事人造成不应有的损失。

在海洋行政管理法律法规中，对于一般性强制措施均有规定。例如，《海域管理法》第三十九条规定，县级以上海洋行政主管部门履行监督检查职责时，有权采取下列措施：要求被检查单位或者个人提供海域使用的有关文件和资料；要求被检查单位或者个人就海域使用的有关问题作出说明；进入被检查单位或者个人占用的海域现场进行勘查；责令当事人停止正在进行的违法行为。《海洋环境保护法》第十九条第二款规定，依照本法规定行使海洋环境监督管理权的部门，有权对管辖范围内排放污染物的单位和个人进行现场检查。被检查者应当如实反映情况，提供资料。

---

① 傅士成：《行政强制措施研究》，载《南开学报》2004 年第 5 期。

三、海洋行政强制措施的程序

（一）海洋行政强制措施的一般程序

由于海洋行政强制措施具有强制性，因此必须遵循法律规定的程序和要求，给予相对人陈述申辩、救济等权利。

实施行政强制措施的一般程序基本要求在《行政强制法》第十八条中作出了具体规定。根据该条规定，行政机关实施行政强制措施应当遵守下列规定。

1. 决定。其中包含两层含义：一是事先报批制。实施行政强制措施前必须事先向所在行政机关的负责人报告并获得批准后方可实施。二是事先决定制。《行政强制法》规定，任何行政强制措施也都需要事先制作“行政决定”，而这一决定在实施行政强制措施时必须交付给当事人。但是，这一程序要求在紧急情况下可以例外。

2. 由两名以上行政执法人员实施。一般当行政机关负责人批准实施行政强制措施并作出行政决定时，会同时落实和指定具体的行政执法人员。

3. 出示执法身份证件。在执法活动中，执法人员出示执法身份证件，既是公共管理的需要，也是执法人员的程序义务。

4. 通知当事人到场。通知当事人到场在行政强制措施中是执法机关及其工作人员的法定义务，对当事人来说也是一种应当享有的权利。

5. 告知内容、理由和救济权利。实施该行政强制措施的内容，系指具体措施的内容，包括强制对象、强制手段等，如对渔船实施扣留。理由，系指作出该行政强制措施的事实证据和法律依据。救济权利包括当事人事先的陈述权和申辩权、事后的申请复议和提起诉讼的权利。

6. 听取当事人的陈述和申辩。“听取”可以视为是上一条款“告知”的一种结果和保障。如果行政执法机关及其执法人员对当事人的陈述和申辩意见可以置之不理，不予“听取”，那么，“告知”当事人的陈述权和申辩权就失去意义。

7. 制作现场笔录。现场笔录对现场勘查过程的记录和客观描述，应当能够客观反映当时的场景，因此至少应当包括勘查时间、人员、地点、发现和提取的书证、物证等，并且由当事人、见证人和行政执法人员在现场笔录上签名或者盖章。

8. 其他必要的程序。根据《行政强制法》的规定，行政执法机关及其执法人员除了必须遵循上述七个环节外，还必须遵守法律、法规规定的其他程序。

（二）查封、扣押程序

查封和扣押都是对行政相对人财产加以限制的措施，在查封和扣押期间，查封和扣押的财产均不得被继续占有和处分。主要区别在于查封是在原地封存，针对的是不易移动，无须转移的财产；扣押则是把查获财产转移到行政执法机关所在地统一进行管理。由于扣押的财产，当事人无法使用也无法享有收益，但对于被查封的财产，当事人是否可以使用，目前学界是有争议的。通说认为，除非经过行政机关允许，原则上不得使用。如一概禁止使用，可能会损害相对人或利害关系人的利益。

海洋行政主管部门做出查封、扣押决定时要履行法律规定的程序，制作相应的法律文书，向相对人送达查封、扣押决定书，具体载明查封、扣押的理由、依据、期限、设施、财物以及申请救济的途径等。查封、扣押之后，海洋行政主管部门应当区分不同情况尽快作出处理决定。应当没收的予以没收；应当销毁的予以销毁；应当解除的立即予以解除。

（三）冻结程序

冻结程序按照法律规定只能由行政执法机关自行实施，不得委托给其他行政机关或者组织。关于冻结措施，《行政强制法》确立了两项原则：一是相当性原则。冻结财产的数额不能超过可执行的金额或者违法行为涉及的金额。二是禁止重复冻结原则。已被其他国家机关依法冻结的，不得重复冻结。同时，规定了程序要求：（1）向金融机构交付冻结通知书；（2）向当事人交付冻结决定书；（3）金融机构协助冻结；（4）关于冻结期限。冻结期限为30日，延长期限不得超过30日，法律另有规定的除外；（5）冻结的处理和解除，冻结期限届满，行政机关应当作出处理或解除的决定。

（四）限制人身自由措施的程序

在我国，有关公民人身自由权利的事项都采取“法律保留”的原则，即限制公民人身自由的行政强制措施只得由法律设定，在没有明确规定的情况，行政机关一概不得对人身自由进行限制。《行政强制法》第二十条对有关限制公民人身自由的强制措施的程序作出了特别要求。

1. 当场告知或立即通知家属。行政机关对当事人实施限制人身自由的行政强制措施必须当场或者立即将有关信息告知其家属；无家属者，必须通知其单位，这是正当程序的要求。

2. 紧急情况下的补办手续。《行政强制法》第二十条第二项规定，在紧急情况下当场实施行政强制措施的，在返回行政机关后，立即向行政机关负责人报告并补办批准手续。

3. 其他程序规定。除遵循上述程序外，还必须遵守法律规定的其他程序。这里的“法律”是狭义，限指全国人大及其常委会制定的法规。由于对“法律保留”原则的遵守，所增加的程序自然也必须限于法律规定。

《行政强制法》还为实施限制人身自由的强制措施确立了两项原则，禁超期限和立即解除。禁超期限原则系指行政机关实施限制人身自由行政强制措施，不得超越法定期限。立即解除原则，是指根据《行政强制法》第二十条第二款的规定，行政机关实施限制公民人身自由行政强制措施后，实施该措施的目的已经达到或者条件已经消失，应当立即解除该措施的要求。禁超期限原则适用于期限之外，是指一旦超越期限的，必须无条件解除限制，限制人身自由不得超越法定期限。而立即解除原则适用于期限之内，虽然期限未到，但目的已经达到或者条件已经消失，应当立即解除该措施。这两项原则的确立，是对公民人身自由权的有力保障。

Chapter

第七章

海洋行政救济

07

导入案例

戚某诉威海市人民政府、山东省人民政府海域使用权行政许可及行政复议案

2003 年 1 月，原告戚某与第三人刘公岛水产有限公司签订海区租赁合同，租赁期限自 2003 年 1 月 1 日至 2017 年 12 月 30 日。2005 年 9 月 1 日，第三人威海市刘公岛水产有限公司取得《海域使用权证书》，批准用海时间为 2002 年 9 月 1 日至 2012 年 8 月 31 日。到期后，第三人申请了续期，使用期至 2018 年 12 月 31 日。

2015 年 2 月，原告戚某向被告山东省人民政府申请行政复议，请求撤销第三人的《海域使用权证书》。后对行政复议决定不服，向法院提起诉讼，请求法院依法撤销被告威海市人民政府为第三人核发海域使用权证的行政行为。

山东省威海市中级人民法院经审理作出行政判决，驳回原告的诉讼请求。宣判后，戚某向山东省高级人民法院提起上诉。本案的争议焦点主要在于被告威海市政府为刘公岛水产公司核发海域使用权证的行为是否合法，被告山东省政府作出行政复议决定的程序是否合法。山东省高级人民法院经审理认为，威海市政府虽然存在超期作出行政许可决定的问题，但未对刘公岛水产公司的合法权益产生重大影响，故该行政许可行为应属于轻微程序违法。山东省政府作出行政复议决定的程序虽然并无不当，但未对威海市政府超期核发《海域使用权证书》的程序违法问题进行审查认定，其复议决定维持威海市政府核发的《海域使用权证书》不当，应当予以撤销。故判决撤销原审判决，撤销山东省人民政府行政复议决定，确认威海市人民政府核发威海市人民政府核发国海证 2014C37100016648 号《海域使用权证书》的行政行为程序违法，但不撤销该行政行为。

典型意义

行政机关在行政许可期限届满后超期作出准予续期许可决定的行为符合《行政许可法》第五十条第二款“视为准予延续”的规定精神，且准予续期许可决定不违背公共利益时，应认定其效力，但对于超过法定期限作出许可决定的行政程序应给予确认违法评价。行政诉讼既需保护行政相对人的合法权益，同时也要保证行政机关行政权的依法行使。当被许可人的合法权益及行政效率之间发生冲突时，应基于价值判断运用利益衡量方法进行综合考量。

第一节　海洋行政赔偿

一、海洋行政赔偿的概念和特征

（一）海洋行政赔偿的概念

行政赔偿是指行政机关和行政机关工作人员在行使职权过程中，因违法行政行为侵犯了当事人的合法权益，对其受到的损害应当给予赔偿。行政赔偿以违法行为为前提，以惩罚为原则。行政赔偿之所以具有惩罚性，原因在于其职权行为不仅致使受害人受到损失，也侵犯了他人的合法权益，同时损害了国家的权威和利益。

我国现行《国家赔偿法》对于行政侵权主体的表述为“行政机关及其工作人员”，因此海洋行政赔偿中国家机关和国家机关工作人员是指有关海洋行政机关及其工作人员。但有学者提出将行政行为主体理解为“行使行政职权的机关和组织及其工作人员”，更符合行政赔偿的立法本意，即只要其行使的是行政职权，就可以构成行政赔偿的主体。海洋行政赔偿的起因是海洋行政机关和海洋行政机关工作人员因行使职权造成的损害。申请海洋行政赔偿需满足以下条件：首先，主体特定，海洋行政机关及其工作人员为行政赔偿主体；其次，行为特定，是因海洋行政机关和海洋行政机关工作人员行使职权过程中发生了损害公民、法人和其他组织合法权益的事实；最后，符合法律规定，造成的损害应符合《国家赔偿法》的赔偿范围规定，侵权的海洋行政机关才能对其进行赔偿。由于海洋行政机关及其工作人员与国家存在的法律关系，即代表国家行使职权。因此在实践中按照“谁侵权，谁赔偿”的原则，由行使职权并造成损害的海洋行政机关负责接受赔偿请求，参加赔偿程序，履行赔偿义务。

（二）海洋行政赔偿的特征

根据海洋行政赔偿的概念，海洋行政赔偿是由国家承担赔偿责任，其具有如下特征。

1. 行政赔偿因海洋行政主体而引起。只有享有海洋行政权，实施海洋行政行为的行政主体，才属于海洋行政赔偿的主体。海洋行政主体既包括行使海洋行政职能的机构，也包括工作人员。但行政机关工作人员引起的赔偿并非由于职务行为而是个人原因或其他原因，则不属于行政赔偿的范围。

2. 行政赔偿因海洋行政行为违法而引起。海洋违法行政行为是行政赔偿的前提，这里的违法以行政行为的客观违法为要件，而不是以行政主体主观上过错为要件。

3. 行政赔偿因相对人合法权益受到实际损害而引起。首先，受到损害的是相对人的合法权益而非非法利益，非法利益不受法律保护当然也无须赔偿；其次，行政行为对相对人权益造成的是实质影响，产生了实际损失，才构成行政赔偿。如果影响轻微，对相对人的权利义务没有造成严重影响，则不构成行政赔偿。

4. 行政赔偿的责任主体是国家。海洋行政主体由国家依法设立，其行使的海洋管理职能属于国家职能。海洋行政主体及其工作人员行使海洋职权所实施的职务活动，并非个人行为，而是代表国家进行的管理行为，由此造成的损害不应由行政主体及其工作人员承担赔偿责任而是由国家承担，因此行政赔偿是国家赔偿的一种类型。①

二、海洋行政赔偿的构成要件

构成要件主要是解决在何种条件下，符合哪些情形，国家需要承担赔偿责任。行政赔偿责任的目的是抑制不法或不当行政，从而对行政公务行为予以规制的法律制度形式，概括起来，在行政赔偿领域，构成要件可以分为以下四个要件。

（一）存在行政权力行使的职务行为

国家只对行政机关及其工作人员执行职务的行为导致的损害后果承担赔偿责任，与行使职权无关的行为不能导致国家赔偿。职务行为对应的是个人行为，是指国家机关工作人员在职责范围内行使职务、履行职责的行为。判

---

① 李欣：《行政赔偿程序比较研究》，中国政法大学2005年博士学位论文。

断行为是否属于职务行为时，实践中往往综合考虑各种要素，如是否在执行职务的时间和地点、是否以执行职务为目的、是否以执行职务为名义，行为人的行为与其职务之间是否有内在的联系等。这里的关联性包含主观与客观两个方面，主观上即考量行为人对行为结果的主观意思，客观上考察行为结果的最终状态。具体而言，职务行为具有以下特点：

一是职权性。国家机关工作人员根据法律赋予的职责权限实施的行为是履行职务行为。超越职权的行为是非职务行为，也不受法律保护。

二是时空性。国家机关工作人员在应当行使职权、履行职责的时间和管辖范围内实施的行为通常都认定为职务行为。

三是身份性。在通常情况下，凡以国家机关工作人员的身份和名义实施的行为都是履行职务的行为。

四是目的标准。国家机关工作人员为了履行法定职责和义务，维护公共利益而为的行为，通常都认定为是职务行为，如依法进行检查、征收等。

（二）因职务行为造成了行政相对人人身、财产等权益的损害

行政赔偿是因侵犯相对人的合法权益而导致的责任形式，因而，行政行为的违法性和侵权性是行政赔偿得以发生的前提要件。虽然世界范围内的行政赔偿理论中，主体要件正有被行为要件所吸收的趋势，因为行为的界定自然伴随着主体的界定，但行为要件仍有其相对的独立性。并非所有造成损害的行政行为都能引起赔偿，如果是因合法及正当的行政行为引起的损害，不属行政赔偿的范畴，而是属于行政补偿。

引起行政赔偿的行政行为应当是具有违法性质的职务行为或不当行政行为。违法行为即在行使行政职权时发生违反法律法规的行为，例如在执法的过程中殴打当事人。不当行政行为虽然行为并未构成违法，但存在不合理、不恰当的情况。我国《国家赔偿法》的表述是“行政机关及其工作人员行使职权”，此处的“行使职权”是否包括不作为的情形存在争议。有学者认为，《国家赔偿法》虽然未明确行政不作为行为是否属于行政赔偿的侵权行为范围，但根据现行的法律体系，也并未将行政不作为的赔偿责任排除在行政赔偿制度之外，《行政诉讼法》及其司法实践均承认行政不作为的可诉性，因此

行政不作为的赔偿制度已经存在。①

（三）客观上产生了损害后果

行政赔偿责任的要件之一是行政行为对相对人权益造成了客观的损害。损害后果是因合法权利遭受侵害的事实状态，非法利益不受法律保护。损害事实应当具有确定性，即在客观上能够被加以确认，是已经发生的客观真实存在的事实。如果损害的是非现实的利益或者未来可能发生的利益或者并非社会一般观念所认可的利益，那么该损害就是不确定的损害，不能作为赔偿的对象。此外，在确定赔偿责任时，应当综合考量行政机关不履行法定职责的行为对于损害发生的作用，仅就自身过错承担相应的责任。如果是因相对人自身原因或者放任导致损害扩大的，由此发生的损失不应由行政机关承担赔偿责任。②

按照《国家赔偿法》的规定，损害后果既包括人身、财产的侵害，也包括对受害人现实权利的侵害。

（四）行政行为与损害后果之间具有因果性

行政赔偿最后的一个构成要件是因果关系，即要求行政行为与损害事实之间存在因果性。前者是因，后者是果，如果所发生的损害事实不是由行政行为所导致，便不构成行政赔偿责任，因果关系是连接侵权行为与损害事实之间的纽带。

要想获得行政赔偿，相对人要能够证明行政行为与损害后果之间具有因果联系，只有单纯的行政行为发生或只有损害后果的发生并不必然引起行政赔偿责任事实。这里的因果联系要求行为与后果之间存在直接相关联的关系，而非间接的联系。③

所谓因果关系，是指客观事物之间的前因后果的关联性。前一个事物是“因”，后一个事物是“果”。根据前因后果之间的“关联”程度，法学界对

---

① 王堃、蔡武进：《论我国行政赔偿范围的拓展与改良》，载《北京化工大学学报（社会科学版）》2012 年第 3 期。

② 马怀德主编：《国家赔偿问题研究》，法律出版社 2006 年版，第 102 – 104 页。

③ 许赟：《行政赔偿责任之构成要件》，载《法学杂志》2000 年第 4 期。

因果关系的论断上出现了三种观点：相当因果关系说，又称适当条件说，主张在特别情况下发生某种结果尚不能构成因果关系，需要在一般情况下仍发生该种结果，方能构成因果关系；条件说，条件说主张凡是为结果创造条件的均为损害的原因，该理论为因果关系的构成不增添任何限制；原因说，原因说认为在造成结果的诸多因素之中，只有一项为主要导致结果的原因，其他各项均为条件，只有导致最终结果的原因与结果可以构成因果关系，其他各条件均不构成因果关系。① 目前有学者认为，《国家赔偿法》应当采取“相当因果关系说”。②

三、海洋行政赔偿的范围

行政赔偿范围是行政赔偿的核心问题，要解决的是国家对违法行政行为造成损害予以赔偿的范畴，既包括行政侵权行为的范围，哪些损害行为应该承担责任，也包括侵权损害的范围，赔偿的方式、赔偿的事项、赔偿的计算标准等。③ 目前世界各国对行政赔偿范围的规定有以下三种模式：一是概括式。对于行政赔偿范围采取概括式规定，凡是符合规定的，均可以要求赔偿，以日本为典型代表。二是列举式。对于行政赔偿范围采取列举式规定，详细列明赔偿事项。凡是列举出来的事项均予以赔偿，未进行列举或者否定式列举的事项均不在行政赔偿范围之内，以法国为典型代表。三是混合式，绝大多数国家采取的方式，列举性条文和概括性条款相结合，既有概括性一般条款，也有列举事项的规定。④

我国《国家赔偿法》目前采取的体例是列举式，具体列明了行政赔偿的行为范围，限定了应予赔偿的侵权行为，也规定了不予赔偿的事项，主要包括侵犯人身权和财产权的行政赔偿范围。其中，侵犯人身权的赔偿范围包括两类：一类是对人身自由权的侵害，即限制人身自由。违法侵权行政行为的表现是违法拘留、强制约束、强制传唤、强制扣留、非法拘禁等；另一类是

① 刘小玲：《论行政侵权赔偿责任因果关系》，载《行政法学研究》2008 年第 1 期。

② 江必新主编：《〈中华人民共和国国家赔偿法〉条文理解与适用》，人民法院出版社 2010 年版，第 52－54 页。

③ 应松年、杨小军主编：《国家赔偿制度的完善》，国家行政学院出版社 2008 年版，第 35 页。

④ 胡锦光、余凌云主编：《国家赔偿法》（第 2 版），中国人民大学出版社 2011 年版，第 19－20 页。

对生命健康权的侵害，即剥夺了生命或者损害了身体健康。违法侵权行政行为的表现是行政机关工作人员暴力行为。这类行为是行政机关工作人员在行使职权时亲自实施或者教唆他人实施的违法行为，武器、警械的滥用行为，其他造成公民身体伤害或者死亡的违法行为。侵犯财产权的行政赔偿范围，包括侵犯相对人的物权、债权和知识产权等。在海洋行政案件中，除了船舶、设施装备等财产，各类取得的海洋行政许可、海域使用权、养殖权、捕捞权等均属于财产权的范围。

此外，对于不承担行政赔偿责任的情形《国家赔偿法》也作了明确规定，主要排除了行政机关工作人员的个人行为以及相对人自身的行为致使发生损害的。随着社会经济发展水平和政治、经济形势的发展，行政赔偿范围正在发生变化，并呈现拓展的趋势。我国《国家赔偿法》自出台后已经过两次修正，肩负着保障公民权利和规范行政权行使的重要使命。行政赔偿范围的延展，有助于协调各方利益，提供救济机制和解决路径，恢复公民受损的权利，也体现社会的公平正义。①

四、海洋行政赔偿的方式

行政赔偿方式是对行政行为侵权损害的救济，赔偿损失承担责任的各种形式。行政赔偿采用的方式、依据的标准，直接影响到受害人的权益和救济的质量。根据《国家赔偿法》的规定，以金钱赔付为主要方式，同时辅以返还财产和恢复原状。另外，对于致人精神损害的，还承担精神损害赔偿责任。② 海洋行政赔偿方式同样遵守《国家赔偿法》的相关规定，能返还财产的返还，能恢复原状的恢复，既不能返还也不能恢复的支付赔偿金。

1. 赔偿金。赔偿金是以货币的形式给付，也是最常见的赔偿方式。凡是能够用金钱价值衡量的财产或精神损失都可以支付赔偿金。财产权的损失赔偿标准通常按照财产的实际价值或者按照损失发生时的市场价格等方式计算。人身权的赔偿标准较为复杂，除了已发生的医疗费、护理费、交通费、误工费之外，造成残疾或死亡的，还包括残疾生活辅助具费和残疾赔偿金、丧葬费和死亡赔偿金。

---

① 梁鹏程：《论我国行政赔偿范围的拓展与完善》，载《山东行政学院学报》2019 年第 2 期。

② 曹海晶、李祎：《试论行政事实行为及其行政赔偿制度》，载《法治研究》2013 年第 5 期。

2. 返还财产。返还财产是将受害人的原财物予以返还的赔偿方式。返还财物的前提是原物还存在，若原物已损毁不存在，经受害人同意的可返还种类物，不同意的则支付赔偿金。具体包括以下财物：违法的罚款、没收的财产；违反国家规定征收的财物、摊派的费用；违法采取的查封、扣押、冻结的财产等。

3. 恢复原状。恢复原状是指海洋行政赔偿义务机关按照受害人的愿望和要求将财产恢复到损害发生之前的状态。恢复原物的前提是原财物仍然存在并具有恢复的可能，通过修理、重作、更换等方式使权利人的损失得以补偿。

4. 其他精神损害承担方式，包括消除影响、恢复名誉和赔礼道歉。在适用这三种赔偿方式时需要注意的是，除了行政机关在进行行政管理时侵犯了公民的人身自由权之外，诸如非法拘禁等造成当事人名誉权受到损害的情况，其他侵害财产权益的情形不适用。

第二节　海洋行政复议

一、海洋行政复议的概念与特征

（一）海洋行政复议的概念

我国的行政复议制度，发端于20世纪50年代初。① 我国的法规中从1950年后开始大量涉及行政复议的内容，在不断地修订和发展的过程中，行政复议相内容不断扩充，范围越来越大。1951年公布的《暂行海关法》率先把行政复议扩大至海关行政领域，同年政务院通过的《海关进出口税则暂行实施条例》使这一制度更加程序化、具体化。1990年12月24日《行政复议条例》的公布，标志着我国行政复议立法和实践进入一个崭新的阶段。1999年，全国人大常委会首次通过了《行政复议法》，从而把中国的行政复议制度推向了一个新阶段。2007年国务院通过了《行政复议法实施条例》，这一条例的

① 1950年11月15日公布的《财政部设置财政检查机构办法》第六条。

制定，使我国行政复议程序制度更加完善。

行政复议是一种由行政相对人向行政复议机关提出申请的法律制度，提出申请的理由是对行政主体作出的行政行为不服，申请的内容是请求对原行政行为进行审查和纠正。行政复议机关依提出的申请而对原行政行为作出合法性和适当性审查，并作出决定。据此，海洋行政复议是指海洋行政相对人认为海洋行政机关作出的具体行政行为侵犯了其合法权益，依法向海洋行政主管部门申请行政复议，由专门的海洋行政复议机关负责对作出的海洋行政行为进行审查并作出决定的法律制度。海洋行政复议可以有效防止和纠正海洋行政机关作出的不当具体行政行为，监督海洋行政机关依法履行职责，保护公民、法人和其他组织的合法权益不受侵害。

（二）海洋行政复议的特征

1. 海洋行政复议的内容是解决部分海洋行政争议。首先，海洋行政复议的内容是解决海洋行政争议，而不是民事争议或其他争议，这是行政复议行为区别于行政裁决等其他行政司法行为的重要特点。其次，海洋行政复议解决的并非全部海洋行政争议。它一般只限于海洋行政主管机关与行政相对人之间因具体行政行为引起的海洋行政争议，属于行政复议范围的海洋行政争议由法律规定。

2. 海洋行政复议的主体是广义的海洋行政管理机关，如海洋行政主管部门、海事管理部门、渔业行政管理部门、海关和公安边防管理部门等。

3. 海洋行政复议以公民、法人或者其他组织为申请人，以海洋行政管理机关为被申请人。若作为行政相对人的公民、法人或其他组织，认为海洋行政机关及其公务人员作出的行政行为是对其合法权益的侵害，就可以提出行政复议的申请。

4. 海洋行政复议的审查范围既包括合法性，也包括合理性。根据《行政复议法》的规定，行政复议机关的重要职责是审查申请行政复议的具体行政行为是否合法与适当。因为行政复议毕竟是一种行政自我监督，而且复议机关往往是复议被申请行政机关的上级领导机关，并享有与被申请行政机关同样的职能管理权。这是行政复议与行政诉讼的明显区别之一。

二、海洋行政复议的原则

海洋行政主管部门在受理行政复议申请作出行政复议决定时要遵循基本原则。所谓基本原则，就是对海洋行政复议特点的体现，始终作为一种基本行为准则贯穿在行政复议的全过程中。同法律其他基本原则的作用相同，海洋行政复议的基本原则规范海洋行政复议，并能够对其进行指导。

（一）合法、公正、公开、及时和便民原则

《行政复议法》第四条规定："行政复议机关履行行政复议职责，应当遵循合法、公正、公开、及时、便民的原则，坚持有错必纠，保障法律、法规的正确实施。"

合法原则，是任何行政行为和司法行为都必须遵守的基本原则。海洋行政复议机关及其他复议参加人在行政复议过程中须遵守法律法规的规定。合法原则也是行政法基本原则"依法行政"在海洋行政复议领域的具体体现，要求全过程的合法，包括主体的合法、依据合法、程序合法等。主体合法，指的是海洋行政复议机关、作出原行政行为的机关以及提出申请的相对人资格符合行政复议法的相关规定。依据合法，要求海洋行政复议机关在对原行政行为作出审理时依据的内容是符合法律要求且有效的。程序合法，顾名思义指的是在处理海洋行政复议案件时，对案件的受理、原行政行为的审理以及作出复议决定的全过程都要严格按照海洋行政复议相关法律和规定进行。

公正原则，是指海洋行政复议机关要符合公平、正义的要求，以事实为依据，以法律为准绳，做到公正，没有偏倚任何一方，同等对待申请人和被申请人。申请人相对被申请人而言处于弱势地位，因此在行政复议过程中海洋行政复议机关要维护申请人的合法权益，保证给予申请人和被申请人相同的法律地位，同时对于复议决定也应体现公正，以维护法律的公正性、权威性和有效性。

公开原则，此原则要求行政复议的依据、程序及其结果都要公开，复议参加人有获得相关情报资料的权利。海洋行政复议机关在审理行政复议案件时，整个审理的过程应当向社会公开，但涉及国家、商业及个人秘密和隐私的情况依法无须公开，以此增加行政透明度，提升海洋行政机关的公信力。公开内容包括：所有有关行政复议的材料；行政复议的审理过程；行政复议

决定等。

及时原则，是指海洋行政复议机关应当遵循海洋行政复议相关法律法规对有关时效的规定，在法定期限内及时完成案件的审理工作，不得无故拖延。但在追求效率的同时，也不能忽视质量。

便民原则，从字面意思进行理解，该原则是要为公民提供便利。在海洋行政复议过程中，要求尽可能为海洋行政相对人提供申请行政救济的便利，无须被烦琐复杂的复议过程拖累，尽量做到让申请人在省时、省事的情况下行使行政复议申请权。对此，《行政复议法》为申请行政复议的形式提供了书面和口头两种选择;[①] 第二十六条规定了行政复议机关要为查阅案卷提供方便。

（二）书面审查原则

海洋行政复议是一种行政司法行为，它具有行政性，不仅要追求公平，更要追求效率。行政复议不可能像行政诉讼那样要经过严格的开庭辩论程序，只需根据双方提供的书面材料就可以审理定案，以求实现行政效率。

关于审查的方式，依据《行政复议法》第二十二条的有关规定，原则上是采取书面审查的办法，但也有例外情况可以听取申请和被申请双方当事人及第三人的意见。例外情况有两种：一是由申请人提出要求，二是行政复议机关内的法制机构认为有必要。此外，《自然资源行政复议规定》第二十三条规定，必要时，行政复议机构可以采取实地调查、审查会、听证会、专家论证等方式审理行政复议案件。当涉及重大、复杂或疑难的海洋行政复议案件时，行政复议机构应当提请行政复议委员会审议。这说明，从审查方式上考察，行政复议方式以书面审查为原则，以其他方式的审查为例外。

（三）合法性和适当性审查原则

这一原则要求，海洋行政复议机关在实施行政复议时，以合法性和合理性（适当性）为审查标准。在对海洋行政机关的具体行政行为进行审查时，需要同时考虑它是否符合法律和情理的双重要求。在海洋行政复议案件中，海洋行政复议机关依据合法性和合理性标准审查行政行为。《行政复议法》第

---

① 《行政复议法》第十一条：申请人申请行政复议，可以书面形式申请，也可以口头申请。

三条第三款规定："行政复议机关……审查申请行政复议的行政行为是否合法与适当……"审查行政行为是否合法，实质就是审查被申请人行政主体：（1）是否履行法定职责；（2）其行为是否属于事实不清、证据不足；（3）其行为适用法律、法规、规章和具有普遍约束力的决定和命令是否正确；（4）其行为是否违反法定程序而影响申请人的合法权益；（5）其行为是否超越职权；（6）其行为是否属于滥用职权；（7）其行为是否属于行政侵权。审查行政行为是否适当，就是指审查行政行为的合理性。根据《行政复议法》第二十八条第三项的规定，行政行为明显不当的，行政复议机关应依法撤销或变更该行政行为。

三、海洋行政复议程序

（一）申请与受理

前文提到过，海洋行政复议是依申请而产生的行为，需要以海洋行政相对人向行政复议机关提起申请为前提。若没有相对人的提起，则无海洋行政复议，因此申请是海洋行政复议的发起程序。公民、法人或其他组织作为海洋行政相对人，提出复议申请的时间是受到法律限制的，正常情况之下是在自知道作出的海洋行政行为之日起60日内。若有不可抗力或其他法律规定的正当理由，无法在60日内申请的，申请的期限从障碍事由消除之日起继续计算。

海洋行政相对人认为海洋行政主体的行政行为是对其合法权益的侵犯，则可以申请行政复议。这是我国法律赋予海洋行政相对人的权利，这项权利绝不许被非法限制或剥夺。然而，行政复议的申请也并非无所限制、随意提起的，相对人提起申请并不必然开启海洋行政复议程序，也需要符合一定的条件。

根据行政法的法理，申请海洋行政复议应符合以下五项条件：一是申请人应当具有申请行政复议的资格，即确实受到了海洋行政机关的直接侵犯，申请人与海洋行政行为有具体的利害关系；二是有明确的被申请人，向海洋行政复议机关提出申请时需要依据《行政复议法》的规定指出被申请人，否则申请无法成立；三是有具体复议请求和事实依据，行政复议请求一般有请求复议机关撤销、变更决定和赔偿损失等，复议时应当提出请求同时附以事实依据；四是当事人的申请属于行政复议机关的受案范围，相对人申请的案件须符合《行政复议法》确定的范围要求，受案范围之外的案件不予受理；五是法律、法规规定的其他条件。

海洋行政复议机关在接到行政复议的申请后，应当进行审查。审查是行政复议过程中十分重要的一步，只有审理这一环节做好了，才能保证后续程序的推进。在进行审理之后，可以依据具体情况作出如下的处理：作出不予受理的决定，即海洋行政复议机关在审查过程中发现不符合本法规定时，海洋行政复议机关不予受理；告知申请人向其他有关行政复议机关提出，这种情况出现在申请符合法律的规定，但不在海洋行政复议机关受理的范围时。具体流程如下。

1. 直接受理。海洋行政复议机关对于符合申请条件的应当受理，且自收到复议申请之日起计算复议期限。符合申请条件需要满足上文所述的期限条件、法定条件和申请条件。

2. 告知和转送。海洋行政复议机关在审查申请材料时发现符合法律规定的申请条件，但不在本行政复议机关受理的案件范围之内时，可以选择告知申请人应当去哪个机关提出行政复议申请，或者将该行政复议申请转送至在受理范围内的海洋行政复议机关。若出现一个申请人就一案件同时向多个行政复议机关提起申请的情况，则最先收到该申请的行政机关受理。若多个行政复议机关同时收到申请，则这些机关自行协商决定该由哪个机关进行受理，若无法协商出结果，则由共同上级机关指定任意一个下级行政机关受理申请。

3. 决定不予受理。海洋行政复印机关在审查申请材料时，发现不符合申请条件的，决定不予受理，需作出不予受理决定书，并载明不予受理的理由。

（二）审理与决定

海洋行政复议机关受理复议申请后，行政复议程序便进入审理阶段。在整个海洋行政复议程序中，审理可谓最实质性的阶段。通过案件的审理，查事实真相，为适用法律及作出复议决定打下基础。

为了保证审理工作的顺利进行，海洋行政复议机关在审理正式开始之前，必须进行一系列的准备工作。准备工作是为了明确案件双方的基本情况，厘清行政复议案件中各方的关系。因此，审理前的准备工作有助于案件顺利进行审理。根据《行政复议法》的规定和海洋行政复议的实践，审理前的准备工作一般有以下几种：向被申请人送达申请书副本；开展证据的调查和收集工作；若发现申请人和被申请人不符合条件时应当更换或追加当事人；根据案件的具体情况确定采取何种审理方式。

根据《行政复议法》的规定，行政复议机关的审理主要包括合法性和适当性两个部分的内容。行政合法性和行政适当性是行政法的两大基本原则。行政合法就是依法行政，行政适当则是在合法的前提下尽可能做到合理与公正。

海洋行政复议机关对行政行为合法性的审查，主要包括下列内容：（1）对作出海洋行政行为主体的适格性审查；（2）对海洋行政行为的内容是否符合法律法规和规章的要求，或者是否符合具有普遍约束力的决定、命令的要求进行审查；（3）对海洋行政机关作出的行政行为是否超出该机关的权限进行审查；（4）审查海洋行政行为的作出是否符合法律规定的程序性和形式性要求。行政行为的适当性是基于行政主体的自由裁量权发生的。在海洋行政主体行使自由裁量权时，一般不会考虑合法性的问题，只考虑适用是否适当的问题，除非其行为超出了法律的规定范畴。对于这种适当性问题，海洋行政复议机关也有权予以审查。例如，对海洋行政机关明显不当的行为，行政复议机关可以决定变更。

海洋行政复议机关在对案件进行审理之后，需要作出相应的决定，根据《行政复议法》行政复议决定分为以下五种情况。

1. 维持决定。维持决定指的是海洋行政复议机关经过调查审理之后，决定维持海洋行政机关的行政行为不变。在审理的过程中，依据调查显示行政行为适用的法律法规正确无误，事实清楚，证据确凿且并无程序和形式上的违法情况的，海洋行政复议机关应当决定维持。

2. 履行决定。履行决定是海洋行政复议机关责令被申请人履行其法定职责的情况。履行决定的作出一般适用两种情况：一是被申请人拒绝履行法定职责，无正当事由在法定期限内不履行的可视作拒绝履行；二是被申请人拖延履行法定职责。

3. 撤销或变更决定。当海洋行政复议机关确认行政机关作出的行政行为违法时，可以作出撤销或变更的决定。行政行为程序违法、主要事实和依据不清、适用法律法规错误或者超越权限等情况均可以判定违法。在作出撤销或变更决定时，海洋行政复议机关可以责令被申请人重新作出行政行为，这种新行为的作出需要符合对期限的要求，且不能作出与被撤销或变更的行政行为相同或基本一致的行为。

4. 决定赔偿。海洋行政复议机关确定海洋行政行为对申请人造成损害的，且申请人请求赔偿的，行政复议机关应当依据《国家赔偿法》的相关规定责令海洋行政机关作出赔偿。

5. 驳回申请决定。有下列情形之一的，行政复议机关应当决定驳回行政复议申请：（1）申请人认为行政机关不履行法定职责申请行政复议，行政复议机关受理后发现该行政机关没有相应法定职责或者在受理前已经履行法定职责的；（2）受理行政复议申请后，发现该行政复议申请不符合行政复议法和本条例规定的受理条件的。上级行政机关认为行政复议机关驳回行政复议申请的理由不成立的，应当责令其恢复审理。

同提出海洋行政复议申请的期限一致，行政复议机关作出决定的期限一般是60日，特殊情况下可以适当延长期限，但延长的期限最多为30日。海洋行政复议机关作出决定应当制作复议决定书。复议决定书除了写明复议决定之外，还应当注明申请人与被申请人的基本信息、申请复议的请求和理由、复议机关认定的事实与依据、不服决定起诉的期限、复议作出的日期等事项。另外，还需要有海洋行政复议机关法定代表人的署名及加盖机关印章。

（三）执行决定

海洋行政复议决定发生效力的时间为复议决定书送达的时刻。在收到海洋行政复议决定时，被申请人应当履行决定的内容。若在无正当理由的情况下，被申请人拒不履行决定，或未表明拒绝履行但超出期限仍不履行的，复议机关或上级机关应责令履行。对申请人而言，若超越起诉时效未起诉但并不履行复议决定的，或者进行最终裁决后仍不履行复议决定的，作如下处理：

1. 若作出维持决定，即维持海洋行政机关的行政行为不变，则可以由该海洋行政机关依法强制予以执行，或者可以向人民法院提出强制执行申请。

2. 若作出变更决定，即变更海洋行政机关作出的具体行政行为，则由海洋行政复议机关依法强制予以执行，或者也可以向人民法院提出强制执行申请。

四、海洋行政复议的机关与管辖

（一）行政复议的机关

行政复议机关，是指依照法律的规定，有权受理复议申请，依法对行政行为进行审查并作出裁决的行政机关。行政复议机关，首先其属性还是行政机关，其次这种行政机关是有行使行政复议的权力的，最后这种行政机关行使行政复议权时可以自己的名义独立进行且能够自行承担法律责任的。从海洋行政的角度出发，海洋行政的复议机关包括：海监、海警、渔政、海事等部门。

行政复议机关的功能可从多方面考察，但主要是以下两个方面。

1. 行政功能。前文也提到了，行政复议机关它的本质还是行政机关，可以说是兼具行政功能和行政复议功能的国家机关。这就使它在发挥组织、协调等多种行政作用的时候，还必须作为第三者的身份对相对人与行政机关的纠纷进行审理，并作出相应的决断。这一行为的性质虽与其他行政行为有较大区别，但它仍逃脱不了“行政”的本性。事实上，行政复议权就是一种行政领导权，它是复议机关对被申请行政主体进行监督的权力。复议只是行政功能中监督行政的一种比较特殊的方式。

2. 准司法功能。行政复议机关的行政功能并不能否定行政复议行为的特殊性，即这种行为与其他诸如组织、指挥、协商、调和、斡旋、调整等行政行为不同，它是复议机关运用类似司法程序的行政复议程序解决行政争议的活动。这一活动着眼于以第三者身份对被申请行政行为进行合法、合理性审查，从而实现行政救济和行政监督目的。从这一特征出发，我们又可以把行政复议行为类同于法院进行行政诉讼的行为，而这正是复议机关司法功能的体现。

（二）行政复议的管辖

我国行政复议体制的发展经历了行政复议改革的酝酿期、试点期和发展期。改革初期，在试点地区分别对相对集中行政复议权、行政复议委员会和行政复议运行机制进行初步探索。[①] 2010 年至 2016 年，健全行政复议体制机

---

① 2008 年《国务院法制办公室关于在部分省、直辖市开展行政复议委员会试点工作的通知》。

制成为法治政府建设的一个重要方面，对行政复议改革的探索逐步加紧，要求探索开展相对集中行政复议审理工作，进行行政复议委员会试点等。[①]

在这样的背景下，地方各自开展了各自在行政复议体制机制方面的积极探索，呈现出不同的表现方式。以管辖范围为例，各地方的实践可以概括总结为三种模式。第一种是全部集中行政复议体制。原本机关的职能部门均享有各自的行政复议权力，但在此种模式之下，散落的这些复议权全部被收回，由政府统一行使行政复议权。第二种是相对集中行政复议体制。此种模式的复议权被划分成两种形式，实行垂直领导的行政机关、税务机关和国家安全机关依旧有自主行使行政复议权的权力，其余的部门行政复议权由政府集中行使。[②] 第三种是不集中行政复议体制。此种模式下，行政复议权依旧由各部门行使。

受理的行政复议案件，不能全部由单一的行政机关进行受理，不同层级、职能的行政机关需要对行政复议案件的受理进行分工，这也就是行政复议的管辖。管辖的意义就在于要解决某一类型的行政复议案件应当由哪个行政机关进行复议。对相对人来说，了解管辖意味着在需要进行行政复议的情况发生时，知道该向哪个机关提出申请。根据《行政复议法》中对行政复议管辖的规定，可以确定海洋行政复议案件的受理机关有两种，分别是县级以上海洋行政主管部门和县级以上地方人民政府。行政复议的管辖通常可以分为一般级别管辖和特殊级别管辖。与海洋行政复议相关的管辖具体有以下几种。

1. 选择管辖。由于海洋行政复议的受理机关有两种，因此若不服海洋行政机关的行政行为，可以选择本级人民政府或上级海洋主管部门提起行政复议的申请。

2. 政府管辖。根据《行政复议法》第十三条的规定，对地方各级人民政府的具体行政行为不服的，向上一级地方人民政府申请行政复议。

3. 授权管辖。有些机构虽没有作出具体海洋行政行为的权利，但因某些需求海洋行政机关授权给该机构，可以以自己的名义作出一定的行政行为。

---

① 2010 年《国务院关于加强法治政府建设的意见》（该意见已于 2016 年被宣布失效，但仍能够代表当时背景下行政复议的发展方向和状况）。

② 方宜圣、陈枭窈：《行政复议体制改革“义乌模式”思考》，载《行政法学研究》2016 年第 5 期。

这种情况之下，管理该机构的海洋行政主管部门负责进行复议审理。

4. 共同管辖。由于海洋的特殊性，对同一事件，可能会有多个涉海行政机关进行管辖，作出共同行政行为。若出现申请人不服共同行政行为的情况，由这些行政机关的共同上级机关负责。例如，对所发生的渔业污染事件，如不服所在地生态环境部门和渔业部门的共同处理决定的，应当向共同的上级部门即所属地方人民政府提出申请。

第三节　海洋行政诉讼

一、海洋行政诉讼的概念和特征

（一）海洋行政诉讼的概念

行政诉讼在英美被称作“司法审查”，是解决行政争议的法定制度，也是对行政相对人进行救济，保证合法权益的司法程序。由于行政相对人在行政法律关系中处于从属地位，且行政机关拥有较强的影响力和支配力，这就使相对人可能会被迫服从于行政机关。为了维护行政相对人合法权益免受行政权的侵害，并在受到侵犯时能够及时予以有效救济需要由独立于行政机关之外的司法机关，通过公正、权威地适用法律来审理行政案件并作出相应的判决，以保障和维护行政相对人的合法权益。行政诉讼制度也正是基于这种要求而发展起来的。行政诉讼即是指当事人向人民法院提出诉讼，要求法院对行使国家行政职权的机关或工作人员的行政行为合法性进行审查并作出判决，从而解决行政争议的活动。

海洋行政诉讼是海洋行政相对人获得行政救济的重要途径，如果海洋行政相对人认为海洋行政机关作出的具体行政行为侵犯了其合法权益，可以依法向人民法院提起行政诉讼，由人民法院对海洋行政机关作出的具体行政行为进行审理并作出裁判。

海洋行政诉讼与海洋行政复议的区别在于：一是海洋行政复议是行政机关之间的行政活动，适用行政程序，而海洋行政诉讼是司法活动，适用司法程序；二是海洋行政复议的受理机关是行政机关，而海洋行政诉讼的受理机关是人民法院；三是海洋行政复议对具体行政行为的合法性和合理性均进行审查，但在海洋行政诉讼中，人民法院不审查行政行为的合理性，仅审查合法性；四是海洋行政复议结束后当事人不服复议决定的，可以提起行政诉讼，而海洋行政诉讼中，法院作出的生效判决具有最终的法律效力。

（二）海洋行政诉讼的特征

海洋行政诉讼区别于其他诉讼，其受理和裁判的案件为海洋行政案件。作为一种行政争议的解决途径，由人民法院根据《行政诉讼法》所确定的程序，通过审判方式而进行。海洋行政诉讼的特征如下。

1. 海洋行政诉讼的原告是权利义务受到直接影响的相对人。在行政诉讼中，作出行政行为的海洋行政机关并没有起诉权，只有处于被管理者地位的相对人可以通过司法救济途径，向法院提起行政诉讼。本质上来说，海洋行政诉讼的原告范围是由于海洋行政关系的特殊性所造成的。行政机关不能作原告，具体是相对于行政机关以管理者的身份出现来行使行政职权而言的，其与公民、法人和其他组织并不拥有同样的权利，法律地位也并不平等。

2. 海洋行政诉讼的被告具有特定性，即被告为海洋行政主体。在行政诉讼中采取的都是“不告不理”的原则，诉讼的开始均是由当事人提起的。即便如此，海洋行政诉讼中的被告也是有范围限定的，而不是任意起诉，仅限于立法规定的有权行使国家海洋行政职权的海洋行政机关和法律法规授权的组织。海洋行政机关既没有起诉权，也没有反诉权。这是由国家海洋行政管理的性质所决定的。

在民事诉讼中，争议双方的法律地位都是平等的，原被告之间并没有恒定的地位关系，双方当事人都具有反诉的权利；在刑事诉讼中，虽然原被告之间的法律地位恒定，但是有一类自诉案件允许被告反诉，由此，从整体上讲，刑事诉讼不存在原被告法律地位恒定的情况。但在行政诉讼中，海洋行政机关在履行职权时处于管理方的地位，对海洋行政相对人有直接的行政处理权，可以依法强制执行或者申请法院强制执行，因此无须通过起诉的方式来实现具体行政行为的效力。

3. 审查对象为海洋行政行为的合法性。对于海洋行政行为的合理性或者适当性往往排除在审查范围外。海洋行政诉讼的目的决定了诉讼必须以审查具体行政行为的合法性为核心，且整个海洋行政诉讼活动都围绕这一核心展开。另外，法院作为审判机关不能替代行政机关处理行政事务作出行政决定，因此，法院与行政机关在司法实践中凸显的监督与被监督的关系，决定了海洋行政诉讼审查的对象必须为具体行政行为的合法性。

二、海洋行政诉讼的基本原则

海洋行政诉讼基本原则是指反映行政诉讼的基本特点和一般规律，贯穿于行政诉讼活动整个过程或主要过程，指导行政诉讼法律关系以及主体诉讼行为的重要准则。

（一）司法最终解决原则

司法最终解决原则的内涵是运用司法机制作为解决纠纷冲突的最终机制，体现其解决纠纷的公正性。司法最终解决原则包括两层意蕴：一是司法解决，一旦相对人选择了司法救济途径，即启动了诉讼程序，通过司法机关予以实体性的解决；二是最终解决，司法机关具有最终处理的权力，法院对民事纠纷解决过程中的程序性事项的处理结果以及对民事纠纷的实体处理结果具有终局性，非经法定程序和法院本身，不得被撤销。① 司法最终解决原则作为行政诉讼的基本原则，一方面是由于其符合行政诉讼基本原则的特点，另一方面是由于它连接了行政法与行政诉讼法，真正体现了行政诉讼的价值。司法最终解决原则在不同的诉讼阶段体现为以下具体原则。②

第一，行政终局裁决有限原则。司法最终解决原则意味着排除了行政机关作出最终决定的权力。司法机关根据审查的事项、标准和依据对行政行为做出最终裁决后，行政机关必须依法履行相应的裁决。

第二，行政复议前置原则。行政诉讼的实质是司法权的运用，通常是作为最后的救济途径。对此，多数国家秉持“首先管辖权原则”和“穷尽行政救济原则”来解决这个问题，在制度和程序设计上规定行政复议前置于行政诉讼。目前，我国可以在行政诉讼与行政复议关系问题上选择“先行政复议再行政诉讼”的模式。这样，一方面可以充分利用行政机关的人员和技术优

---

① 吴俊：《论司法最终解决原则——民事诉讼的视角》，载《法治论坛》2008 年第 1 期。
② 孔繁华：《行政诉讼基本原则新辨》，载《政治与法律》2011 年第 4 期。

势，在行政复议阶段处理掉大量的行政争议，减轻人民法院的审理负担；另一方面有利于人民法院更加清楚地了解案件事实，及时、准确地裁判行政争议，提高司法效率。

第三，司法判决的确定力原则。判决的确定力是指审判程序终结的同时，争议解决也终结，经由法院判决确定的事项，不能再次提出请求。换言之，经过司法确认程序之后，诉讼双方应自觉接受司法判决的拘束，并履行相应的义务。相对人之所以提起诉讼是基于对国家审判权公正性的信赖，目的是由司法机关做出法律判断解决纠纷，避免当事人之间的实体权利义务关系仍然处于不确定的状态。确定的判决不论对当事人还是对法院都有强制约束力，不得违反已生效判决的主张或者判断的效果。

（二）以事实为依据、以法律为准绳

《行政诉讼法》第五条规定：人民法院在审理行政诉讼案件时应以事实为依据、以法律为准绳。

1. 以事实为根据要求人民法院审理行政案件，作出裁判之前将相关的事实调查清楚。人民法院依照法定程序认定行政机关据此作出具体行政行为的事实是否符合客观事实，证据是否确实充分。

2. 以法律为准绳要求人民法院审理行政案件时，对被诉行政机关的具体行政行为进行审查时，要以法律、法规为依据，查明具体行政行为适用法律是否正确，判断具体行政行为是否违法，并作出判决。

（三）合法性审查原则

我国《行政诉讼法》第六条对合法性审查原则进行了规定，即人民法院审理行政案件时，要对行政行为是否合法进行审查。合法性审查的内容主要包括证据是否充分，适用法律、法规是否正确，是否违反法定程序，是否超越职权、滥用职权或者明显不当。合法性审查不对行为的合理性与适当性进行审查，也不对行政行为的依据和规范性文件进行审查。即使发现行政行为的依据和规范性文件违法，也只能撤销行政行为或确认行政行为违法，无权确认依据或规范性文件违法。

对于合法性审查的理论基础，学者们虽有不同的看法，但概括起来主要

有三个原则，即人民主权原则、权力制约原则和人权保障原则。第一，人民主权原则。人民享有最根本的权力，国家的一切权力属于人民，这一原则是宪法原则在行政诉讼领域内的具体体现。简单来说，我国的行政诉讼制度是由公民、法人或者其他组织对行政机关的违法行为提起行政诉讼，请求人民法院审查的制度。这种制度既是社会主义民主应有的内容，又是社会主义民主的重要保障。第二，权力制约原则。我国虽不实行“三权分立”，但并不代表我国各国家机构之间不存在权力的分工和制约。事实上，依据宪法规定，我国的行政机关、审判机关、检察机关在人民代表大会的统一领导下，既各司其职又相互制约。行政诉讼本质上是司法权对行政权的监督，而合法性审查原则则是对这种监督的标准、内容等方面的细化。第三，人权保障原则。尊重和保障人权是我国宪法明确规定的价值追求，也是行政诉讼价值目标的应有之义。通过对行政行为合法性的监督和审查，使其在法律规定的范围内活动，从而达到保障人权的目的，这是行政诉讼的出发点和落脚点。

行政诉讼合法性审查的主体是司法机关，即人民法院。行政诉讼是国家司法机关在当事人和其他诉讼参与人的参加下运用司法程序审理行政争议的活动，那么承担审查任务的主体毫无疑问地应当由国家司法机关来担当。法院作为法律理性集中的产物，由其对行政权力的合法性进行判断，不仅有益于维护判断的权威性，而且可以真正实现权力的分立与制衡，杜绝权力的滥用。

（四）有限职权主义原则

职权主义和当事人主义是两种完全不同、各具特点的诉讼模式。职权主义不依赖当事人而是由法官组织和主导庭审活动，法官主动参与对案件的事实调查和认定，实际指挥和控制整个诉讼过程。当事人主义则注重发挥当事人的作用，通过抗辩来呈现证据说服法官，强调程序正义，法官在诉讼过程中处于消极角色，既不能主动收集调阅证据，也不能自行确定审理对象和争议焦点。虽然职权主义和当事人主义都注重程序的运用和辩论的应用，但职权主义认为发现事实比程序公正更重要，作为审判主体的法院有责任和义务查明实体的真实。我国行政诉讼兼具职权主义和当事人主义的特点，即有限职权主义。在该诉讼模式下，当事人是诉讼的主体，积极主动地参与诉讼活动，法官则保持中立的裁判地位，依法控制诉讼的进程。具体表现在以下三个方面：第一，在开庭审理之前，法官可以通过了解案情，确定争议的焦点，积极主动地对案件事实进行必要的审查。第二，在庭审中，法官有权掌握和控制双方当事人的辩论，有权主动地向当事人、证人等发问，并适时地促成双方和解。诉讼结果并非完全取决于当事人及其律师的法律专业技能及辩才，法官在庭审中始终具有积极性、主动性。第三，法官为了查明案件事实，有权收集、审查和评判证据，并在此基础上作出裁判。而裁判所依据的证据材料并非完全依赖双方当事人。①

三、受案范围、管辖

（一）受案范围

一是行政诉讼案件一般受案范围：在我国现行《行政诉讼法》第十二条中作了明确列举，具体列出了人民法院应予受理的十二种情形，包括对行政处罚不服的，对行政强制措施和行政强制执行不服的，对行政机关作出的有关行政许可的其他决定不服的，对行政机关作出的确认自然资源的所有权或者使用权的决定不服的，对征收、征用决定及其补偿决定不服的，行政机关拒绝履行或者不予答复的，认为侵犯其经营自主权或者农村土地承包经营权、农村土地经营权的，认为滥用行政权力排除或者限制竞争的，认为违法集资、摊派费用或者违法要求履行其他义务的，认为没有依法支付抚恤金、最低生活保障待遇或者社会保险待遇的，认为不依法履行、未按照约定履行或者违法变更、解除政府特许经营协议、土地房屋征收补偿协议等协议的，认为侵犯其他人身权、财产权等合法权益的。

同时，《行政诉讼法》第十三条和《行政诉讼法的适用解释》第一条专门规定了人民法院不予受理的几类事项：国防、外交等国家行为；行政法规、规章或者行政机关制定、发布的具有普遍约束力的决定、命令；行政机关对行政机关工作人员的奖惩、任免等决定；法律规定由行政机关最终裁决的具体行政行为；公安、国家安全等机关依照刑事诉讼法的明确授权实施的行为；法律规定的仲裁行为；不具有强制力的行政指导行为；驳回当事人对行政行

① 张显伟、蒙晓毅：《有限职权主义在行政诉讼中的确立及运用》，载《学术论坛》2007 年第 10 期。

为提起申诉的重复处理行为；对公民、法人或者其他组织权利义务不产生实际影响的行为。

二是海事法院作为专门法院的受案范围：我国海事法院最早成立于1984年，随着世界海洋形势的变化，新型案件类型不断出现，作为专门法院，海事法院的受理案件范围已经进行了三次充实修改，由只受理海事海商为主的案件拓展为包括海洋开发利用与环境保护等在内的六类108项案件，特别是由于相关涉海行政部门在加强对海洋及通海水域活动的管控过程中引发的各类行政诉讼案件也纳入了海事法院的管辖范围。将海洋类纠纷案件纳入海事法院的受案范围加强了海洋司法管辖的专门化和专业化，对于依法规范海洋管理，加强海洋生态和环境保护，推进海洋经济和产业发展都起着重要的作用。海事法院受理案件的六类案件如下。

1. 海事侵权纠纷类案件。包括船舶碰撞损害责任纠纷案件；船舶触碰海上、通海水域、港口及其岸上的设施或者其他财产的损害责任纠纷案件；船舶污染损害责任纠纷案件；船舶的航行或者作业损害捕捞、养殖设施、水产养殖物的责任纠纷案件等12项船舶运行作业纠纷案件。

2. 海商合同纠纷类案件。包括船舶工程合同、买卖合同纠纷案件；与船舶营运相关的物料、备品供应合同纠纷案件；海上、通海可航水域各类合同纠纷案件；港口货物堆存、保管、仓储合同纠纷案件等36项涉及船舶、港口、码头等海商合同相关纠纷案件。

3. 海洋与通海可航水域开发利用与环境保护相关纠纷案件。包括海洋能源和矿产资源勘探、开发、海上输送纠纷案件；海洋渔业经营合同纠纷案件；海岸带开发利用相关纠纷案件；海洋科学考察相关纠纷案件；海域使用权纠纷案件；污染海洋环境、破坏海洋生态责任纠纷案件等15项开发利用与环境保护相关纠纷案件。

4. 其他海事海商纠纷案件。包括船舶所有权、船舶优先权、船舶留置权、船舶抵押权等船舶物权纠纷案件；海难救助纠纷案件；共同海损纠纷案件；港口作业纠纷案件等8项其他海事海商纠纷案件。

5. 海事行政案件。因不服行政机关作出涉及海上、通海可航水域或者港口内的船舶、货物、设施设备、海运集装箱等行政行为而提起诉讼的7项海事行政案件。

6. 海事特别程序案件。包括海事强制令案件；海事证据保全案件；因错误申请海事强制令、海事证据保全引起的责任纠纷案件；申请设立海事赔偿责任限制基金、油污损害赔偿责任限制基金案件等22项在内的海事特别程序案件。

（二）管辖

现行《行政诉讼法》管辖的十一个条文中，包括有级别管辖、地域管辖、专属管辖、共同管辖、移送管辖、移转管辖和指定管辖等内容。

按照级别管辖的规定，基层人民法院、中级人民法院分别依法管辖本辖区内的第一审行政案件；高级人民法院管辖本辖区内重大、复杂的第一审行政案件；最高人民法院管辖全国范围内重大、复杂的第一审行政案件。

按照地域管辖的规定，行政案件由最初作出具体行政行为的行政机关所在地法院管辖。而最初作出具体行政行为的行政机关，绝大多数也是基层行政机关，地一级和省一级行政机关最初作出具体行政行为的虽有一定数量，但也不会太多。因此，从地域管辖的规定来看，绝大多数案件也是由基层人民法院管辖。

根据《人民法院组织法》的规定，海事法院属于专门法院，通常将其管辖称为专门管辖。在海事法院之间，以及海事法院与其相关的高级法院之间，受理第一审海事案件，仍要遵循有关地域管辖、级别管辖、专属管辖和协议管辖的规定。在海事诉讼的管辖方面，最高人民法院《关于海事诉讼管辖问题的规定》中对海事诉讼管辖作出了明确的规定。

首先，在管辖区域问题上，对大连、天津、青岛、北海、上海、武汉、宁波、厦门、广州和海口十个海事法院的下列管辖水域、港口作出了明确的划分规定。

其次，海事行政案件明确由海事法院直接受理，海事行政上诉案件则由海事法院所在地的高级人民法院行政审判庭负责审理。

四、诉讼程序

根据《行政诉讼法》的规定，行政诉讼流程包括第一审普通程序、第二审普通程序、简易程序、再审程序和执行程序。

（一）普通程序

1. 第一审程序

根据《行政诉讼法》中的规定，启动行政诉讼第一审普通程序由行政相对人以及其他与行政行为有利害关系的公民、法人或其他组织依法向人民法院提起行政诉讼。起诉应符合法定的条件、法定的期限，人民法院经审查符合起诉条件的予以立案审理。无论是公开审理还是不公开审理的案件，判决一律公开宣告，并告知当事人上诉的权利、上诉的期限和上诉的法院。

第一审程序是人民法院审判行政案件的必经程序和主要环节，只有经过第一审程序的案件才能进入其他审判程序。第一审程序适用的程序规范完整，为人民法院正确审理行政案件提供可靠的程序保障，是各项诉讼原则和制度的体现。

2. 第二审程序

第二审程序，也可以将其称为上诉审程序，是人民法院第一审的判决发生效力前，当事人不服判决而进行上诉，一审法院的上级法院依据法律和事实，对案件进行审理的程序。第二审程序是独立的审判程序，但不是必需的审判程序，并非每个海洋行政诉讼案件都需要经历第二审程序。

海洋行政诉讼的第二审程序如下：组成合议庭，合议庭全面审查一审法院的判决，考察裁定的事实是否清楚，适用的法律条文是否正确无误且适当，诉讼的程序是否合法。合议庭的审查不受上诉人诉状范围和上诉内容的限制。海洋行政诉讼的第二审可以通过两种方式，即书面审理和开庭审理。

（1）书面审理。海洋行政诉讼二审的书面审理适用于一审裁判认定事实清楚的上诉案件。二审法院经过一审法院报送的案卷材料、上诉状、答辩状、证据材料等进行审查，认为事实清楚的，可以不再传唤当事人、证人和其他诉讼参与人到庭调查核实，只通过书面审理后，即可作出裁判。

（2）开庭审理。二审法院开庭审理流程与一审相同。主要适用于当事人对一审法院认定的事实有争议或认定事实不清楚、证据不足等情形。

提起第二审诉讼程序是有时间限制的，根据《行政诉讼法》第八十五条的规定，当事人不服人民法院第一审判决的，有权在判决书送达之日起十五日内向上一级人民法院提起上诉。当事人不服人民法院第一审裁定的，有权在裁定书送达之日起十日内向上一级人民法院提起上诉。逾期不提起上诉的，人民法院的第一审判决或者裁定发生法律效力。

3. 再审程序

再审程序是针对已经发生了效力的判决或裁定，如果当事人认为有误可以向上一级法院申请再审。

提起再审程序需要满足两个条件：一是确有法定理由，《行政诉讼法》第九十一条对应当进行再审的八项事由进行了规定；二是再审的提起必须是由特定的拥有审判监督权的组织或人员提起，即上级人民法院、人民检察院或者本级人民法院院长。由上级人民法院提起的，可以自己审理，也可指令下级人民法院再审；对于人民检察院抗诉的案件，必须进行再审；原审人民法院院长提起的，则必须报经审判委员会决定。

再审案件适用的程序根据案件原来的审级不同而不同：已经生效的裁判，原来是第一审人民法院作出的，再审时按照第一审程序审理，所作裁判当事人不服可以上诉；原来是第二审人民法院作出的，再审时按照第二审程序审理，最高人民法院或上级人民法院提审的案件，也按照第二审程序审理，二审法院作出的裁判为终审裁判，不得上诉。

（二）简易程序

简易程序是指对事实清楚、权利义务关系明确、争议不大的行政案件适用的简便易行的诉讼程序。简易程序是与普通程序相对的程序，在起诉手续、传唤当事人方式、审理程序以及审理期限等方面都作了简化。由于简易程序具有办案手续简便、方式灵活、不受普通程序有关规定约束的特点，有利于降低诉讼当事人的诉讼成本，节约司法资源、提高审判效率。

适用简易程序的案件有严格的法律规定，《行政诉讼法》明确规定仅有三类案件可以适用简易程序，同时这三类案件还必须是案情简单、争议不大的一审案件。简易程序的适用也有自愿性，赋予当事人程序选择的权利，当事人各方同意达成合意适用简易程序的，可适用简易程序来审理案件，此权利是以诉讼案件当事人双方就案件适用的程序达成一致意见为基础，在诉讼中就诉讼程序达成合意同意适用某一诉讼程序。此项权利从尊重当事人处分权的角度出发，当事人各方同意通过更加简便、行之有效的方式来解决纠纷，允许适用简易程序。在双方当事人形成对诉讼案件程序选择约定后，在符合简易程序审理的前提下，将第一审案件适用简易程序来审理。

（三）举证规则

1. 举证责任倒置

行政诉讼举证，指的是行政诉讼的当事人向法庭提交证据，证明行政行为是否违法或不正当的、行政行为是否构成损害，或者行政行为与损害结果之间是否存在因果关系。一般的诉讼中，通常采取的是“谁主张，谁举证”，即提起诉讼的一方进行举证。但海洋行政诉讼中，采取举证责任倒置的原则，将举证的责任转移到被起诉的一方，即海洋行政机关作为被告，应当对其作出的海洋行政行为进行举证。

被告在进行举证时，也应当遵守时间的要求，即举证期限。若不在规定的期限之内出示证据，则需要承担相应的法律后果。对举证期限的规定，可以防止当事人的无故拖延，提升举证的责任心，能够有效地提升行政裁判的效率。被告应当在第一审庭审结束前向法院提供证据，在此之后提交的证据，没有证明的效力。但也有例外情况，即法院认为需要对证据进行补充的，无论在任何时间，被告均应对证据进行补充，也就是补证。补证规则是在现有的证据不足以证明待证事实时，当事人主动或应法院的要求进行的证据补充。

行政诉讼之所以设定举证责任倒置的规则，考量的因素主要在于享有倒置举证诉讼利益的是难以举证的相对人。就行政行为而言，作为管理方的行政机关拥有执法的权限，相关的管理规范、规章制度也是由其制定实施，进行调查取证均有绝对的优势地位；而作为被管理人，难以获取相关的证据资料，在举证上处于相对弱势的地位。因此相对人不必对不利己的事实主张负担举证责任，而应由行政机关负担证伪的责任，从而使待证事实通过诉讼得以确认。

2. 海洋行政案件证据规格的要求

我国《行政诉讼法》第四十三条对证据的适用规则作出了规定，证据应当在法庭上出示，并由当事人互相质证。同时对证据的真实性、合法性和关联性作出了要求，即证据必须是真实的，不能是虚构编造的；证据的取得必须是合法的，不能是非法取得；出示的证据须与行政行为和案件相关，不能出示没有关联的证据。

对于证据的审查判断是在对证据形式要件和实质要件的分析基础上形成的，从而增强证据认定的合理性，判断所建立的证据体系是否完善、证据是否充分，其中特别要注重证据与待证事实的相关性。证据与案件的关联性既是逻辑判断，也是经验判断。只有论证证据与待证事实具有实质关系，证据才具有证明价值。无关的证据材料或者有瑕疵的证据即使数量再多，如果不能保证真实、合法，也无法揭示证据的关联性，对事实的认定和案件的裁判毫无意义，也无法得到法庭的支持。

在行政诉讼中，被告负有举证责任，应当对作出行政行为的证据和所依据的规范性文件进行举证。所提交的证据只有经法庭审查属实，才能作为认定案件事实的根据。如果举证不能，则要承担败诉的结果。因此海洋行政案件在法庭上提交的证据类型均应符合证据规则的要求。

（1）书证。书证是通过文字记载的内容来证明案件待证事实和有关情况的证据，即内容对待证事实具有证明作用的物品。海洋行政案件中常见的书证包括合同书，各式的公、私文书，租赁契约，各类海洋行政许可证，船舶手续凭证等。书证的价值在于其所记载的内容，作用在于可以直接证明案件的性质、动机和目的，与其他证据和当事人陈述相互验证。书证的一般形式要求如下：

①行政案件定案的书证应当为原件。书证的原件取得确有困难的，可以使用书证的副本、复制件，要求完整无误、内容与原件相符，同时要对无法取得原件的原因、复制过程以及原件存放地点等情况予以说明，并由复制人以及书证持有人核实无误后签名或者盖章。只有经与原件核对无误、经鉴定或者以其他方式确认真实的、与原件相符的，才可以作为定案的根据。单位保管的书证原件的复印件，应当经该单位核对无异并加盖其印章。

②外文书证、外语视听资料或者外文电子数据，应当附有中文译本。委托翻译机构翻译的，其翻译文本应当有该翻译机构加盖的印章；委托个人翻译的，翻译文本应当有该翻译人员的签名或者盖章。

③书证的收集取得方式要符合法律规定，书证可以通过调取、勘验、检查等程序获取，在调查过程中收集书证，应当制作笔录，说明书证的特征、来源及其处理情况，并由调查人员、书证持有人、见证人、提交人、签收人

等相关人员签名确认。

（2）物证。物证是通过物品的外部特征、物质属性证明案件事实的证据。物证是实物证据，通过物作为信息载体反映案件的事实，是客观存在的物，独立于人的意志而存在。物证不能直接反映和证明案件事实，要通过审查、判断确定和认证同案件事实的关联性。例如，正在进行违规作业的船舶、现场留下的物品和痕迹以及非法捕捞的渔获物等。物证同样需要提交原物，原物难以提供的，可以抽样取证并拍照录像，并说明原因、经过、存放地点等。

物证作为物质载体，具有客观性、稳定性的特征，但物证的状态可能会因保管或时间的推移发生变化，因此对物证的真实性仍然需要进行审查。在物证的形式、载体的真实性得以确认后，还需从证明力角度对物证内容的真实性或客观性进行审查判断，从而保证物证本身内容的真实性、客观性并起到证明的作用。

（3）视听资料、电子数据。视听资料是采取录音、录像等技术手段把声音、图像、数据等转化为物理信号用于证明案件事实的证据。电子数据是伴随现代科技发展而产生的证据类型，除电子邮件之外还包括电子资金转账，以电子形式记录的公告、证件等。视听资料、电子数据应当为原始载体，不得随意删改。

其中，视听资料的取得方式应符合相关的法律规定，保证录音资料的原始状态即完整性、真实性、连贯性，对于待证事实要有准确、完整的描述。同时，保证取得过程的合法性，要在合理的场所进行，不能采取违法方式侵犯他人隐私权，否则会因手段违法而被排除。收集电子数据，应当采用备份的方式进行。备份收集的电子数据，可以用磁盘、光盘或者其他数字存储设备；对不能停止的计算机系统或者其他数字设备，应当采用镜像备份，并详细记录系统或者数字设备的状态和环境。为保护原始证据的完整性，应当在备份之后扣押有关的电子数据存储设备。备份应当制作两份：一份与扣押的存储设备当场封存，由侦查人员、辅助人员、证据持有人和见证人在封条或者密封袋上签字，以备核查；另一份作为证据使用，并随案移送。收集电子数据，应当依法制作笔录，详细记载收集电子数据的过程，记明收集对象的名称、内容、规格、类别、文件格式以及收集的时间、地点等；有条件的可将收集电子数据的过程拍照或者录像。

（4）证人证言。证人证言反映的是证人主观感性认识对客观世界的反映，是主观心理和思维过程对客观事物能动反映的产物，从而用以证明案件事实的陈述。《最高人民法院关于行政诉讼证据若干问题的规定》第四十一条规定了证人出庭作证的义务，但有五种特别情况除外，可以经法院的准许，不出庭而提交书面证言。[①]

（5）当事人陈述。当事人陈述作为独立的证据形式指诉讼当事人对事实问题的陈述，陈述的内容一般包括争议事实、争议经过、争议的观点等。当事人是行政案件的参与者、亲历者，对争议的过程有着切身体会，其陈述具有较强的可信性和证明力。但同时受主观利益的驱动，当事人陈述可能带有片面性、虚假性。因此，对当事人陈述应结合案件的其他证据，通过相互印证审查确定当事人陈述是否真实可信，能否作为案件事实的证据。

（6）鉴定意见。鉴定意见是专业鉴定人员运用专业技能和专业仪器对案件有关的专门问题做出的专业意见。根据鉴定对象的不同，包括死因鉴定，笔迹鉴定、法医鉴定，伤情鉴定，会计鉴定、微量元素鉴定等。行政诉讼案件中包含许多专业性问题，涉及多部门多学科领域，法官因自身专业知识有限需要对这些专门性问题作出正确判断以便正确定性。鉴定意见必须符合法定的形式要件，并且只能应用于审理的案件。鉴定意见属于意见证据，并非不可推翻的结论。与其他证据一样，鉴定结论要经过质证才能作为判决依据，是否采信最终由法官决定。

（7）勘验笔录、现场笔录。勘验笔录和现场笔录是在诉讼中，为了查明案件事实，对与该案件事实有关的现场、物品、痕迹进行勘验时所作的书面记录，勘验笔录与现场笔录是行政案件中具有综合证明力的证据形式，不仅反映事实，而且反映各种证据材料之间存在或形成的具体环境条件和相互关系。对勘验笔录形成程序法律有着严格的要求，要求客观真实全面地反映现场或事实情况本身的原貌，不允许主观分析和判断，一般应当场制作，不允许事后制作。笔录的记载方式多种多样，不限于文字形式，还包括录像、照

---

① 《最高人民法院关于行政诉讼证据若干问题的规定》第四十一条规定，凡是知道案件事实的人，都有出庭作证的义务。有下列情形之一的，经人民法院准许，当事人可以提交书面证言：（一）当事人在行政程序或者庭前证据交换中对证人证言无异议的；（二）证人因年迈体弱或者行动不便无法出庭的；（三）证人因路途遥远、交通不便无法出庭的；（四）证人因自然灾害等不可抗力或者其他意外事件无法出庭的；（五）证人因其他特殊原因确实无法出庭的。

相、录音、绘图等，更加动态地反映勘验活动的全过程。

例如，原告秦皇岛豪盛海产品养殖开发基地有限公司山海关分公司与被告秦皇岛市海洋和渔业局、被告秦皇岛市山海关区自然资源和规划局行政处罚纠纷案。本案区海洋渔业局、区自然规划局于2019年8月9日共同作出山海渔罚字〔2019〕01号《行政处罚决定书》，认定豪盛公司在养殖场南侧国有海域范围内，未经批准非法占用国有海域私自建设海水取水井，并非法将大量养殖废水直排入海。上述行为违反了《海域使用管理法》第四十二条、《海洋环境保护法》第七十三条第一款第（二）项的规定。依据上述规定，两被告对豪盛公司作出如下处罚：（1）责令退还非法占用海域，恢复海域原状，并视情没收违法所得，对非法占用海域行为进行处罚；（2）责令停止违法排放污水行为、立即改正，并处罚款人民币拾万元整，拒不改正的，自责令改正之日的次日起，按照本次数额按日连续处罚。

本案双方争议的焦点问题是处罚事实及法律依据是否充分：两被告作出的山海渔罚字〔2019〕01号《行政处罚决定书》，认定豪盛公司存在两个违法行为：一是未经批准非法占用国有海域私自建设海水取水井，二是非法将大量养殖废水直排入海。

被告区海洋渔业局提交了以下证据、依据：

1. 秦皇岛市山海关区机构编制委员会《关于成立山海关区海洋和渔业局的通知》（山编〔2017〕28号）、《山海关区人民政府关于赵建明等同志任免的通知》（〔2017〕2号）、会议纪要，证明两被告执法主体适格。

2. 询问笔录、现场照片、视频光盘，证明2019年6月15日执法人员到豪盛公司经营场所进行检查，发现豪盛公司存在在国有海域范围内未经批准非法占用国有海域私自建设海水取水井，并非法将养殖废水直排入海的违法情形。

3. 《行政处罚及听证事先告知书》、《行政处罚听证报告》和《行政处罚决定书》、行政处罚听证笔录，证明行政处罚程序合法。

关于被告提供的证据，法院认为：在涉案的行政处罚过程中，两被告未对“养殖废水”进行水质检测，分析认定“养殖废水”的成分，也未认定“养殖废水”是否超出了国家现行的排放标准，是否会对当地海洋环境造成损害，便主观认定“养殖废水”就是污染物，缺乏证据支持，事实依据不足。

最终的判决中，法院以被告区海洋渔业局、区自然规划局联合作出的涉诉行政行为事实认定不清、证据不足、适用法律不当，足以影响到涉案行政行为的合法性、公正性，最终撤销了被告作出的山海渔罚字〔2019〕01 号《行政处罚决定书》。

Chapter

第八章

海洋治理与海洋行政法的发展

08

导入案例

全国首例海警机构提起的海洋生态保护公益诉讼案①

2021 年，厦门海警局代表国家向一家非法倾废的航运公司提起公益追偿，该案件成为《中华人民共和国海警法》自 2021 年 2 月 1 日开始施行后，全国首例由海警机构提起的海洋自然资源与生态环境损害赔偿诉讼案。厦门湾是中华白海豚的重要栖息地之一。早在 1997 年，厦门市就建立了全国首个中华白海豚省级自然保护区。2000 年，保护区又升级为厦门珍稀海洋物种国家级自然保护区。中华白海豚是我国海洋鲸豚中唯一的国家一级保护动物，具有重要的生态、科研和文化价值。

2021 年 5 月，厦门海警局在对一起海洋工程进行执法检查时发现，一艘为该工程实施倾废作业的疏浚船正在进行违法操作。经与有关部门最终确认，6 万多方废弃淤泥被抛进了自然保护区内，且倾倒区域又处在中华白海豚栖息地内，厦门海警局据此对涉案航运公司提起了公益追偿诉讼。

厦门海事法院经审理认为，2021 年 2 月 1 日开始实施的《中华人民共和国海警法》，从法律上明确了海警机构查处海洋倾废案件的职权，厦门海警局具备就涉海行政案件提起公益诉讼的主体资格。最终，作为被告的涉案航运公司同意全额支付 128 万余元的海洋生态赔偿金，该笔赔偿金被用于设立专项基金以加强中华白海豚的保护以及自然保护区的管理和建设。

典型意义

2022 年 1 月，中国海警局与生态环境部等部门联合制定了《“十四五”海洋生态环境保护规划》，对海洋生态环境保护工作进行了系统谋划，作出了具体安排。一是保持对破坏海洋生态环境的打击力度，严密常态监管，强化

① 参见《今日说法》两会特别节目《守护蓝色家园》。

专项整治，集中优势力量整治群众关心、社会关注的破坏海洋生态环境的违法犯罪活动，切实维护海洋生态安全；二是延伸海洋生态环境的综合治理深度，联合生态环境部等部门持续开展“碧海”专项行动；三是拓宽助力绿色低碳发展的服务广度，充分发挥全线设防、全域布局的力量优势，加强海湾、滨海湿地保护，强化红树林、珊瑚礁、海草床等典型生态系统现场监管，保障海洋固碳作用发挥，助力国家“双碳”目标实现。作为统一履行海上维权执法职责的国家行政执法力量，综合运用行政和司法的手段，打击破坏海洋生态环境的违法犯罪活动，是各级海警机构的法定职责。对相关违法者提起公益诉讼，是执法部门的一项重要责任。对在白海豚保护区非法倾废的不法分子进行公益追偿，彰显了惩治违法犯罪与赔偿损失、修复生态并重的执法理念，有利于更好地发挥法律警示作用，有利于更好地保护公共利益，对维护海洋生态环境和保护资源具有重要意义。

第一节 海洋治理的发展

一、海洋治理的提出

海洋治理是海洋管理实践发展到一定程度而产生的一种理念，融合了单纯的海洋管理与海洋行政管理。1991 年美国海洋治理研究小组（The Ocean Governance Study Group）成立，其目标在于促进美国提升对海洋及海岸带的管理，提升海洋治理能力。荷兰学者也将海洋治理的实现与实施海洋综合管理计划挂钩。[①] 国外关于海洋治理的研究，更倾向于其为一个综合性极高的模糊概念。从某些方面来看，在研究的早期，海洋治理与海洋综合管理同时出现的频率极高，两者也有很高的契合度，因此若想厘清海洋治理的内涵，首先要理解海洋综合管理。

《联合国海洋法公约》的内容，实际上就是为海洋综合管理指明方向，在国际法的层面确立了对海洋进行综合管理的理念。[②] 在此基础上各国学者和管理机构不断探讨海洋管理模式的创新，提出了综合海岸带管理、基于生态系统的管理、自然保护区管理、海洋功能区划、区域海洋管理等。经过理论与实践的不断发展，海洋综合管理模式得到了越来越多的认可，其囊括了可持续发展、生态学和公共管理学等多学科的理论内涵，并将其实际运用到海洋管理的实践中，被视作有效地解决海洋问题的管理理念。学界虽然对海洋综合管理做了大量的研究，但对海洋综合管理概念的界定并没有统一的认识，需要在分析国内外海洋综合管理研究基础上加以理解。[③]

国外对海洋综合管理的系统研究起始于 20 世纪 80 年代，1980 年美国学者开始论述海洋综合政策的内容及其可行性，并将海洋综合管理列为美国海

---

① Jan P M & Tatenhove V, *How to turn the tide: Developing Legitimate Marine Governance Arrangements at the Level of the Regional seas*, Ocean & Coastal Management, Vol. 71, p. 298 (2013).

② Mc Leod, K. L, J. Lubchenco & S. R. Palumbi et al, *Scientific Consensus Statement on Marine Ecosystem - Based. Management*, COMPASS, Communication Partnership for Science and the Sea, 2005, p. 21 - 26.

③ 宁凌等:《基于海洋生态系统的中国海洋综合管理研究》，中国经济出版社 2016 年版，第 20 页。

洋管理类别之一，从而引起了海洋综合管理理论体系的发展。有学者将人类的海洋开发活动与海洋环境视作海洋管理的两个主要内容，以不损害当代经济利益和代际利益为前提，用有组织和计划的方式对两项内容进行规制，来使一国获得最大化的效益。[①] 这一概念从方法论视角为人类社会管理海洋提供了科学化的管理方法，为随后各国运用经济、政治等手段进行海洋综合开发，实现海洋综合管理的发展提供了坚实基础。

1992 年联合国环境委员会通过“21 世纪议程”，其中要求“沿海国家必须对毗邻管辖海域实施海洋综合管理”，这也就为细化海洋综合管理的研究提出了要求。B. Cicin – Sain 提出，海洋综合管理并非对某一海洋行业管理理念的补充，而是一种宏观层面的管理模式。其以更加综合性的措施、更具整体性的目光，对海洋管理进行宏观统筹并实施相关政策，这是能够实现海洋管理目的的最优解。[②] 其首先从理论的角度对海洋综合管理性质进行解析，而后从理论与实践结合的角度，以综合性政策实施作为方法，为实现海洋综合管理的目标指明了途径，不仅停留在理论层面，在方法论的角度也丰富了海洋综合管理的内容。E. M. 鲍基斯的观点则将海洋综合管理理解成为一种针对特殊区域进行管理的方法。这种方法需要考虑海洋的整体性特质，不仅考虑人类活动也要将区域内自然资源情况纳入考量。其认为，海洋综合管理内含着四个方面，分别是一国内部海洋综合管理、沿海国家海洋综合管理、区域内国家间海洋合作管理以及全球海洋综合管理，这四方面是层层递进的，每一方面需要强调的内容均不相同。以国家内海洋综合管理为例，可以划分成海洋区域和海岸带区的管理，这就需要把握每个部分的特质，在每部分认知的基础上实施综合管理的方法。[③] 这一定义，在海洋综合管理性质的认定基础上又进一步的细化，为海洋综合管理划分了具体的层次，看到了海洋综合管理与普通行政管理的区别，可谓最为贴近现代海洋综合管理的概念解读，为后续具体化海洋综合管理的开展奠定基础。

在海洋综合管理理论体系的研究进程中，国外学者将研究的重点放在了

---

① Paolo Fabbri, *Ocean Management in Global Change*, Elsevier Applied Science, 1992, p. 231 – 234.

② Biliana Cicin – Sain, Sustainable Development and Integrated Coastal Management. Ocean and Coastal Management, Vol. 21: 1 – 3, p. 11 – 43 (1993).

③ ［加］E. M. 鲍基斯：《海洋管理与联合国》，孙清译，海洋出版社 1996 年版，第 117 页。

海岸带管理及其属性，从不同的角度对其进行探讨和研究。有学者认为，对海岸带的研究应当是海洋综合管理范畴内最为前沿和热点的话题，在20世纪的海洋管理研究中处于重要的地位，有较高的分量。克拉克以管理学学科的视角出发，对海岸带综合管理（Integrated Coastal Zone Management，ICZM）的内涵进行了阐释，认为实施海岸带综合管理的目标在于实现沿海地区的经济社会利益最大化。在探讨海洋综合管理理论体系的过程中，海岸带综合管理概念及其属性成为国外学者研究的重点领域之一，学者从不同角度对其进行了深入研究。彼得认为海岸带综合管理是海洋综合管理中的前沿热点领域，在21世纪海洋管理中占据相当重要的研究分量。① 克拉克从管理学的学科视角出发全面阐述了海岸带综合管理的管理内涵，认为其管理目标在于实现沿海社会利益最大化，其实施注重资源的可持续与利用效率，以管理为主的多元化方式对海岸带开发活动的全过程进行统筹，以达到最优海洋整体利益来促进海洋生态子系统的发展。②

综合梳理国外学者的各项成果，不难发现对海洋综合管理的研究是建立在海洋管理的内容之上的，普遍认为海洋综合管理是比单纯的海洋管理更高一层的管理模式。区分海洋管理的层次，以区域的方式对海洋管理进行划分，对每一层次海洋空间内的资源和生态进行系统性的管理和开发利用，在实现海洋内部效益的同时实现海洋外部环境效益和经济社会效益，保证海洋的可持续发展，进而实现海洋综合管理的最初目标。

海洋综合管理的研究在我国起步略晚于国外，直至20世纪90年代才开始关注到这一领域。由最初的对国外研究的引进和述评，到结合我国国情和实际的本土化发展，再到理论与海洋管理实践的结合，海洋综合管理的理论体系处于不断发展和完善的过程中。目前，国内学术界对海洋综合管理概念的界定尚未达成一致意见，主要从以下几个角度进行了界定。

一是从管理性质的角度。李海清认为海洋综合管理的内容应当由海洋空间管理、海洋资源管理与海洋环境管理三个方面共同组成，其性质具有复杂

---

① Peter. R. Burbridge, A Critical Review of Progress Towards Integrated Coastal Management in the Baltic Sea Region, Coastline Reports, Vol. 2, p. 63 – 75 (2004).

② ［美］克拉克·约翰·R：《海岸带管理手册》，吴克勤等译，海洋出版社2000年版，第17－18页。

性和多样性。管理只能由国家主体实施，以法律、政策、经济等手段对国内的海洋事务进行协调和干预，国际海洋事务则需要外交手段的方式开展。只有这样才能达到对海洋资源的合理利用，有效进行海洋空间、资源和环境管理，达到海洋事业各方面的发展，达到社会、经济协调发展的目的。[①] 蒋帅也认为海洋综合管理不是对海洋局部区域或某一方面的具体管理，而是立足海洋的整体和长远利益，对海洋进行统筹协调的管理。海洋综合管理的目标集中于海洋整体的系统功能和持续发展，其基本内容包括海洋权益、海洋资源和海洋环境等方面。[②]

二是从管理范畴的视角。孙斌认为海洋综合管理属于宏观管理的范畴，他着眼于海洋整体的综合性开发，是以海洋多种资源的合理开发、海洋空间的科学利用和海洋生态环境的治理保护为目标的管理。在手段和方式上，孙斌认为海洋综合管理还是以国家的政策规划和法律为主，对用海活动进行指导和协调。[③] 国家海洋局于 1996 年发布的《中国海洋 21 世纪议程》是从官方的角度，以国家宏观管理的视角对海洋综合管理的理念进行阐释，并明晰了采取的相应措施。其认为海洋综合管理应从国家的海洋权益、海洋资源、海洋环境的整体利益出发，通过方针、政策、法规、区划、规划的制定和实施，以及组织协调、综合平衡有关产业部门和沿海地区在开发利用海洋中的关系，以达到维护海洋权益，合理开发海洋资源，保护海洋环境，促进海洋经济持续、稳定、协调发展的目的。[④]

三是从管理层次的视角。在鹿守本看来，海洋综合管理是一种以国家整体利益的实现为目标的高层次海洋治理形式，运用战略发展、政策制定、分区规划和行政、司法等手段，对国家管辖范围内的海域进行空间、资源、生态、权益的全方位利用与保护。这种对海洋的综合统筹协调管理，除了统一的垂直管理之外，还需要分部门分级开展。他将海洋综合管理界定为国家通过各级政府对海洋（主要集中在毗邻管辖海域）的空间、环境和权益及其开发利用与保护所进行的全面的、统筹协调的管理活动。[⑤] 谭柏平在描述中国海

---

① 李海清：《海洋综合管理问题初探》，载《海洋与海岸带开发》1990 年第 1 期。

② 蒋帅：《浅析海洋综合管理问题》，载《海洋开发与管理》2009 年第 8 期。

③ 孙斌：《论海洋综合管理》，载《东岳论丛》1992 年第 3 期。

④ 国家海洋局：《中国海洋 21 世纪议程》，海洋出版社 1996 年版，第 6 页。

⑤ 鹿守本：《海岸带综合管理》，海洋出版社 2001 年版，第 146、160 页。

洋资源管理的现状时认为，无论是资源的开发利用还是保护，海洋综合管理所涉及的内容均与海洋资源脱不开干系，因此可以将海洋资源管理理解为是海洋综合管理的核心部分。①

综上所述，海洋综合管理是将海洋理解为一个复杂的动态系统，包括人与生态系统之间的相互作用，作为一个整体加以管理，以生态可持续的方式实现人与海洋环境全面发展的过程。海洋管理是海洋综合管理的基础和上位概念，海洋综合管理则是海洋管理发展到一定阶段的产物，更关注海洋的统一性和可持续性。虽然各国海洋管理的方式各异，但有一点发展趋势是共同的，即在发展海洋经济的同时，注重海洋资源的保护开发，管理的前提是法律以适当的方式制定，并且得以公正有效地实施。

从单一的海洋管理到海洋综合管理，这些理论观念的转变发展，从本质上来看都是由人类对海洋的需求和在开发活动中产生的冲突所推动的。随着人类对海洋的开发利用程度加深，海洋区域的公共问题凸显。由于海洋本身具有流动性和整体性的自然特点，加之海域边界的模糊性，海洋问题往往不会单纯发生在某一特定区域，而是会产生较大范围的影响。以石油泄漏为例，在某地区海域上发生的石油泄漏事故，很有可能伴随海水的流动而超出该地区甚至超出该国的领海范围，因而解决这一问题就需要地方乃至国家间的协调合作，整体统筹。为了解决不断发展变化的海洋问题，协调用海矛盾，实现涉海利益的最大化，海洋管理亟待向具有整体性特质的海洋治理转变。

二、海洋治理的内涵

（一）“治理”的概念

早在13世纪的晚期，就已经产生了“治理”的概念，但其引起学术界的关注并真正进入研究视野时已是20世纪80年代末，这一概念最初是由政治学与管理学者开始讨论的。彼时正值资本主义国家发展的迷茫时期，一是福利国家的理念受到冲击，二是发展中国家的经济快速增长，在这“内忧外患”的两个现实危机之下，西方学术界开始对传统的国家政府角色进行重新审视和定位。也就是在这种背景之下，治理理论由于其一定程度迎合现实状况的

---

① 谭柏平：《海洋资源保护法律制度研究》，法律出版社2008年版，第205－206页。

需求而受到学者的广泛关注。西方政治学者与管理学者主张以治理取代统治，他们认为，政府与市场在社会资源的配置中已同时失效了。因此，要以公共利益最大化和社会秩序可持续为目标，重点关注公共权力的获得和运行以及相关主体的参与和互动过程，而恰恰是为了解决政府和市场失效才提出了治理这一概念。与其他的概念相似，学术界对治理的定义有着不同的理解和多种表达，其中比较具有权威性和广泛代表性的要属全球治理委员会（Commission on Global Governance）给出的解释。在《我们的全球伙伴关系》这一研究报告中，全球治理委员会对治理的定义为：治理是由各类公共或私人主体和机构，对其共同事务进行多种途径的管理的总和。它是一个连续不断的过程，人们在这一过程中，以协调不同的或者相互冲突的利益为目标，并采取联合行动，包括有权迫使人们服从的正式制度和规则，以及人们同意或认为符合他们利益的各种非正式制度安排。由其内涵可以发现，治理并非一个私人的行为，而是公共管理的过程，这其中包含着公权力的行使、管理规则的制定以及治理机制的建立等。①

"治理"作为一个流行概念和强势话语，自 20 世纪 90 年代开始影响国际社会，并延续至今。近 30 年来，国内外学者已推出了大量研究治理的成果，涉及法学、经济学、政治学、社会学、哲学、国际关系、公共政策与公共管理等诸多学科。由于学术视角和关注点不同，所以有关"治理"的起因、分类、特征、要义，以及在实践中的成效与问题等方面的理解与阐释也不尽相同。中国政法大学蔡拓教授认为，对"治理"的思考和诠释的过程中，需要坚持规范诉求与实践诉求、价值理性与工具理性、国内治理与国际治理三个方面的统一，才能更深刻、更完整地认识和把握全球化背景下的治理的全貌，特别是治理的整体性。②

（二）海洋治理的概念

虽然国内外在海洋治理领域的研究已经著述颇丰，但目前学界尚未对海洋治理给出一个统一的概念，各自有着不同的理解。有美国学者认为，海洋

---

① 马海龙：《区域治理：一个概念性框架》，载《理论月刊》2007 年第 11 期。

② 蔡拓：《全球学与全球治理》，载《外交评论（外交学院学报）》2018 年第 2 期。

治理是一种涵盖了管理海洋内公共与私人活动以及资源的各种制度的综合构成。① 检索我国现有与海洋治理相关的文献，与之相关的内容多涉及海洋综合管理与海洋环境治理。总结其中涵盖的对海洋治理内容的理解，结合“治理”的概念，可以将其理解为：海洋治理是指主权国家及国际组织、政府部门等行为主体，为了实现人海和谐与海洋可持续发展，共同解决海洋问题，开展具有约束力的协商合作进行海洋管理的过程。具体的治理领域包括：海洋科考、海上秩序维护、海上救助、自然灾害预防、海洋资源开发与生态环境保护、海洋权益划界问题等。治理模式包括多元参与、互相尊重、平等协商、合作共赢等。

（三）海洋治理的特征

梳理国内外海洋治理研究发展的历史，可以通过海洋治理内涵的发展轨迹和海洋治理的实践，总结分析出海洋治理的特征。

1. 综合性。从狭义的海洋行政管理、单一的海洋管理，到海洋综合管理再到海洋治理，理论概念的发展可谓是阶梯式逐步上升的。其涵盖的内容越来越广泛，也越来越具有综合性。从最初提出海洋治理的概念起，在认知上早已突破了最初管理学的范畴，迈向跨越法学、社会学、经济学、生态环境学等多学科的综合性概念。

2. 主体多元性。海洋治理，国家作为主体是必不可少的。对海洋进行治理需要国家和政府出面，通过国家利用政治、经济、法律等手段来有计划、有组织地实施海洋开发活动。在全球的开发目光都已经对准了海洋的时代，对于现代国家而言，国家海洋治理体系的建立是一项必不可少的国家治理内容。但除了主权国家之外，国际组织、涉海企业和公民均是海洋治理的主体，海洋治理的复杂性要求多元主体进行共治，履行自己的义务和责任，以法律和强制性契约作为约束，共同建设实现海洋资源的可持续发展，达成人海和谐的最终目标。

3. 复杂性。究其源头，海洋治理是综合管理的深化，是复杂的管理，而非某一行业的单一性管理。近年来，无论是理论研究还是国家海洋治理的实

---

① ［美］比利安娜、［美］罗伯特·克内克特：《美国海洋政策的未来——新世纪的选择》，张耀光、韩增林译，海洋出版社 2010 年版，第 23 页。

践，都在证实着海洋治理的复杂性。在海洋治理的过程中，早已不再是仅仅考虑某单一的区域或海洋产业，而是从根据海洋本身的特性进行功能性的划分，不同的自然生态状况有不同的治理措施。此外，还需统筹考虑对其他海洋区域的影响，进行整体性的治理。因此，海洋治理有其复杂性。

4. 目标可持续性。海洋治理的目标，不是单纯地追求海洋经济效益，而是在发展经济的同时注重生态效益和社会效益，达到可持续发展。人类进行海洋开发活动，就是发现了海洋中蕴藏的大量资源和能源，而海洋并非取之不尽用之不竭的。不加节制和不合理的开发，破坏了海洋生态环境，加剧了海洋污染，海洋资源也持续退化。在这样的情况之下，人类的理念开始发生转变，以制度和法律对开发活动进行约束，对已被破坏的海洋生态进行修复，合理地开发海洋资源，协调经济发展和生态的平衡，实现海洋资源的可持续目标。

三、全球海洋治理

进入 21 世纪以来，随着交通的便利性、经济的全球化、贸易的互通性不断提升，世界各国在各个方面的联系持续密切，交流日益深化和广泛。海洋作为联系各国的枢纽与桥梁，负担着国际贸易和航行安全的重要部分，其地位在全球化的背景之下不断凸显。另外，海洋本身具有丰富的生物和能源资源，能够产生较大的经济和生态效益，在人类社会可持续发展的进程中扮演着不可或缺的角色。世界各国，尤其是沿海国家在海洋资源等经济利益上的博弈和竞争更加激烈。海洋环境问题不容小觑，除了人类的开发活动之外，全球气候变暖对海洋环境也产生了不小的负面影响，在双重作用之下，全球海洋的生态健康受到广泛威胁，海洋生产力下降。不加节制地捕捞、海岸带工程、海洋石油开采等各类强度的海洋开发利用，引发了渔业资源衰退、海水水质下降、生物多样性降低等海洋生态环境衰退等现象；另外，全球气候变暖导致冰川融化、海平面上升、海水酸化、低氧等一系列问题。据联合国气候变化专门委员会的观察报告，由气候变化引起的海水温度上升，很可能致使原本分布在全球各海域的鱼类向两极方向及海水深层迁移，进而导致鱼类种群分布的变动，这对全球的渔业作业会产生不小的影响。以上变化都对全球海洋治理提出了新的要求。

（一）全球海洋治理的概念

综合目前学术界相关研究和认识来看，全球海洋治理是一个复合概念。因为海洋的广泛性和全球海洋问题的复杂性，致使海洋的治理不仅需要主权国家单独行动，还需要政府间组织和国际涉海组织的多个主体共同行动，并以相互平等、独立的身份参与到行动之中，通过各主体间的协商、谈判、互动与合作，形成解决全球海洋问题的最佳方案，并在自愿的基础上共同付诸实施。全球海洋治理是一个有机整体，集合了治理目标、治理的主客体和治理规则多个因素。全球海洋治理的治理目标是促进海洋资源的可持续利用，并在全世界范围内实现人海和谐。[①] 全球海洋治理的规则体系中的一系列国际公约、条约、宣言等各种正式和非正式的规范，均是为了规范各国的涉海行为和国家间的海洋开发合作，以维护正常的国际海洋秩序。规则的制定和实施能够对全球海洋治理的效果起到关键性的作用，堪称全球海洋治理的核心要素。全球海洋治理的主体是制定和实施上述规制的组织机构，主要包括主权国家政府、国际政府间组织、国际非政府的民间组织、全球公民社会组织、跨国企业和个人等。全球海洋治理的客体是治理的对象，主要包括发生频率高、持续时间长、影响范围广、人为因素多等为特征的需要国际社会共同加以应对的海洋安全、海洋环境、海洋资源开发与利用、全球气候变化、海洋突发事件应对等问题。

（二）全球海洋治理的构成要素

结合上述对全球海洋治理概念的梳理不难发现，全球海洋治理本身是一个集合了多种要素的复杂有机体，这些要素之间还不是独立和相互隔绝的，而是有着内在的关联性，因此有必要对这些要素进行分析，以厘清全球海洋治理的逻辑体系。在上文的概念部分也提到了，全球海洋治理的四个构成要素，分别是治理的目标、治理规则、治理的主体和治理的客体。

第一，全球海洋治理的目标。通俗来看，所谓治理的目标也就是为什么要进行全球海洋治理，它能够带来怎样的效益，因此也可以将其理解为全球

---

① D. Pyc, *Global Ocean Governance*, The International Journal on Marine Navigation and Safety of Sea Transportation, Vol. 10：1, p. 159（2016）.

海洋治理的价值。前文也提到过，全球海洋治理的根本目标在于要实现人海和谐以及海洋资源的可持续发展和利用，但这是从长远的角度来看，这一目标需要一定时间来实现。就当下而言，进行全球海洋治理其实就是为了在世界海洋经济大发展的背景下，一定程度上改善海洋环境质量，规制海洋开发的行为，为可能出现的海洋突发事件做预防和准备，以维护国际海洋秩序的稳定。之所以称其为全球海洋治理，而非国家内的海洋治理，就是要超越国家的限制，跨越种族和宗教，不受限于意识形态，为实现全人类的海洋利益和福祉而共同努力。

第二，全球海洋治理的规制。规制可以说是用来进行全球海洋治理的规则体系，包括一系列与海洋相关的国际公约、条约、协议和宣言等正式和非正式的规范。全球海洋治理的规制，不仅兼具软法与硬法的多样内容，涵盖的地域范围也极为广阔。从内容来看，既有像《联合国海洋法公约》这样宏观性的公约，也有诸如《养护大西洋金枪鱼国际公约》之类的较为狭窄的具有针对性的公约；从地域范围来看，既囊括了《南极条约》等全球性公约，也包括《保护地中海免受污染》等区域性规范文件，由两个国家签订的双边条约也在规则体系的范围内。

第三，全球海洋治理的主体。主体是进行全球海洋治理的组织机构，规则体系就是由治理的主体制定的。在当前的国际政治体系之下，全球海洋治理的主体主要有以下三类：一是主权国家。主权国家毋庸置疑应当是全球海洋治理的基本主体，无论是涉海的国际规范也好，抑或涉海的行动也罢，都需要依靠主权国家才能最终落实。在考虑主权国家作为主体的时候，需要特别注意内陆国家。虽然内陆国在地理上与海洋相隔绝，但并不代表其与海洋是毫无关联的，它也能够作为全球海洋治理的主体之一。二是国际政府间组织。国际政府间组织能够在国家之间进行协调，解决国家间可能出现的海洋争端，在海洋治理目标的确立上也发挥着基础性的作用。国际政府间组织能有效弥补主权国家治理能力有限的问题，是全球海洋治理不可或缺的一类主体。三是全球公民社会组织。全球公民社会组织的基本组成要素其实就是介于国家和私人之间的国际非政府民间组织，通常作为独立的主体开展跨国活动。①

① 俞可平：《全球治理引论》，载《马克思主义与现实》2002 年第 1 期。

比起直接参与到海洋治理的各项活动中，全球公民社会组织的作用更在于宣传。民间组织在民众中的影响力更高，能够引导提升公民的海洋意识，令越来越多的人参与到全球海洋事务中。随着公众参与理念的发展，不难想到，全球公民社会组织会在未来的全球海洋治理中扮演越来越重要的角色。

第四，全球海洋治理的客体。同普遍意义上的客体相同，全球海洋治理的客体是治理指向的对象，也就是要治理什么。从全球海洋治理的目标和海洋现状来看，所要治理的内容应当是现存的以及未来将会对人类社会产生影响的全球性海洋问题。这些问题可以概括为五个方面，包括海洋环境、海洋资源、海洋安全、海洋应急和最新产生的气候变化。全球海洋问题一旦发生，影响的范围广、持续的时间长，各国凭一己之力难以解决，需要国际社会全力以赴共同应对。然而，国家间的矛盾、国际决策的复杂程序和各国动机的复杂性都是全球海洋治理难度提升的因素。

四、作为海洋治理方式的蓝碳保护

全球气候变化是人类21世纪以来面临的重大挑战，因气候变化而发生的自然灾害，不仅威胁着人类社会的环境安全，还引发了一系列的社会问题。进入工业时代以来，不加节制地向空气中排放二氧化碳等温室气体，打破了大气中自然生态系统的碳平衡，温室气体的浓度不断累积从而引起全球性气温上升。一份来自 IPCC AR5 的最新调查报告中的数据显示，相比于工业化时代开启前的1750年，大气中二氧化碳的浓度增高了40%。[①] 为了应对气候异常的问题，降低气温上升的速率，世界各国都在积极地推进国际间合作以及有关气候的谈判。

海洋作为地球碳循环中不可或缺的部分，吸收了超过一半的二氧化碳。[②] 因此，作为减缓气候变暖的有效方式，近年来蓝碳保护被视作应对气候变化的新型海洋治理方式。

---

① See IPCC Fifth Assessment Report.

② Sabine C. L.，Feely R. A. & Gruber N，*The Oceanic Sink for Anthropogenic* CO_2，Science，Vol. 21，p. 367 – 368（2004）.

（一）蓝碳保护制度建构的理论基础

1. 蓝碳的界定

碳汇是自然界中各种要素相互依存作用，从而实现碳循环的一种自然链条。作为自然界自身进行碳清除的主要方式，碳汇被当作应对全球性气候变化的最佳方案，同时也是实现碳中和目标的最经济方式之一。碳汇实际上是对森林、土壤、海洋等生态系统对二氧化碳吸收、固定能力和效率的描述。通过森林保育、海域修复等措施，利用生物进行光合作用等方式吸收空气中的二氧化碳，而后将其固定在植被土壤或深海中，以此来减少大气中二氧化碳含量的活动机制。根据具体生物载体的种类不同，碳汇一般分为陆地碳汇系统和海洋碳汇系统。陆地碳汇系统根据对碳进行储存的物质不同，可以被细分为耕地碳汇、林地碳汇、草地碳汇等。海洋碳汇系统则主要包含了占海洋生物量90%以上的海洋微生物固碳，以及海洋植物固碳两大类。[①]

蓝碳，即指海洋碳汇，是指利用海洋生态系统内的生物和海洋活动，吸收大气中的二氧化碳，而后将其固定和清除的过程和作用机制，是地球碳汇系统重要的组成部分。[②] 从地理位置来看，蓝碳主要分布在海洋生态系统中的深浅海域、海岸带及海岛当中。其中海洋微生物碳泵会产生惰性溶解有机碳，这种有机碳是海洋独有的长期固碳形式。虽然海洋微生物的个体极小，但其多样性丰富、分布范围广且生物体量庞大。每日仅凭海洋微生物进行的光合作用所固定的有机碳，就可以与陆地全部植物所固定的碳含量相提并论。除此之外，在广阔的海域当中进行光合作用的海洋浮游生物从大气中吸收二氧化碳，并将其结合成有机物，经由海洋生物泵从大气输送到海床沉积物中，并将其储存。近海海域因与陆地接近，拥有着来自陆地的大量颗粒性有机碳，不溶于海水且未能被微生物所分解的颗粒性有机碳沉入海底，被海底沉积物长久贮存。被溶解的有机碳又会在海洋微生物碳泵的作用下形成惰性溶解有机碳，随着海水流动转移至远洋。[③] 海洋植物的凋落物会沉积到海床当中，海

---

① Bouillon S, Borges AV et al., *Mangrove Production and Carbon sinks: A Revision of Global Budget Estimates*, Global Biogeochemistry Cycles, Vol. 22, p. 1 – 12 (2008).

② 范振林：《开发蓝色碳汇助力实现碳中和》，载《中国国土资源经济》2021 年第 4 期。

③ Macreadie P I, Anton A et al., *The Future of Blue Carbon Science*, Nature Communications, Vol. 10: 1, p. 3998 (2019).

洋潮汐带动海水冲刷能够很大程度上使这些沉积有机质的分解速度放缓。随着海平面上升，海床中的沉积物被埋藏到更深的土层当中，又给有机质的降解加大了难度，故而存在于这些沉积物中的碳在成百上千年里不会被释放回大气中，以此实现稳定的碳储存。[①] 因此，在保护生物多样性和减弱温室效应方面，海洋碳汇发挥着难以替代的积极作用。

2. 蓝碳保护的意义

目前世界各国已经对陆地碳汇系统普遍重视，无论是国际公约中还是各国内部的法律均有较为完善和全面的针对森林碳汇的保护制度。而在海洋碳汇方面，尚处于起步阶段。据统计，陆地碳汇对二氧化碳的吸收仅占全球生物固存碳量的45%，这意味着大半的碳清除贡献是由海洋碳汇系统作出的。尽管盐沼地、红树林、海草床等植物在整个海洋生态系统中所占比重不足0.5%，但它们在固碳方面作出的贡献超过海洋生态总量的70%。联合国环境署发布的报告显示，全球过半数的碳由海洋生物捕获，而这其中海岸带系统中的红树林和滨海盐沼地对碳的存储和消除能力远超其他海洋动植物。海岸带生态因其高效的碳汇能力，已经被公认为是最强的蓝色碳汇。按照单位面积固碳量估算，海洋植物对二氧化碳的清除水平明显高于森林。无论是从碳吸收还是碳存储的角度来看，海洋和海岸带生态系统的能力均高于陆地生态系统。海洋在吸收和固定大气中的二氧化碳之后，将当中未被存储的部分进行二次分配，使其进入海洋生态系统内部的循环。[②]

海洋内储存了超过九成的温室气体，蓝色碳汇毋庸置疑是地球上最大的活跃碳汇，不仅形式多种多样还有丰富的价值。首先，海洋碳汇对碳的储存能力是陆地碳汇的20倍、大气碳库的50倍。[③] 蓝色碳汇有助于减缓全球气候变暖，当下亟待充分发挥蓝碳的作用以支撑实现“碳中和”的目标。其次，作为具有典型代表性的海洋生态产品，除了在应对气候变化方面具有重要的

---

① McLeod E, Chmura G L et al., *A Blueprint for Blue Carbon: Toward an Improved Understanding of the role of Vegetated Coastal Habitats in Sequestering CO_2*, Frontiers in Ecology and the Environment, Vol. 9: 10, p. 552 – 560 (2011).

② UNEP, FAO, UNESCO and ICUN. Blue Carbon: the Role of Healthy Oceans in Binding Carbon: A Rapid Response Assessment, 2009, Diversitas Conference, Cape Town Conference Center, South Africa.

③ Howard J, Sutton – Grier A et al., *Clarifying the role of Coastal and Marine Systems in Climate Mitigation*, Frontiers in Ecology and the Environment, Vol. 15: 1, p. 42 – 50 (2017).

价值之外，蓝碳同时还具有其他多重生态服务能力。海洋碳汇可以降低海岸带对海水的污染影响、形成海洋沉积物进而稳固海岸线、减小极端气候对生态的破坏程度等，对于维系健康的海洋环境状况也有着不可或缺的意义。最后，蓝碳也与沿海地区的经济发展和生态保护紧密相关。在海洋生态和蓝碳状况良好的情况下，能够给人们提供日常生产生活所需的资源和食物，同时也能通过海洋自身的净化循环能力缓解由于开发活动而造成的沿海区域污染。概言之，对蓝碳进行保护的目的并非单纯地应对气候变化，也有助于提高近海区域自然生态系统的生产力，加大自身恢复能力的弹性，为沿海地区的生态环境保护和经济生产活动高质量发展提供路径选择。①

（二）蓝碳保护制度建构的实践路径

1. 实现陆海统筹碳固存计划

1992 年联合国环发大会通过的《21 世纪议程》中已经注意到解决海洋问题不能单纯采取单一治理方式，而要运用各层级、多部门一体化的协作方式，综合陆地、空气和海洋整体生态自然系统实施全面性的措施。② 我国首次提出海陆一体化战略是在 1996 年，《中国海洋 21 世纪议程》中指出要统筹好海洋和陆地的开发规划，坚持协同化发展，是从国家战略的层面奠定陆海统筹理论的基础。③ 经过数年实践的丰富和完善，对于陆海统筹达成了共识，即在经济社会发展进程中，从陆地和海洋各自不同的环境资源特点出发，在两者的开发和保护等管理问题上进行综合宏观的把控，协调发挥陆地和海洋的经济、生态和社会效益的最大化，以促进社会的可持续发展及人与自然的和谐共生。④ 可见，富有成效的环境资源保护需要海陆统筹发展。

构建蓝碳保护机制需要实施陆海统筹的碳固存计划，从自然科学的角度来看，海洋碳汇和陆地碳汇两者间有着密切的联系，不应当将二者割裂开独立看待。如果仅仅考虑陆地生态系统，增加土壤营养盐的供给量是一种有利于陆地碳汇的做法。但从海陆全局考虑，过量的陆源营养盐输入会影响近海

---

① UNEP，FAO，UNESCO and ICUN. Blue Carbon：the Role of Healthy Oceans in Binding Carbon：A Rapid Response Assessment，2009，Diversitas Conference，Cape Town Conference Center，South Africa.

② 《21 世纪议程》第十七章。

③ 《中国海洋 21 世纪议程》。

④ 杨荫凯：《陆海统筹发展的理论、实践与对策》，载《区域经济评论》2013 年第 5 期。

碳的储存，最终导致整体碳汇能力的下降。[①] 从国际上来看，国际社会也倾向于将蓝碳与其他类型的碳汇一起纳入气候协议，这样有利于资源的统一整合管理。从行政管理的角度来看，蓝碳所涉及的红树林保护通常由林业部门负责，滨海湿地保护则由国家海洋行政部门负责，管理部门并不相同。国务院发布的《全国主体功能区规划》确立了“陆海统筹”的开发原则，提出根据陆地国土空间与海洋国土空间的统一性以及海洋系统的相对独立性，促进陆地国土空间与海洋国土空间协调开发。2018 年国务院机构改革，设立自然资源部，此举并非简单的机构之间合并重组，而是希望推进自然资源的统筹规划。在这样的国际、国内情势下，实施陆海统筹的碳固存计划有助于公平高效地保护和使用蓝碳，减少对蓝碳效能产生不必要的干扰。[②]

2. 探索构建海洋生态补偿机制

生态环境服务付费（Payment for Ecosystem Services，PES）是于 20 世纪 90 年代兴起的理论，核心思想是将生境的服务功能有偿化，由环境服务的受益人支付相应对价，目的是促进生态保护的意识提升，更好地进行环境治理。[③] 关于生态环境服务付费目前最权威的界定是由国际林业研究中心 2005 年报告给出的，该补偿机制的核心内容在报告中被体现为一种在交易双方自愿的条件下达成的附加条款的协议方式，它围绕某项明确定义的环境服务或使用。[④] 首先，该定义强调交易对象是明确的，即进行交易的生态系统所能提供的环境服务功能需为科学技术所识别，生态系统所提供的服务与产出之间应当有明晰的因果关系。其次，交易过程中至少有一个服务提供方和购买方。再次，交易必须是建立在双方自愿的基础上，即双方均能从中获取收益，进而达到环境效益和经济利益的最优配置。最后，这种生态服务付费需有特定的环境能力为前提，能够进行交易的生态服务应当是在基本水平之上的额外产出。[⑤] 生态环境服务付费理论意在构建一种生态补偿的机制，其具有诸多优

---

① 刘纪化、张飞等：《陆海统筹研发碳汇》，载《科学通报》2015 年第 35 期。

② 林婧：《蓝碳保护的理论基础与法治进路》，载《中国软科学》2019 年第 10 期。

③ Wunder S.，*Payment for Environmental Services and the Poor*：*Concepts and Preliminary Evidence*，Environment and Development Economics，Vol. 3，p. 49 – 54（2008）.

④ 刘艳红、郭朝先：《生态服务付费的理论优势与现实应用》，载《中国社会科学院研究生院学报》2016 年第 3 期。

⑤ Wunder S.，*Payments for Environment al Servi ces*：*Some Nuts and Bolts*，CIFOR Occasional，2005，p. 42.

势，它既是一个有效的激励机制，能够促进提升生态意识，降低环境破坏水平，也是一个高效的资金筹集机制。将这种理论作为环境保护工作的价值指引，可以增加被商品化的生态服务供给，在该种理论的引导下，不仅可以从生态补偿机制中获得经济收益，还可以更好地达成环境保护的目标。[①]

实践中，生态环境服务付费制度尚未体系化，现有海域使用金投入蓝碳保护的比例有限，可以考虑通过征收海洋生态补偿金等方式予以补充。一方面加强对海洋碳汇碳储量的评估和定量分析，提升技术水平，建立标准体系；另一方面明确蓝碳生态补偿的主体、对象、补偿标准和方式。首先，补偿主体主要包括在开发与利用海洋碳汇资源的过程中损害了海洋生态系统或从中获取了利益，从而需要承担一定义务的自然人、法人或者其他组织。事实上，由于海洋碳汇的保护无论是在海洋生态安全方面还是减缓气候变暖问题上都发挥着不可替代的作用，补偿主体不一定需要对蓝碳资源造成实质性损坏，只要将海洋生态置于危险的境地下，就应当承担相应责任。其次，补偿的对象大概可以归结为两类：一类是为了避免海洋生态受到损害而让渡部分利益的碳汇项目；另一类主体是主动采取了保护海洋生态环境的措施，创造了额外的生态效益，从而促进了海洋碳汇资源发展的项目。当前，我国海洋生态补偿的侧重点是对海洋生态环境破坏严重的海洋与海岸工程项目和重点海域自然保护区，范围过于狭窄，因此需要扩增海洋生态补偿的范围，将海洋碳汇及其生态环境纳入其中。海洋动植物作为重要的海洋资源，对维护海洋生物多样性具有重大作用，长期以来海洋生态补偿都忽视了对生物资源的重视。同时，除了海洋本身，还需要对近海岸生态系统（包括湿地、红树林等）环境要素进行及时有效的补偿。[②] 最后，就补偿标准和方式而言，补偿标准的制定通常需要从经济价值和生态价值两个方面进行考量。理想状态下，海洋碳汇的经济价值体现为能够提供的生态服务，但由于生态服务的部分功能无法精准衡量，因此补偿的标准应当考虑以下两个方面：一是通过保护海洋碳汇资源的行为而获得的直接和间接利益；二是为了修复碳汇资源而支出的费用，

---

① 赵雪雁、徐中民：《生态系统服务付费的研究框架与应用进展》，载《中国人口·资源与环境》2009 年第 4 期。

② 陈克亮等主编：《中国海洋生态补偿制度建设》，海洋出版社 2015 年版，第 9－10 页。

这其中也包括为了保证代际公平而进行的投入。① 海洋生态补偿的方式诸多，针对海洋碳汇的补偿来说，最佳的方式应当是生态环境补偿和资金补偿。对受到破坏的海洋碳汇资源实施修复改善措施，对修复难度较大的情况，采取建设替代生态环境的方式，通过财政转移支付、发放补偿金、设立保护海洋碳汇资源专项资金等方式进行二次分配。②

五、国外海洋治理的实践

（一）澳大利亚

作为拥有绵长海岸线和充足海洋资源的南半球国家，澳大利亚可谓坐拥全球最丰富的海洋生物和能源资源。从最初的海岸环境管理、渔业资源管理与保护到后来的海洋区划和海岸带综合管理，澳大利亚对海洋向来是高度重视的。澳大利亚的行政部门中，有涉海职能的不在少数，这些部门可以各自制定海洋相关的法律法规。2008 年，《澳大利亚海洋政策》出台，对各部门涉海工作进行了整合与协调，进一步促进了海洋治理的发展。

海岸带是澳大利亚最重要的财富之一，其中蕴含着大量的生物资源与独特的价值，能够影响澳大利亚的生产生活。因此，澳大利亚在海岸带管理的问题上一直走在世界前列。

20 世纪 90 年代，为了对滨海湿地进行修复和保护，澳大利亚政府陆续出台了相关法规。其中值得引起注意的是 1992 年由联邦政府和州政府及地方政府联合签订的《政府间环境协议》，此协议是澳大利亚最重要的环境法文件之一。该协议尝试缓解联邦体系下环境管理权和责任分立的矛盾关系，分别规定了三级政府在环境管理中扮演的不同角色和应当承担的责任。其试图建立起一种分工协作式的环境保护管理模式，以此来减少各级政府及特别行政区因环境管理问题所产生的冲突，继而增强政府决策的准确和稳定性，提高保护措施的实施效率。《政府间环境协议》从性质上来看仅是政策文件而非法律规范，但其中规定了任何违反协议内规定的国家性保护措施行为均属于违法行为。

---

① 贾欣、王淼：《海洋生态补偿机制的构建》，载《中国渔业经济》2010 年第 1 期。

② 蔡先凤：《海洋生态文明法律制度研究》，海洋出版社 2017 年版，第 71 – 72 页。

随后，澳大利亚于1997年颁布了《国家湿地政策》，其中规定了由环境署下属的生物多样性保护局湿地处负责湿地保护的具体工作。在后续的环境保护进程中，该政策成为滨海湿地保护相关管理的重要参照标准，各省制定符合本省具体情况的湿地保护战略和行动计划要符合政策中的规定。《国家湿地政策》第九部分对各级政府的责任进行了规定，对动植物进行保护并尽最大努力保证物种多样性，将陆地和水体生态系统稳定维持在良好的平衡状态。除此之外，澳大利亚针对滨海湿地保护方面还提出了六大战略，倡导公众参与保护及加大各级政府间的合作。①

在全球日益重视海岸带综合管理的大环境下，澳大利亚从20世纪末开始对本国的海岸带管理工作进行回顾，并提出了一系列的改革措施，基本思路是以生态可持续发展理念为指导，加强对海洋资源的综合管理。以社区作为基本单元，促进各相关利益主体参与到海岸带治理的过程中，提升公众的管理热情。2003年，澳大利亚自然资源管理部批准通过了《海岸带综合管理国家合作办法框架》，重点强调海岸带综合管理需要各级政府和各利益相关者共同参与，强调要对沿海集水区、海岸带和海洋进行一体化管理，从源头管好陆源污染和海洋污染，建设健康、清洁和生态可持续发展的海岸带环境。为了能够更好地实施这一框架，又在三年后公布了框架的实施计划，翔实且细致地对海岸带综合管理进行了计划规定。近年来，澳大利亚政府在海岸带综合管理方面持续投入大量的人力、财力，通过和发展各项海岸带相关项目，尽可能促进海岸带的保护与发展。

除了在海岸带综合管理方面，澳大利亚在海洋环境保护、海洋生物区域规划、海洋保护区建设等诸多方面都取得显著的成效。在综合性海洋治理之下，澳大利亚的海洋环境保持了良好的健康状态，各海洋产业的海域使用活动在生态可持续发展政策的指导下，得到了协调发展。

（二）美国

随着海洋重要性的凸显，世界范围内开启“海洋圈地”运动，美国为了稳固其强国的地位，不断强化海洋相关工作，采取一系列的措施促进美国海

---

① 马涛、邵欢瑜：《国外滨海湿地管理的理论进展和实践经验》，载《湿地科学与管理》2017年第1期。

洋治理的发展，可以说已经是构建了较为完善的海洋治理体系。2000 年，美国国会通过《海洋法案》，根据该法案，成立了“美国海洋政策委员会”，其任务是调查美国海洋工作状况，研究未来海洋工作发展趋势，为美国制定新的海洋政策提出对策建议。2004 年，又成立了内阁海洋政策委员会，负责统一协调全美海洋相关的工作。

在美国，负责对海洋事务进行统筹管理的部门是国家海洋与大气局，该局又下设六个业务部门，分别对不同的涉海领域进行管理。它们是负责近海相关内容的国家海洋服务局、负责水文和气候预报等工作的国家天气服务局、负责海洋生物资源的国家海洋渔业服务局、负责组织海洋与大气研究以提供坚实的科学基础的海洋与大气研究局、负责运行和处理卫星系统的国家环境卫星、资料与信息服务局以及负责协调和支撑各个部门工作的规划与综合办公室。从业务的规划分布不难看出，针对不同的海洋领域已经构成了各自的管辖体系，有利于统筹进行海洋治理。

美国海洋法规体系可以说是较为健全的，目前联邦涉海法律法规有百余项。根据联邦管辖权限制定的重要法规包括《清洁水法》在内的有很多，其中，《海岸带管理法》对海岸带的各种海洋开发活动实施综合管理；《渔业法》规定联邦政府管理和控制专属经济区和大陆架上的生物资源；《外大陆架法》规定联邦政府管理矿物资源，包括发放矿物资源开采许可证等。其他主要海洋法规还有《深海底硬质矿物资源法》《海洋保护区法》《海洋哺乳动物法》《石油污染法》等。

此外，在海洋碳汇保护方面，美国也做出了有益的尝试。2015 年，美国佐治亚州迈出了全球范围内建立蓝碳交易市场尝试的第一步，提出了“蓝碳市场交易计划”。该计划的主要目的在于对海岸带红树林进行保育，并建立了具有借鉴和框架意义的三阶段战略。第一阶段，佐治亚州需要通过州立法，以法律的手段将海岸带红树林生态系统纳入本州碳抵消登记注册范畴内，明确红树林生态系统的法律地位；第二阶段，州政府相关职能部门协同科研机构出台与本州实际情况相符合的红树林碳汇核算标准，以立法的方式赋予其强制力，签发符合标准要求的碳抵消信用凭证；第三阶段，对未来蓝碳市场的卖方进行确认，红树林修复保育项目的投资人需要进行资格审查，在符合要求的本国及其他国家和地区的卖方范围内进行深入筛选。①

另外，在项目的收入分配问题上，佐治亚州的蓝碳市场交易项目一定程度模仿了规定在联合国气候变化公约下的 CDM（清洁发展）机制，投资者收益中抵消信用部分的一定比例需要交由州政府所有，用来应对气候变化和研发使用新能源技术，或者用来投资本州的气候适应项目及补贴生活受到气候变化影响的本州居民。关于蓝色碳抵消信用额度的使用，该计划建议未来可在美国可能启动的统一温室气体控制和交易项目中使用，并可以提供排放源来支持在国内应缴纳碳税的抵扣。可惜的是，由于美国在保护海洋碳汇以应对气候变化的方面态度消极，以及相关技术方法的欠缺，该蓝碳交易市场建设的构想最终并未能够得以运用到实践当中。但该构想为国家和地区层面蓝碳交易的开展提供了有益的借鉴。

第二节　海洋行政法的发展

一、海洋行政法的发展理念

进入 21 世纪，社会发展开始走向转型关键期，法治政府的建设不断发展，我国行政法学的研究随之迎来革新，原有的行政法理论在新的背景下面临诸多挑战，难以更好地指导行政法实践。行政法研究亟待打开新视野，为行政法制度的构建指明新的方向。也就是在这种状况下，我国行政法学者对“新行政法”展开了讨论，不断提出适应社会发展和行政法实践的行政法理念。海洋行政法作为行政法的一个分支，理念处在不断发展变化的过程中。

（一）行政过程论

传统行政法理论弊端逐渐展露的时候，我国行政法学者开始找寻新的行政法理念以变革传统理论并对行政法进行重构，其中行政过程论就是自日本引进并导入我国的行政理论体系中的一个行政法学新理论。

---

① Catherine E. Lovelock, Trisha Atwood, et al., *Assessing the Risk of Carbon Dioxide Emissions from Blue Carbon Ecosystems*, Ecology and the Environment, Vol. 15: 5, p. 257 – 265 (2017).

虽然行政过程论被视作行政法学的新理论之一，但实际上它并非新生的理念，在美国与德国的行政研究中均有所体现。在我国早期对行政法学的研究中，也曾出现“过程论”的身影，但仅仅当作各种行政行为形式的概况，而并无对“过程论”实际内容的论述。[①] 行政过程论研究最为发达的国家是日本，过程论在日本行政法学界占据主流的地位。即便如此，日本学界对行政过程论的理解也尚未达成统一，将这一理论运用到实践中的例子亦罕见。因此对行政过程论还需要进行具体和细化的研究。

实质法治主义对现代行政法学的要求都体现在行政过程论中。众所周知，依法行政是传统行政法学的基石，强调对行政主体的约束。[②]“依法行政”不优先考虑适用的法律本身的正义性，更多从形式层面对行政行为做出合法性的要求，因此可以将这种法治主义称为“形式意义上的法治主义”。现代行政的形式内容多样，行政的对象和过程也随之变得更加复杂。在实践中不仅应当考虑行政行为是否符合法律的要求，也应当对行政过程进行整体性考察，判断是否具有恰当性。由此，行政过程论注重对整个行政过程合法性和适当性的考察，仅凭某个行政行为的合法或违法不足以对整个过程作出判断，只有整个行政过程均在法律的规范之内，才是真正意义上符合正当性的要求，进而有实现实质意义上的法治主义的可能性。

在行政过程论之下，行政行为和行政过程的合法性共同构成行政的合法性。行政行为的合法性指的是作出的行政行为需在法律规定的框架内；行政过程的合法性是在行政行为合法的基础上，进一步要求整个过程都要在法律的规范之内。无论是从国家行政职能的实现角度还是对行政相对人权益保护的目的出发，对行政过程的要求都远比只注重控制行政结果更重要。由于行政过程具有整体性的特点，对行政过程进行规制，就是对其中的各个行政行为进行规制，能够直接保证各个部分的合法性，能够有效地防止行政权的滥用，促进行政目标的实现。

行政过程与行政程序存在某种程度的相似性，概念也较为相近，因此要对行政过程与行政程序加以区分。虽然两者都体现着连续性和阶段性，但内涵和外延并不完全相同。过程比程序的范围更加广泛，因此以行政过程论来

---

① 张建飞、古力：《现代行政法原理》，杭州大学出版社 1998 年版，第 85 页。

② 罗豪才主编：《行政法学》，北京大学出版社 1996 年版，第 31 页。

考察行政程序也是对行政程序理论的发展。有学者将行政程序也视作行政过程的一个部分，认为行政程序中所有的负面功能会破坏行政过程的平衡。[①] 也有学者以行政过程论作为方法，对行政程序中的说明理由程序进行研究。在行政过程论的视角下，行政行为的合法性和正当性需放置于连续的动态行政过程中才能进行考察。[②]

（二）参与式行政理念

在社会转型的时代背景下，行政法的理念也在不断发展，以适应新的时代语境。随着法治建设不断加强，民主政治日渐成熟，公民权利观念持续提升。在当下，行政民主的范围逐步扩大的同时，利益主体突破了原有的单一模式逐渐走向多元，这也就决定了公共行政不再仅仅是政府的问题，而是需要相对人也参与到治理的过程中，与行政主体共同治理。在法治社会，法律作为一种规范是权利与义务的统一，而早已不再是绝对服从的代名词。行政法就是对公共行政进行监督和规范的法律制度。在社会转型的时代语境下，对行政法的理解势必要发生转变，摆脱过去的固有观念，参与式行政理念正是在这样的情势下逐渐发展形成的，其为行政法的基本价值、基本原则和程序等都注入了与过去不同的新认知。

参与式行政理念，作为顺应社会发展的转型要求而形成的新兴理念，其基本价值和精神完美契合了当今社会的要求和时代语境。其中不仅保留了原有的权利本位、法治价值和效率价值，也涵盖了系列的新的行政法精神，包括民主行政、合作行政等。参与式行政理念同样强调利益平衡和平等的价值精神，要求行政主体在行使行政权力时注意正当性，尽可能达到行政主体与相对人利益的双赢。参与式行政可以说是从公众参与的概念发展而来，所谓公众参与，指的就是政府的一部分管理活动也有公民的参与。[③] 公民参与到行政过程中去，就是在政治领域中彰显了人的主体性。[④] 叶必文教授曾指出，参

---

① 张步峰：《论行政程序的功能——一种行政过程论的视角》，载《中国人民大学学报》2009 年第 1 期。

② 赵银翠：《论行政行为说明理由——以行政过程为视角》，载《法学杂志》2010 年第 1 期。

③ Simith. L. G. , *Public Participation in Policy Making*: *The State - of - the - Art in Canada*, Geoforum, Vol. 15: 2 (1984).

④ 李卫华：《行政参与主体研究》，山东大学 2008 年博士学位论文。

与就是民主的标志，公民的主体尊严和独立价值就蕴含在参与式行政理念中，这不仅是顺应公民社会发展的要求，同时也是符合市场经济法的发展趋势。[①]除此之外，参与式行政当然也是政治民主的体现。

行政法价值观在参与式行政中的目标，不仅是为了提升管理理论的行政效率，也不只是为了争取权力控制理论的合法性。它既暗示了平衡理论的合法性和合理性，又力求实现行政管理的效率和科学性。无论是传统的控权论或是管理论，行政法的目的都是具有偏向性和单一性的，要么是追求个体权利的保护，要么是追求公共利益的实现。但实际上参与式行政的目的是要两者的共同实现，这种两者的共同实现与平衡论中公私利益的平衡还不完全相同，是要达成双赢。行政法的功能，绝非管理论或控权论中片面地对公民权利或行政权的控制，而是要将两者进行合理的划分。参与式行政就体现了上述的功能，不仅将两者进行了划分，还促进两者合力进行治理。

正如上文提到的，参与式行政理念下，行政权与公民权的共同治理构成了行政的过程。也就意味着是行政权背后的政府与公民权所代表的社会公众两者的共同参与，这个过程中不可避免地会有两个主体之间的博弈与利益选择。在参与式行政理念的影响下，公民同样拥有公共事务的治理权，有权参与到海洋行政中。海洋行政的目的就是要达成与海洋相关的社会公共利益与个人利益的双赢。海洋行政相对人也可以参与到海洋行政活动中，与海洋行政机关共同作为行政主体。在海洋行政程序中，也需要加入海洋行政相对人的相关程序，而不再只包含海洋行政权的运行程序，使参与式行政理念落实到实体中。

（三）功能主义“授权型”行政法

在传统行政法理念中，国家行政的最终目的是实现良好的社会和行政秩序，而这种秩序的形成是通过行政权的行使，辅以法律作为规制方式。行政法学界普遍将公共行政视作公共行政组织对国家和社会事务进行管理的活动。[②] 而行政法学的基本旨趣也就是在于如何更好地以法律约束行政。[③] 如上

---

① 叶必丰：《行政法的人文精神》，北京大学出版社2005年版，第160页。

② 杨海坤、章志远：《中国行政法原论》，中国人民大学出版社2007年版，第19页。

③ 翁岳生主编：《行政法》（上），中国法制出版社2002年版，第10页。

文所提到的，经济社会的不断发展，公共产品和服务的需求不断膨胀，为公共行政增添了压力。传统的管制理论也是在这种情况之下，逐渐走向失效，公共行政治理模式开始找寻新格局。“参与式行政”与多元主体共治，都是在这样的背景下产生的，行政主体和私主体之间的联系密切度加大，公私合作越发频繁。

现代行政经历了绝对的政府控权、到干预性政府、再到福利政府的变化历程，行政的基本内涵早已与过去不同，正是受到了法治国家和福利国家理念的影响，行政目的也从过去的单纯为了维护社会秩序进行社会的管控，到着力于为社会提供更好的公共产品和服务促进经济社会的发展、增进民生福祉。① 公共行政基本目标和理念的转变，意味着行政法正面临着传统范式的转型。在我国，《行政诉讼法》颁布前后，尤其是该法凸显的“民告官”色彩，其法律关系的设计，引发了行政法理论基础的大讨论，提出了多种学说。其中，“管理论”认为行政法是国家管理法；“控权论”认为行政法是控制政府权力的法；“平衡论”认为行政法是平衡行政权和公民权的法；“服务论”认为行政法是政府对公民提供服务的法；“公共利益本位论”认为行政法是调整一定层次的公共利益与个人利益之间关系的法。②

受到“控权论”理念的影响，传统行政法的功能主要在于控制行政权，这在规范行政权的同时也会对其效能的发挥产生一定的限制。正如有学者指出的，传统的行政法由于摒弃了效能原则，而在实践过程中受到了诸多诘难。事实上，效能原则亦是行政法的原则性要求，不能忽视。③ 功能主义行政法，刚好是对效能原则的集中反映。

功能主义行政法，是在传统行政法基础上的进一步发展，不仅体现了对行政权的控制，更强调充分发挥行政权的功能。这种行政法，以公益和私益的共存为基础，对传统的行政制度进行变革，调整利害关系，以求实现行政法权利保护、效能实现和秩序维护的平衡。④ 按照传统的理解，行政权只能由公主体行使。在公私法体系趋向融合的背景下，私主体也可以行使行政权，

---

① 谭宗泽、杨靖文：《面向行政的行政法及其展开》，载《南京社会科学》2017 年第 1 期。
② 周佑勇：《中国行政法学学术体系的构造》，载《中国社会科学》2022 年第 5 期。
③ 沈岿：《论行政法上的效能原则》，载《清华法学》2019 年第 4 期。
④ 王贵松：《作为利害调整法的行政法》，载《中国法学》2019 年第 2 期。

这就是基于授权。行政法中的授权制度，或者说是“授权型”行政法以行政任务为导向进行授权，成为法与行政之间的连接纽带。[①] 除此之外，“授权型”行政法将权利赋予社会和公民，有利于提供更好的公共产品和服务，符合社会转型背景下的行政法发展新格局。基于此，行政法理论的发展应根植于“授权论”。实际上，“授权论”并不是最近才提出的，早就有学者对此种理论进行论述。有学者认为，“授权”是行政法在一定的控制范围内授予政府的广泛立法和自由裁量权，目的是强化政府的行政权，进而建立一个强大的政府以保障经济社会的发展。[②] 也有学者认为，“授权”意味着政府的权力来源于人民，其地位在人民之下，不能在法律没有授权的情况下恣意妄为。[③] 功能主义之下的“授权论”是对过去授权论的突破，不再意味着对行政的干预或控制，而是以增进民生福祉为出发点和落脚点，强调行政的效能，更注重充分发挥行政权的功能而促进经济社会的发展。

（四）算法行政的发展

随着科学技术的不断革新以及人民对生活便利化程度的要求越来越高，不得不承认，整个社会已经主动或者说是被动地走向了人工智能时代。在这样的过程之中，智能算法以其更强的自主学习与决策能力，凭借大数据的支撑，超越了过去以计算机程序为主要载体的形式，成为深入影响人类社会生活的主要因子。除了被运用在日常的经济生活之中，算法因为其优秀而迅捷的信息数据处理能力，被逐渐广泛地运用到现代行政领域中，能够有助于提高行政效率，优化治理能力。

将算法融入国家治理过程这一情形，被有些学者称作“算法治理术”（algorithmic governmentality），也可将其翻译为算法行政，即数字社会之下，由算法引起的社会治理模式及行政权力运行于规制的变革。[④] 数字社会时代，

---

① 谭宗泽、杨靖文：《面向行政的行政法及其展开》，载《南京社会科学》2017 年第 1 期。

② 熊文钊：《行政法理论基础的中心点与基石保障公益、授权与控权》，载《中外法学》1996 年第 5 期。

③ 姜明安：《授权、分权、控权——平衡行政法生存的“理”》，载《中外法学》1996 年第 5 期。

④ Antoinette Rouvroy, The end（s）of critique: Data Behaviourism Versus due Process, in Mireille Hildebrandt M. Katja de Vries, *Privacy, Due Process and the Computational Turn: The Philosophy of Law Meets the Philosophy of Technology*, Routledge, 2013, p. 143 – 169.

国家治理所依靠的不再仅是政治或经济手段，而是通过算法进行自动化的决策。① 利用算法进行决策的过程可以概括为三个阶段：第一阶段是数据信息的收集和整理；第二阶段是对存储数据的处理、掌握信息之间的关联；第三阶段是对行为的关联进行分析和预测。算法行政根据不同的实际情况对数据进行汇总分析，产生某种规范，从而构建出行为主体可能发生的行为。②

算法行政的格局逐渐形成，然而在算法行政带来便利和行政效率提升等好处时，也会对行政法造成冲击。算法权力的扩张和对行政法基本原则的撼动都是不容忽视的问题。算法因其智能性，超越了人的行动，有较强的自主决策性，并不需要人的过多干预，这就是对行政法的基本原则“依法行政”的消解。“依法行政”原则要求在法律规定的框架内行使行政权，而算法的自动化决策有可能超越法律的控制，动摇现代法治政府的根基。③ 行政的过程要求秉持公开的原则，算法作为数据的处理模式，本身就存在较强的模糊性，无法将整个过程公开化、透明化，这就与行政法所要求的公开原则相违背，也加剧了人们对算法可能会出现的不可控风险的警惕。除此之外，算法行政还可能会导致权利与权力平衡局面的打破以及已经被广泛提出的个人信息保护弱化等问题。这一系列的问题，都亟待行政法学予以回应，将算法行政放置于法治的框架内进行审视，避免陷入“技术利维坦”的泥潭。

二、海洋行政法的最新理论

（一）行政行为理论的发展

行政行为理论在行政法学研究中占据重要地位，我国行政法学者一直以行政行为理论为核心构筑行政法理论体系，行政行为可谓行政法的“阿基米德支点”。然而，长期以来学界和实务界对行政行为的含义和范畴均有着不同的观点，随着全球化的不断推进，各国都面临着新的社会问题。当下，伴随着行政任务的日益复杂化与行政活动的多样化，传统的行政行为理论难以很好地应对社会的发展，行政行为理论应当与时俱进，以更好地促进行政法理

---

① Nuno R, *Algorithmic Governmentality*, *Smart Cities and Spatial Justice*, Jssj（July. 01, 2016）, https://www. jssj. org/wp – content/uploads/2016/07/JSSJ10_ 5_ VA. pdf.

② 张凌寒：《算法权力的兴起、异化及法律规制》，载《法商研究》2019 年第 4 期。

③ Berman E. , *A government of Laws and not of Machines*, Boston University Law Review, Vol. 98: 5, p. 1277 – 1355（2018）.

论和实务的发展。

直到20世纪80年代，我国的行政法学才开始真正的有所发展，可以说是一门新兴学科了。在研究之初，行政法学理论大量地借鉴了国外的经验，对域外的经验进行分析和套用，涉及行政行为的理论也多是从域外移植而来的。行政法的相关理论多受以德国为代表的大陆法系国家的影响，行政行为效力论也不例外。不仅是行政法学理论和价值的借鉴，在立法实践中，也有大量的国外行政立法的转化。行政法领域中一系列的法律规范中无处不体现着域外行政法律的影子。然而在行政法学起步的阶段，对国外的行政法学理论和实践研究并不透彻，在行政行为论上就有着许多模棱两可的地方。①

在行政法理论的诸多概念中，关于行政行为的争议是最多的。无论是在学理中还是司法实践中，对于行政行为的理解一直存在分歧。有学者以德国行政法学家奥托迈耶的理论出发，将行政行为限定在狭义的范畴中，认为行政行为是行政主体行政职权的行使，所形成的法律效果依据的是行政主体的单方意思表示，其对象是公民、法人和其他组织。② 对行政行为进行广义理解的学者之间也有观点的差异，有的学者以行政法发展应当与社会变化相适应作为理解的基础，认为现代行政行为应当涵盖行政机关的一切活动，而不仅是行政职权行为，还应当有非行使职权的行为。使用“行政决定”的概念，目的是能够与传统的行政行为理论衔接。③ 还有较为常见的广义理解是将行政行为划分成具体行政行为和抽象行政行为两种。

进入新时代，我国行政行为法研究面临着“传统行为概念的精准化”“新兴活动方式的型式化”“行为内部体系的严密化”“行为选择相对的自由化”的四重任务。④ 第一，关于行政行为概念的基本范畴。范畴及其体系是人类在一定历史阶段理论思维发展水平的指示器，也是各门科学成熟程度的标志。⑤ 明确各类行政行为概念的基本范畴，不仅是构建行政法法理体系的前提，也是行政行为自身法治化的保障。虽然我国已然以单行法的方式实现了行政许

---

① 赵宏：《行政行为作为行政法教义学核心的困境与革新——兼论我国行政行为学理的进化》，载《北大法律评论》2014年第2期。

② 胡建淼、江利红：《行政法学》（第4版），中国人民大学出版社2018年版，第136页。

③ 章剑生：《现代行政法总论》（第2版），法律出版社2019年版，第128－138页。

④ 章志远：《新时代我国行政行为法研究的新进展》，载《安徽大学学报（哲学社会科学版）》2020年第3期。

⑤ 张文显：《法哲学范畴研究》，中国政法大学出版社2001年版，第1页。

可、行政处罚和行政强制的法治化，但在学理方面仍有基本概念和范畴的争论，须进行概念的精准化。第二，随着社会不断发展，行政任务日渐多元和复杂化，出现了灵活多样的行政行为方式，对这些新兴活动方式加以形式化也自然成了新时代行政法的主要任务之一。第三，新修订的《行政诉讼法》以“行政行为”替换“具体行政行为”，引发了关于现有行政行为分类理论的探讨。无论对行政行为作何种理解，内部体系的逻辑自洽和结构严密都是必备的衡量要素，行政行为的分类须遵循内部体系的严密性要求。第四，在我国的行政法治实践中，已然出现了形式选择自由的案例。对行政行为形式选择相对自由化是我国未来行政行为法发展的重要任务，围绕“相对的自由化”倡导一种有限度的形式选择自由。

以“行政处理”这样的概念作为行政行为最基本的单位，是同时符合我国行政立法规定与行政法学界主流观点的描述。应当把行政行为理解成行政主体为行使行政权而作出的行为。梳理我国行政法学者的研究著作及文献可以发现，虽然对行政行为的理解各有差异，但普遍还是将行政行为划分成具体行政行为、抽象行政行为、行政协议和事实行为等类型。为了满足未来可能会编纂的行政法法典与《行政诉讼法》等现有立法的衔接需求、确保立法的体系完整，以“行政处理”指代最狭义的行政行为是比较合适的选择。① 将“行政处理”作为行政行为的最小单元和核心理解，从体系化的角度分析，不仅能够让行为效力理论自圆其说，还能与不断发展变化的行政法理论相适应。毋庸置疑的是，无论行政法理论将会向何种方向变化，行政主体都必须在行政法基本原则的约束下开展行政行为。随着社会的不断发展和行政法结构的转型，新型行政行为方式不断出现，对行政处理以外的行政行为的研究定会是行政法理论未来主攻的方向。

在海洋行政法领域，海洋行政行为的功能主要体现在两个方面：第一，规范海洋行政权力。虽然海洋行政行为的范围不可谓不宽泛，但并不意味着它毫无意义。要对海洋行政行为的构成要件进行明确，严格遵守海洋行政法的基本原则。海洋行政行为的多样性并不是淡化海洋行政法基本原则的理由，任何类型的海洋行政行为都应当被约束。此外，在作出海洋行政行为之前需

---

① 罗智敏：《行政法法典化背景下我国行政行为理论研究的挑战与应对》，载《行政法学研究》2022 年第 5 期。

要明确其目的是实现公共利益，海洋行政行为须符合海洋行政目的。第二，海洋行政法的体系化构建。理论的发展总是紧跟实践的需求，新行政法理念的产生也是由于国家行政目的的变化，从过去的秩序行政延伸到了给付行政。海洋经济不断发展，涉海的活动方式不断更新，随之而来的是层出不穷的海洋行政手段。海洋行政行为增多，需要提升行政的效率，海洋行政行为的研究就要针对如何提升效率这一问题给出回答。在行政行为理论发展的大背景下，考量除海洋行政处理之外其他类型的海洋行政行为，将行政救济理论和行政监督理论融合进海洋行政法体系。

（二）监管领域的多元主体共治

社会转型时期，主体的多元化已经成为各个领域的发展趋势，不仅体现在行政管理的过程中。综观近年来各行政领域的政府监管实践，不难发现主体和对象的多元化已经成为大势所趋。实践的变化会带动理念的发展，监管主体和对象的差异化意味着传统行政法观念的更新。

区别于传统的监管，新时代的监管更加强调协同性和集成性。一般来说，传统的监管模式之下的监管权由政府独享，而新的监管模式需要除政府之外的多方主体积极参与和配合。这些主体包括但不限于社会组织、第三方机构和其他市场主体。在我国，多元主体共治的大幕已经拉开 ，以事后监管的纲领性文件《国务院关于加强和规范事中事后监管的指导意见》为代表。该指导意见明确指出了应当以构建协同监管格局为目标，要求市场、政府、社会三者互为支撑，协调监管。行政监管不能仅仅维持在内部，仅依靠行政系统内部的纵向和横向监管是远远不够的，难以达到现代社会对行政监管的要求。要将市场主体、行业协会、社会公众的作用发挥到最大。就市场主体来说，可以负责对安全和质量的监管，市场主体可以通过实施严格的自我规制，对生产过程进行监管，控制质量安全；从行业协会的角度来看，监管的方式其实就是行业自治，提升行业自治水平的方式有很多种，可以统一行业标准或者健全完善行业规范；对社会公众而言，需要承担的使命并非只有社会监督这一种，也需要参与到行政管理中并进行自我约束。若想更好地发挥公众的监督作用，可以培养公民的监督意识并且对举报的公民进行奖励，提升公众的监督热情。在多元主体共同监督治理的体制中，政府也承担着多种角色，是各个主体的召集者、是行政行为的执行者、也是监督者和保障者。在这种多元主体合作共治的“混合体制”中，政府实际上担负了召集人、经纪人、助成者、执行者、监督者、保障者等多种角色。事实上，在这些诸多的角色中，政府能够起到最主要作用的就是作为促进者，能够促进多种主体的进入。这种混合体制能够适度地规避具体公司安排带来的风险，将风险导致的损害降至最低。①

监管领域的多元主体共治，不仅是与国际接轨，同“规制治理”② 的新动向相向而行，也精准契合了我国近年来倡导的源头治理、系统治理理念，是符合共建共治共享社会治理要求的。监督领域的多元主体共治为行政法理念注入了新鲜血液，有助于打破传统的对立思维，重新审视和理顺政府与市场、政府与公众的关系。无论是市场主体的自我规制、行业协会的行业自治还是社会公众的监督和参与，都意味着以政府为单一中心的模式被改变。但政府与社会和市场逐渐走向共生关系，并不意味着政府的地位不断下降，乃至逐渐消亡。在新型变化下的关系当中，政府应当以更有活力和更为强大的状态发挥中间作用。当然，各主体之间关系的变化不仅带来积极的效果，同时也产生新的问题。如何在多元主体共治的体制中，更好地激发市场和社会的活力、廓清政府权力行使的边界、促进各主体之间的有效衔接等，都是亟待解决的课题。

在海洋行政法领域，监督的多元主体共治体现在海洋行政执法上。与其他的行政执法监督一致，海洋执法监督包括内部和外部两种形式。内部监督指的是由海洋行政机关自行监督，监督的主体是各级行政主管部门以及专门设定的监督部门；外部监督就是由其他权力机关和社会组织、个人等进行的监督。为了更好地发挥外部监督的作用，让社会公众能够更好地参与到海洋行政执法监督中，我国沿海地区陆续设立了联系点，为公众参与监督拓宽渠道，增强公共参与行政监督的积极性。除此之外，还聘请第三方机构中的专业人员进行专门监督。这些监督主体共同构成了全面且立体的海洋行政执法

① ［美］朱迪·弗里曼：《合作治理与新行政法》，毕洪海等译，商务印书馆 2010 年版，第 190 页。

② 所谓“规制治理”，是强调利用多元的治理主体和治理工具，通过更好、更公平、更有效率、更有参与性的治理体系完成规制任务。参见宋华琳：《迈向规制与治理的法律前沿——评科林·斯科特新著〈规制、治理与法律：前沿问题研究〉》，载《法治现代化研究》2017 年第 6 期。

监督网络。多元主体共治的监督有利于对我国海洋行政执法行为进行有效监督，提升我国海洋行政执法效率。

（三）预防诉讼制度

目前，我国行政诉讼法中并未见预防诉讼的相关规定，有学者指出行政诉讼中的临时救济制度属于“我国行政法和行政法学的典型弱项”，特别是临时预防制度“仍是空白”。[①] 日本自2004年行政诉讼法修改之后，建立了较为完善的预防诉讼制度。近年来，我国开始有学者对日本的预防诉讼制度进行研究，考察其如何更好地借鉴适用于我国的行政法中，以助于拓宽在以事后救济为主的司法实践背景下当事人权益救济的实质有效途径。

就行政法上的预防性诉讼，行政法学界已经积累了一定研究成果。这些成果总体来看主要呈现出以下几个特点：第一，对于是否应采纳预防性诉讼这一诉讼类型，大都采取积极态度。如有学者指出：“以事后救济为主的我国现行行政诉讼机制，对那些不可能或难以弥补的被损害权利的保护显得苍白无力，因而在我国建立预防性行政诉讼机制已势在必行”；[②] 亦有学者针对我国行政诉讼法规定的事后救济型行政诉讼，提出应“建立以事前和事中救济为特征，旨在对抗威胁性行政行为和事实行为的预防性行政诉讼制度，真正实现权利有效保障”。[③] 第二，就预防性诉讼的研究多集中在某一具体适用领域，而实际上整体来看，就其具体适用范围尚未形成统一、系统的认识。第三，普遍强调应对预防诉讼的适用条件作出规定，但就规定的具体要件等呈现出不同意见。如有观点主张“预防性行政诉讼在实践中的展开还有赖于实体行政法律的发展和相对人权利的充实”；[④] 还有观点提出了具体的诉讼要件，即应该在满足“行政行为即将作出或在作出过程中、损害重大且难以恢复、原告具有特别利益、其他方式不足以提供有效救济”四个要件的情况下才能提起预防性行政诉讼。总体来看，针对预防性行政诉讼的研究还欠缺系统性与深入性，还有待行政法学界的进一步研究深入，以建立起一套真正符合我

---

① 王天华：《行政诉讼的构造：日本行政诉讼法研究》，法律出版社2010年版，第237页。

② 胡肖华：《论预防性行政诉讼》，载《法学评论》1999年第6期。

③ 解志勇：《预防性行政诉讼》，载《法学研究》2010年第4期。

④ 尹婷：《预防性行政诉讼容许性问题初探》，载《西南政法大学学报》2017年第1期。

国现行司法制度背景的体系化、规范性的预防性诉讼制度法律体系。

就海洋行政法领域而言，建立预防性行政诉讼制度是符合现实需求的。由于海洋的自然特殊性，在一些海洋行政案件中，发生的损害往往是不能恢复或者恢复难度极大的。如果能在违法的行政行为实施之前就对其进行合法性审查，将违法事项在发生之前就预先禁止，自然能够避免当事人利益遭受重大损害，也不会产生事后救济难以弥补的尴尬局面。当然，这种预先审查建立在一定的要件基础上，包括原告适格、行政行为作出的可能性、行政行为的合法性和适当性、是否有行政裁量权的逾越和滥用、是否可能产生重大的损害、是否存在其他适当方法避免重大损害等。必须强调的是，行政诉讼的根本目的在于维护公民的合法权益和监督行政机关依法行政，而要解决上述问题，首先立足于对公民权益的充分保护。这种保护不仅限于通过事后的惩罚性措施以对行政主体依法行政形成引导或威慑，还应通过对行政行为合法性的事先审查建立事先的预防和纠错机制。